GÜTERSLOHER
VERLAGSHAUS

Gütersloher Verlagshaus

Monika und Udo Tworuschka

Die Welt der Religionen

DAS CHRISTENTUM

Gütersloher Verlagshaus

Impressum

Originaltitel:
Monika und Udo Tworuschka, „Das Christentum“ („Die Welt der Religionen“),

Bibliografische Information der Deutschen Nationalbibliothek
Die Deutsche Nationalbibliothek verzeichnet diese Publikation in der Deutschen Nationalbibliografie; detaillierte bibliografische Daten sind im Internet über http://dnb.d-nb.de abrufbar.

Projektleitung: Petra Niebuhr-Timpe
Redaktionelle Mitarbeit: Antje Kleinelümern-Depping, Kunigunde Wannow
Bildredaktion: Anka Hartenstein, Andreas Zevgitis
Bildlegenden: Dr. Erik Hirsch
Register: Friederike Ilse
Kartenredaktion: Dr. Matthias Herkt
Medienbereitstellung: Martin Leist, Daniela Wuttke
Visuelle Konzeption/Layout und Satz: Axel Brink, Stephanie Küpper, Impuls Communications, Hattingen
Herstellung: Martin Kramer
Umschlaggestaltung: Beate Nottbrock, Gütersloh, unter Verwendung der folgenden Abbildungen:
Christusstatue: IFA-Bilderteam GmbH, Ottobrunn/Jon Arnold Images / Jordantaufe: laif, Köln/Jaenicke / Glockenturm: Corbis GmbH, Düsseldorf/Zaunders / Papst: Corbis GmbH, Düsseldorf/Reuters/Gentile / Kuppel Petersdom: laif, Köln/Hoa-Qui

Druck und Einband: MOHN Media • Mohndruck GmbH, Gütersloh

Printed in Germany

ISBN: 978-3-579-06480-2

1. Auflage der Lizenzausgabe mit freundlicher Genehmigung des Chronik Verlages
Gütersloher Verlagshaus, Gütersloh, in der Verlagsgruppe Random House GmbH, München 2007

www.gtvh.de

I·N·R·I

Inhaltsverzeichnis

GESCHICHTE UND AUSPRÄGUNG IN EINZELNEN LÄNDERN

Vorwort

Fast zwei Milliarden Menschen bekennen sich heute zum Christentum. Weltweit gehören 32,5 Prozent der Menschheit einer christlichen Denomination an. Auch wenn das Christentum ein nicht wegzudenkender Bestandteil der westlichen Kultur ist, so liegt seine Zukunft im dritten Jahrtausend nicht mehr in Europa oder in den USA, sondern in Lateinamerika, Afrika und Asien.

Immer mehr Menschen wissen in unserer multikulturellen und multireligiösen Gesellschaft immer weniger über die prägenden Einflüsse des Christentums auf das abendländische Denken, die Literatur, Kunst und Musik und Geistesgeschichte. Der Informationsbedarf über die christlichen Basics, die Geschichte der christlichen Kirchen und ihre kulturellen Leistungen ist sehr hoch. Dabei ist doch der Einfluss des Christentums und seiner Symbole in unserer modernen säkularisierten Gesellschaft nach wie vor unübersehbar: Nicht nur große Kathedralen und kleine Dorfkirchen weisen darauf hin, auch Friedhöfe, Kreuze am Weg und das sonntägliche Glockenläuten sind unübersehbare beziehungsweise unüberhörbare Zeichen.

In allen Phasen seiner Geschichte hat das Christentum versucht, auf seine „Umwelt" einzuwirken: in Politik und Gesellschaft, Wissenschaft und Erziehung. Zahlreiche Phänomene unserer säkularisierten Kultur haben – wenigstens zum Teil – jüdische und christliche Wurzeln: Menschenrechte, Völkerrecht, modernes Geschichtsbewusstsein, wissenschaftliches Denken, Naturwissenschaft und Technik. Alltägliche Lebensverrichtungen und -phasen sowie Gefühlseinstellungen hat das Christentum in seiner jeweiligen konfessionel-

len Gestalt (mit-)geprägt. Dass wir das Jahr 2007 schreiben, ist – vom Hintergrund der großen Menschheitskulturen her betrachtet – überhaupt nicht selbstverständlich. Die westliche Zeitrechnung geht von einem christlichen Maßstab aus, rechnet vor beziehungsweise nach Christi Geburt. Jüdisches und christliches Erbe verraten auch der Sieben-Tage-Rhythmus unserer Woche mit dem Sonntag beziehungsweise dem Sabbat als Ruhetag. Die großen Feste des Jahreslaufes – Weihnachten, Ostern und Pfingsten sowie eine Reihe anderer Feiertage – haben christlichen Ursprung. Christliche Begriffe sind in die Alltagssprache eingegangen, zum Beispiel Sünde in Verkehrssünderkartei. Selbst die Sprache nicht-religiöser Zeitgenossen transportiert eine große Zahl von biblischen Wendungen, die längst zu geflügelten Worten geworden sind, wie zum Beispiel „Wer Wind sät, wird Sturm ernten" (Hos 8,7) oder „Ich wasche meine Hände in Unschuld" (Ps 26,6).

Der vorliegende Band versucht, eine Vielzahl von Problembereichen elementar zu erschließen, über die klassischen theologischen und geschichtlichen Fragen hinaus vor allem auch aktuelle, lebensweltorientierte Themen wie: Gewalt, Gesundheitsvorstellungen, Sport, Medien, Musik und Tanz, Tier und Umwelt, Essen und Trinken, Erziehung und Bildung, Sexualität und Familienplanung.

Wenn das Buch Lust auf das Christentum und seinen kulturellen und spirituellen Reichtum macht, wäre dies ein erfreulicher Nebeneffekt.

Monika & Udo Tworuschka

Jesus von Nazareth

Leben und Legende des Religionsstifters

Ausgangs- und Mittelpunkt des Christentums ist der Jude Jesus. Sichere biografische Informationen über ihn sind kaum zu finden. Zwar haben wir als Quelle die Evangelien. Diese sind jedoch keine historischen Berichte, sondern gläubig geschriebene Texte, die Jesus als den von Gott gesandten Erlöser verkündigen. Außerhalb des Neuen Testaments enthalten Informationen über Jesus: „gnosisnahe Quellen", gnostische „Dialogevangelien", „judenchristliche Evangelien" und nichtchristliche Autoren (s. Kasten, S. 13).

Blick auf den angeblichen Geburtsort Jesu in der Geburtskirche von Bethlehem

Johannes der Täufer; Gemälde von Alexander Andrejewitsch Iwanow, entstanden 1837–1857

Jesu Herkunft und Anschluss an Johannes

Als Geburtsort Jesu wird teils Bethlehem, teils Nazareth genannt – wahrscheinlicher ist jedoch Nazareth. Jesus wurde zwischen 8 und 4 v. Chr. geboren. Sein Name ist die griechische beziehungsweise lateinische Form des hebräischen Namens *Jeschua* oder *Joschua* („Jahwe/Gott ist die Rettung"). Seine Eltern hießen Maria (hebräisch Mirjam) und Josef. Jesus hatte mehrere Brüder und Schwestern. Wie die meisten Orientalen dürfte der Aramäisch sprechende Jesus, der lesen und schreiben konnte, dunkle Augen gehabt haben und dunkelhaarig gewesen sein. Schon als Jugendlicher arbeitete er als Bauhandwerker. Intensiv beschäftigte er sich mit der Hebräischen Bibel. Die Evangelisten schildern ihn als eine beeindruckende Persönlichkeit mit großer Ausstrahlung *(Charisma)*.

Wie das Leben anderer Religionsstifter so enthält auch die Biografie Jesu typische Le-

Jesus während der Bergpredigt; Fresko des Dominikanermönches und Malers Fra Angelico, Florenz 1437

gendenmotive: Die Vorstellung der Jungfrauengeburt geht auf hellenistische und orientalische Vorstellungen zurück. Ihnen zufolge gingen Heroen (Helden) und bedeutende Könige, zum Beispiel Alexander der Große, aus der Verbindung eines Gottes mit einer menschlichen Frau hervor. Jesu Geburt (Mt 1,18–24; Lk 2,1–7), wundersame Ereignisse in Kindheit und Jugend (Lk 2,8–14), seine Versuchung (Mt 4,1–11; Mk 1,12f.; Lk 4,1–13), Wunder, Auferstehung und Himmelfahrt haben Parallelen zu anderen Religionsstiftern.

Aus den Evangelien erfahren wir, dass sich Jesus der Bewegung Johannes des Täufers anschloss. Dieser wortgewaltige Mann predigte den breiten Massen, meist Armen und Unterprivilegierten, das Hereinbrechen des Gerichts und die Ankunft einer neuen Weltzeit. Johannes' Taufe war eine Bußtaufe. Um dem Tag des göttlichen Zornes zu entrinnen, predigte er: „Tut Buße und lasst euch taufen". Jesus, der nie selbst taufte, ließ sich von Johannes vermutlich 27 oder 28 n. Chr. taufen. Schon bald löste sich Jesus von der Täuferbewegung und wirkte zunächst in Galiläa, später in Jerusalem. Das Volk verehrte ihn als Rabbi, als „Meister" und „Lehrer". Jesus unterschied sich jedoch von den anderen Rabbinern; denn er

Die Grabeskirche in Jerusalem. Hier sollen sich Grablegung und Auferstehung Jesu ereignet haben.

ging im Unterschied zu ihnen mit der Hebräischen Bibel auf eine bemerkenswerte Weise frei um. Radikal reduzierte er die Fülle der Einzelbestimmungen auf das eine Nottuende: Gott und den Nächsten zu lieben.

Jesu Botschaft

Jesus verkündete die Botschaft von Gottes Himmelreich und Herrschaft – eine Botschaft, die gerne aufgenommen wurde, denn damals wünschten sich viele Menschen das Gottesreich sehnsüchtig herbei. Man wartete auf einen alle Feinde besiegenden König. Bei Jesus jedoch stand das Verhalten der Menschen selbst im Mittelpunkt. Wenn er vom Gottesreich erzählte, benutzte er knappe Sentenzen und Bildworte. In paradoxen Wendungen machte Jesus die widersprüchliche Situation anschaulich, die dadurch entsteht, dass die Gottesherrschaft auf Menschen in ihrer Alltagswelt trifft. Ist es nicht sinnlos, wenn jemand eine Lampe unter einem Eimer versteckt, statt sie anzuzünden? Genau so sinnlos ist das Verhalten der Menschen, die alles erleuchtende Gottesherrschaft durch ihr Verhalten unsichtbar zu machen. Jesus sprach von seinem „himmlischen Vater", der die Sünder sucht, so wie ein Schäfer einem verlorenen Schaf nachläuft (Lk 15,1–7). Gottes Willen wird erfüllt, indem man sich um die Armen kümmert. So wie Gott alle Menschen liebt, soll der Mensch seine Mitmenschen lieben – sogar seine Feinde.

Nach den Evangelien benutzte Jesus zahlreiche Gleichnisse, um den Menschen die Welt Gottes zu erklären, eine Welt, in der Gerechtigkeit, Friede und Freude herrschen. Ein berühmtes Gleichnis ist zum Beispiel das „Gleichnis vom Verlorenen Sohn" (Lk 15,11–32). Hier hat ein Vater zwei Söhne. Der Jüngere lässt sich sein Erbteil auszahlen, verprasst es aber in der Fremde. Er erkennt seine Schuld, kehrt zum Vater zurück und bekennt: „Ich bin nicht wert, dass ich dein Sohn heiße". Der Vater läuft auf ihn zu, fällt ihm um den Hals und vergibt ihm. So ist Gott: Er sucht die

Schwachen und Schuldigen – und vergibt ihnen.

Im „Gleichnis vom Sämann“ (Mt 13,1–9 und Parallelen) streut dieser Samen auf Weg, Felsen und Dornen. Nur Körner, die auf gute Erde fallen, tragen später Früchte. In der Bibel steht der Begriff Ernte oft für die Ankunft des Gottesreiches. Sinnbildlich streut Jesus als Sämann den Samen für Gottes Reich überall aus, selbst auf schlechtem Acker. Die Evangelien schildern Jesu Taten als Wunder für seine Zeitgenossen und auch für ihn selbst. So heilte er Kranke und erweckte Tote zum Leben.

Lehrjahre und Anhänger

In den Synagogen trat Jesus als Lehrer auf. Er suchte sich seine „Jünger“ aus. Das in der Hebräischen Bibel erwähnte „Volk Israel“ verstand sich als ein „Bund“, als Zusammenschluss von zwölf Stämmen. Durch Krieg und Exil war dieser Bund zerstört worden. Bei den Juden war daher die Hoffnung lebendig, dass Israel als Zwölfstämmebund in einem zukünftigen Gottesreich wiederhergestellt würde. Die zwölf Jünger Jesu verweisen auf diesen Stämmebund, in dem sie als Vertreter des neuen Gottesvolkes zusammen mit Jesus über die zwölf Stämme regieren. Die zwölf Jünger wurden auch als Apostel (griechisch „Gesandte“) bezeichnet und bildeten den engeren Kreis um Jesus.

Zum weiteren Kreis gehörten auch Frauen. In der damaligen Kultur mit ihrer patriarchalisch geprägten Gesellschaft war dies ungewöhnlich, vielleicht sogar revolutionär. Zu den Jesusjüngerinnen gehörten „Maria aus Magdala, Maria, die Mutter Jakobus' des Kleinen und des Joses, und Salome“ (Mk 15,40). Außerdem „Johanna, die Frau des Chusa, eines Verwalters des Herodes, und Susanna“ (Lk 8,3). Maria aus Magdala hat wohl die wichtigste Rolle in der Jesusbewegung gespielt. Sie war mit Maria und Salome Zeugin der Kreuzigung Jesu und begegnete später dem Auferstandenen.

Vor allem kümmerte sich Jesus um die ausgestoßenen, von anderen gemiedenen Zeitgenossen, die Randgruppen: Arme, Verachtete, Kranke und Hilfsbedürftige, Zöllner, Prostituierte. Oft setzte er sich sogar mit den „Sündern“ an einen Tisch.

In Palästina zur Zeit Jesu wurden die Zölle eines Bezirks (Markt-, Grenzzoll) wahrscheinlich an den Meistbietenden verpachtet, der wiederum Unterpächter einstellte. Diese mussten Teile der Einnahmen abliefern, wirtschafteten aber häufig in die eigene Tasche. Diese Zöllner waren zwar Juden, doch wegen ihrer Unehrlichkeit und ihrer Bindung an die volksfremde römische Besatzungsmacht verhasst. Man rechnete sie daher nicht zur jüdischen Gemeinde und vermied den Kontakt mit ihnen. Sünder waren diejenigen, die den „Gerechten“ gegenüberstanden, die nicht ernsthaft die Tora-Vorschriften befolgten.

QUELLEN ZUR BIOGRAFIE JESU

Hinweise zum Leben Jesu finden sich in den Schriften des Neuen Testaments. Darüber hinaus enthalten auch „gnosisnahe Quellen“ (Johannes-, Thomasevangelium) sowie gnostische „Dialogevangelien“ mancherlei Hinweise. Auch judenchristliche Evangelien bieten Material. Zu beachten sind die Hinweise bei nichtchristlichen Schriftstellern wie Tacitus (55/56–ca. 120), Sueton (70–um 140), Plinius dem Jüngeren (61–ca. 120) und die Schriften des Historikers Thallus, der die Kreuzigung Jesu erwähnt. Im Sarapion-Brief, der von dem syrischen Philosophen Mara Bar Sarapion verfasst wurde, ist vom „weisen König der Juden“ zu lesen.

Der jüdische Historiker Flavius Josephus (37/38–nach 100) erwähnt in seinen „Jüdischen Altertümern“ (um 93) jemanden, „der Christus genannt wird“. Offensichtlich gibt es keine einzige rabbinische Jesus-Erwähnung bis zum Anfang des dritten Jahrhunderts. Die Erwähnungen Jesu im Talmud haben keinen historischen Wert.

Eine größere Bedeutung wird heutzutage den Aussagen des Korans über Jesus zugesprochen. Das Bild vom Propheten Issa (Jesus) im Koran hat alte, judenchristliche Züge bewahrt und führt sehr nah an den historischen Jesus heran. Fest steht: Jesus hat wirklich gelebt. Bevor Matthäus (vermutlich um 80 n. Chr.) und Lukas (etwa 90 n. Chr.) Jesu Geburt und Kindheit beschreiben, entwerfen sie seinen Stammbaum. Er schließt Abraham und David (Mt 1,1–17; Lk 3,23 bis 38) ein und stellt damit also eine unmittelbare Verbindung zur Geschichte des Volkes Israel her. Matthäus berichtet als einziger Evangelist von der Flucht nach Ägypten (2,13–23): Jesus wird auf diese Weise vor dem judäischen König Herodes dem Großen gerettet.

Nur Lukas interessiert sich für die jüdische Tradition der Eltern Jesu. Sie lassen den Jungen beschneiden und den Erstgeborenen im Tempel von Jerusalem vorstellen (2,21–24). Lukas erwähnt außerdem einen späteren Aufenthalt des Zwölfjährigen, dessen Klugheit und Schriftkenntnisse auffallen, im Tempel beim Pessachfest (2,21–51). Die Evangelisten schweigen über die Zeit zwischen diesem Zeitpunkt und Jesu öffentlichem Auftreten ca. 18 Jahre später. Markus wiederum (um 70 n. Chr.) stellt an den Anfang seines Evangeliums Johannes den Täufer.

Das Gero-Kreuz aus dem Kölner Dom; 970

Jesus legte dagegen größeren Wert auf die innere Einstellung als auf die strikte Beachtung der Gebote und Rituale. Damit eckte er bei den Pharisäern und Schriftgelehrten an. Sie warfen ihm vor, die Autorität der Tora zu untergraben. Auch sein offener Umgang mit Prostituierten, Witwen und menstruierenden Frauen führte dazu, dass ihn die Pharisäer ablehnten.

Die Kreuzigung

Jesu letzte Reise nach Jerusalem zum Pessachfest endete mit seinem Tod durch Kreuzigung wohl am 7. April des Jahres 30. Die Forscher vertreten verschiedene Auffassungen darüber, warum die jüdischen Gegner Jesu (nicht *die* Juden) eine Anklage vorbereiteten, ihn verhörten und meinten, ihn zum Tode verurteilen zu müssen. Wahrscheinlich bezogen sich die Anschuldigungen nicht auf einen einzelnen Tatbestand. Die Angaben bei Markus (14,55) u.a. unterstellen, dass die oberen jüdischen Instanzen die Blutgerichtsbarkeit ausüben durften. Dies war nicht der Fall. Nur die Römer besaßen dieses Recht. Es konnte sich daher nur um die Vorbereitung zur Anklage handeln. Üblich war es, dass der römische Statthalter Pontius Pilatus zu großen jüdischen Festen aus seiner Residenz Caesarea nach Jerusalem reiste.

DAS HAUPTGEBET DER CHRISTEN:

Das Vaterunser

„Vater unser im Himmel.
Geheiligt werde dein Name.
Dein Reich komme. Dein Wille geschehe,
wie im Himmel so auf Erden.
Unser tägliches Brot gib uns heute.
Und vergib uns unsere Schuld,
wie auch wir vergeben unsern Schuldigern.
Und führe uns nicht in Versuchung,
sondern erlöse uns von dem Bösen.
Denn dein ist das Reich und die Kraft
und die Herrlichkeit in Ewigkeit.
Amen.“

Dabei regelte er in seinem Palast in der Weststadt von Jerusalem auch Rechtsangelegenheiten. Die Tatsache, dass Jesus von Pilatus zum Tod durch Kreuzigung verurteilt wurde, lässt darauf schließen, dass man ihn als politischen Aufrührer betrachtete. Jesus war nur etwa ein bis zwei Jahre öffentlich in Erscheinung getreten.

Die Hinrichtung Jesu bedeutete jedoch nicht das Ende seines Wirkens. Die Historiker stehen vor einem bemerkenswerten Phänomen: Kurz nach der Kreuzigung verkündeten die Jünger, dass Jesus lebe, dass er von Gott auferweckt und erhöht worden wäre. Nach den Erzählungen der Evange-

Auferstehung Christi; Detail aus dem Isenheimer Altar von M. Grünewald

lien zeigte sich Jesus am Ostertag mehreren Anhängern.

Vergöttlichung Jesu

Die ersten Christen verliehen Jesus den griechischen Ehrentitel *Christus* (Gesalbter). Dieser Würdename ist eine Übersetzung des hebräischen „Messias". Jesus Christus ist daher die Kurzform einer Glaubensaussage: „Jesus ist der Messias", der König eines kommenden friedvollen und gerechten Gottesreiches auf Erden. Juden warten seit jeher auf seine Ankunft, für Christen ist der Messias dagegen in Jesus aus Nazareth erschienen.

Die zentrale Aussage des Christentums lautet: Gott hat Jesus Christus auferweckt. Dessen Tod und Auferweckung erlösen alle Menschen von der Sünde. In der Bibel bedeutet Erlösung „frei machen". Christen glauben, dass sich alle Menschen in einer Unheilssituation befinden, der so genannten Sünde. Aus ihr können sie sich nicht selbst befreien und brauchen Hilfe von außen. Jesus Christus habe für sie sein Leben geopfert. Christen übertrugen die Vorstellung des „Sündenbocks" auf Jesus Christus, denn im alten Israel belud man den „Sündenbock" symbolisch mit den Sünden des Volkes. In die Wüste geschickt, starb das Tier – die Juden hielten sich dadurch für gereinigt.

Die Jesus-Forschung

Albert Schweitzer (1875–1965) hatte in seiner berühmten „Geschichte der Leben-Jesu-Forschung" (1913) den Versuch für gescheitert erklärt, das Leben Jesu von Nazareth historisch rekonstruieren zu können. Der Neutestamentler Rudolf Bultmann (1884–1976) vertrat die Auffassung, dass der Mensch Jesus und sein irdisches Leben für den Glauben keine Rolle spielen dürften. Für entscheidend hielt er nur das „Gekommensein Jesu".

Bultmanns Schüler Ernst Käsemann (1906–1998) eröffnete mit seinem Aufsatz „Das Problem des historischen Jesus" (1953) die zweite Phase der historischen Jesusforschung. Käsemann löste Jesus aus seiner jüdischen Umwelt heraus, indem er nur solche Worte und Taten Jesu in den Evangelien für echt hielt, die man nicht aus dem zeitgenössischen Judentum und nicht aus dem Osterglauben der Christen herleiten könne. Seit etwa 1980 ist die historische Jesusforschung in eine neue, dritte Phase getreten. Den Forschern geht es bei aller Unterschiedlichkeit darum, das Leben Jesu aus streng historischer Perspektive zu erschließen. Die heutige Jesusforschung (Gerd Theissen, Klaus Berger, Jürgen Becker und andere) versucht, Jesus wieder stärker aus dem Judentum heraus zu verstehen und berücksichtigt verstärkt die wirtschaftlichen, sozialen und politischen Rahmenbedingungen.

Das Vaterunser

Jesus lehrte seine Jünger als zentrales Gebet das Vaterunser. Bis 1967 wurde das „Gebet des Herrn" von evangelischen und katholischen Christen unterschiedlich gebetet. Seither fügen auch katholische Christen den feierlichen Lobpreis Gottes, „Denn dein ist das Reich…", dem Vaterunser an. Im Neuen Testament sind zwei Fassungen des Vaterunsers überliefert: in der kürzeren Form bei Lukas (11,2–4), in einer längeren bei Matthäus (6,9–13), die sich schon früh in der kirchlichen Gebetspraxis durchgesetzt hatte.

Mehrere jüdische Gebete aus der Zeit Jesu klingen wie das Vaterunser. Einzelne Passagen des Kaddisch- und des Achtzehngebets erwecken den Eindruck, dass Jesus bei der Zusammenstellung des Vaterunsers aus der jüdischen Gebetstradition geschöpft hat.

Blick auf den See Genezareth im nördlichen Jordangraben (Nordisrael)

Historischer Überblick

Daten und Fakten zum Christentum

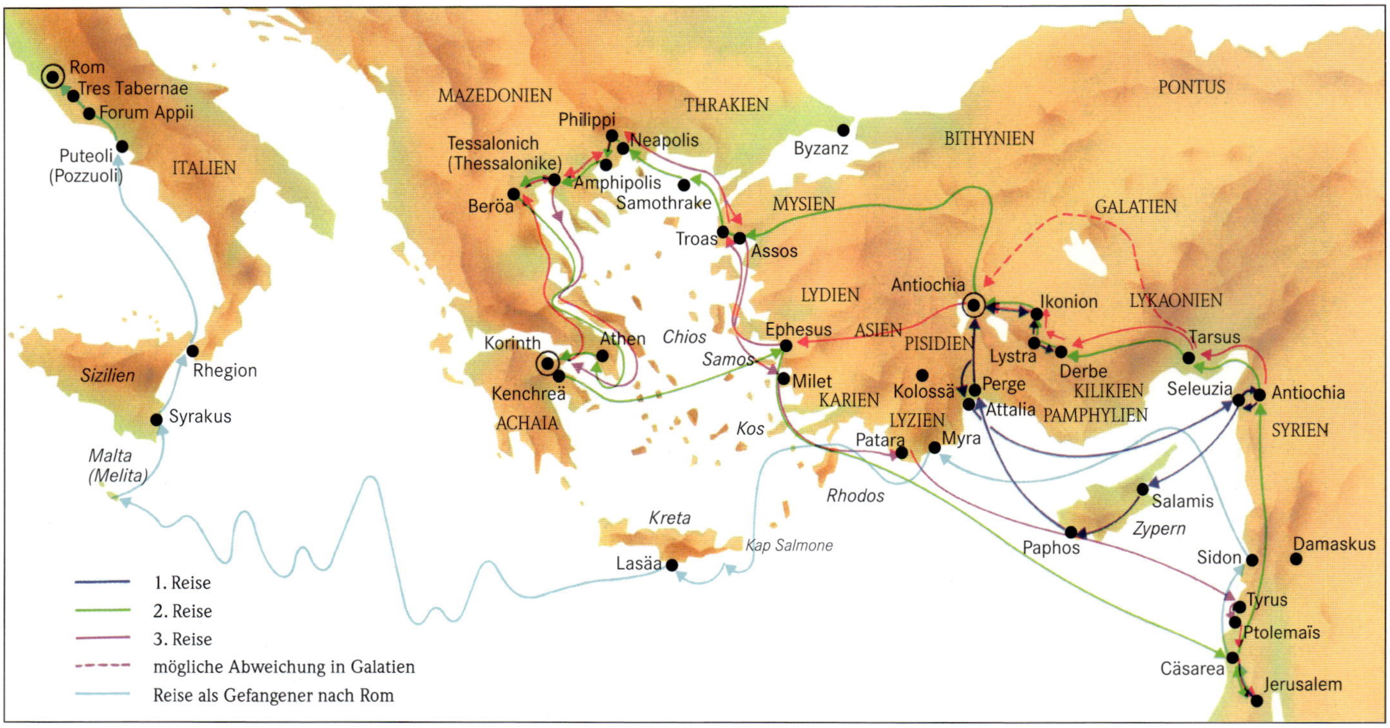

Die Karte zeigt die Reisen und Missionstätigkeit des Apostels Paulus.

ca. 7/4 v. Chr. – ca. 30 n. Chr. Jesus von Nazareth

ca. 3 v. Chr. – 67 n. Chr. Paulus; nach Bekehrung in Damaskus Missionstätigkeit in Arabien, Kleinasien, Griechenland, auf den Mittelmeerinseln und in Rom

48/50 Apostelkonvent in Jerusalem

um 200 Christentum in Kleinasien, Britannien, Nordafrika, Persien, Gallien

250–1000 Bekehrung der Germanen

303–313 Letzte Christenverfolgung unter Diokletian

313 Toleranzedikt von Mailand

354–430 Augustinus

367 Kanon des Neuen Testaments endgültig fertig gestellt

391 Kaiser Theodosius der Große führt das Christentum als Staatsreligion ein

um 400 Christentum in Zentralasien und Ostafrika nachgewiesen

431 Abspaltung der Nestorianer

432 Patrick als Missionar bei den Iren

440–461 Papst Leo der Große, Ausprägung der Papstidee

498 Der Frankenkönig Chlodwig lässt sich taufen

529 Benedikt von Nursia gründet mit Monte Cassino das erste Kloster des abendländischen Mönchtums

um 600 Christentum in China (Nestorianer)

652/54–754 Bonifazius christianisiert die Germanen

910 Gründung des Klosters Cluny

1033/34–1109 Anselm von Canterbury

1054 Spaltung in Ost- und Westkirche

1077 Heinrich IV. geht nach Canossa

1075–1122 Investiturstreit

1090–1153 Bernhard von Clairvaux, Gründer des Zisterzienserordens

1122 Wormser Konkordat

1170–1221 Dominikus, Gründer des Dominikanerordens

1182–1226 Franz von Assisi, Gründer des Franziskanerordens

um 1200–1280 Albertus Magnus, Theologe der Hochscholastik

um 1225–1274 Thomas von Aquin

1265–1308 Johannes Duns Scotus

1285– ca. 1348 Wilhelm von Ockham

1414–1418 Konzil von Konstanz, Verbrennung des Jan Hus (1369–1415)

1452/1455 Druck der Gutenberg-Bibel

1481–1531 Huldrych Zwingli, Einführung der Reformation in Zürich

1483–1546 Martin Luther, Einführung der Reformation in Nord- und Mitteldeutschland

1491–1556 Ignatius von Loyola, Gründer des Jesuitenordens

1492 Kolumbus entdeckt auf der Suche nach einer Westpassage nach Indien Amerika
1501–1564 Johannes Calvin, Reformator Genfs
1531 König Heinrich VIII. gründet eigene englische Staatskirche
1555 Augsburger Religionsfriede: „Cuius regio, eius religio“ (wes das Land, des der Glaube)
1545–1563 Konzil von Trient, Beginn der Gegenreformation
1562–1580 Hugenottenkriege in Frankreich
1598 Edikt von Nantes
1643–1715 Vertreibung von über 50 000 Hugenotten in Frankreich
1685 Aufhebung des Edikts von Nantes durch Ludwig XIV.
1781 Toleranzpatent Josephs II.: Duldung der Nichtkatholiken in Österreich
1869/1870 1. Vatikanisches Konzil
1871 Trennung der Altkatholiken von der Römischen Kirche
1910 Weltmissionskonferenz in Edinburgh
1933–1945 Bekennende Kirche in Hitler-Deutschland
1948 Gründung des Ökumenischen Rates der Kirchen (ÖRK)
1950 Dogmatisierung der leiblichen Himmelfahrt Mariens durch Papst Pius XII.
1961 Vollversammlung der ÖRK in Neu Delhi; als Basisformel gilt für alle Mitgliedskirchen: Jesus Christus ist die gemeinsame Grundlage des Glaubens
1962–1965 2. Vatikanisches Konzil
1978–2005 Pontifikat Papst Johannes' Paul II.
1986 Erstes Weltgebetstreffen für den Frieden in Assisi
seit 2005 Pontifikat Benedikts XVI.

DIE APOSTEL PAULUS UND PETRUS

Paulus (um 3 v. Chr. – 67 n. Chr.)

Paulus ist der einflussreichste urchristliche Völkerapostel. Der in Tarsus aufgewachsene, gemäßigt pharisäisch erzogene, hellenistisch gebildete jüdische Gelehrtenschüler und Christenverfolger wurde nach seiner Christusberufung („Damaskuserlebnis“ um 32/35) zum Heidenmissionar. Er verkündete Jesus, den Messias Israels, als Messias der ganzen Welt. Paulus ist Jesus nie begegnet. Als Nichtrömer besaß Paulus das von seinem Vater ererbte römische Bürgerrecht. Er gründete christliche Gemeinden in der hellenistischen Welt. Auf dem „Apostelkonzil“ (48/49) überzeugte Paulus die übrigen Apostel: Es wäre nicht erforderlich, jüdische Traditionen und Gesetze (Beschneidung, Speisevorschriften) zu erfüllen, um Christ zu sein.

Drei große und äußerst strapaziöse Missionsreisen (ca. 7800 km zu Land, 9000 km mit dem Schiff) führten Paulus durch Kleinasien und Griechenland. Ob er Spanien erreicht hat, ist ungewiss. Paulus starb als Märtyrer, das heißt als „Blutzeuge“ unter Kaiser Nero (reg. 54–68).

Theologische Leitthemen des Paulus waren: Gott hat für Juden und Heiden (theologische Formulierung: „für uns“) durch Kreuz und Auferstehung Vergebung erwirkt. An die Stelle des jüdischen Gesetzes tritt das Evangelium Jesu Christi – die frohe Botschaft von der Gnade Gottes. Sie gilt allen, sich für „gerecht“ haltenden Menschen: Juden und Heiden. Durch Jesus Christus weiß Paulus von der grenzenlosen Liebe Gottes. Allein durch den Glauben kann die Vergebung als Gerechtigkeit Gottes ergriffen werden (Rechtfertigung). Für die Reformationskirchen wurde diese Theologie zur Glaubensnorm. Alle Glaubenden und Getauften zusammen bilden die eine Kirche. Paulus lehrte die Auferstehung der Toten und hoffte auf die endgültige Erlösung der Welt.

Petrus († 67/68 n. Chr.)

Der Apostel Simon Petrus gehörte zu den ältesten Jüngern Jesu, war Sprecher des Zwölferkreises. Er hat wohl als Erster den auferstandenen Jesus gesehen. Petrus führt die Apostelliste an (Mk 3,16) und war bevorzugter Zeuge von Offenbarungswundern (Mk 9,2–10), bekannte sich als Erster zu Jesus als dem Messias (Mk 8,29). Jesus wollte, dass gerade Petrus ihm in seiner Todesangst beistehen sollte. Doch Petrus schlief ein (Mk 14,32–42), und nach Jesu Verhaftung leugnete er, Jesus überhaupt zu kennen (Mk 14, 66–72). Jesus verlieh Petrus den Würdetitel Kephas (aramäisch „edler Stein“, „Grundstein“). Auf den folgenden Matthäus-Vers werden die Ansprüche des Papstes – als Nachfolger des Petrus – in der Römisch-katholischen Kirche auf seine Führung über die gesamte Kirche zurückgeführt: „Du bist Petrus, und auf diesen Felsen werde ich meine Kirche bauen“ (Mt 16,18). Petrus erhielt die „Schlüsselgewalt“, d.h. er hat die Funktion des Hausverwalters. Er konnte „binden und lösen“, also Menschen in die Kirche zulassen oder ausschließen. Petrus engagierte sich in der Missionsarbeit und lebte darum nicht mehr die ganze Zeit in Jerusalem. Die Gemeinde wurde von Jakobus, einem Bruder Jesu, geleitet. Die wichtigsten Stationen von Petrus: Antiochia (Aufbau einer Ortskirche aus Juden- und Heidenchristen), Korinth, Rom, Jerusalem, erneut Antiochia und schließlich Rom. In Rom wurde er ungefähr zur selben Zeit wie Paulus unter Nero enthauptet.

Die christliche Lehre

War Christus wirklich selbst Gott?

„Christus am Kreuz"; Peter Paul Rubens; Kaunas, Staatliches Kunstmuseum

In der Auseinandersetzung der Kirche mit den sie umgebenden Religionen entwickelte sich die christliche Theologie. Es galt, verbindliche Glaubensgrundsätze zu formulieren, um die Einheit der schnell expandierenden Kirche zu sichern.

Wer ist Gott?

Ein einziges christliches Gottesbild hat es nie gegeben. Alle Epochen der christlichen Religionsgeschichte sind durch neue Formen der Gottes- und Christuserfahrung geprägt. In der christlichen Gotteserfahrung treten charakteristische, aus der jüdischen Tradition stammende Züge von Anfang an hervor: Der christliche Gott ist der eine und einzige Gott. Das Christentum ist eine monotheistische Religion und stellt sich die höchste Wirklichkeit personal vor: als den Einen (1. Kor 8,6; Eph 4,6; Jak 4,12), der keine weiteren Götter an seiner Seite duldet (Joh 17,3; Röm 16,27; Mt 4,10; 1.Tim 6,15).

Gott ist der Höchste und hat zu allem die Macht. Er ist der Souverän, die Majestät im Himmel schlechthin. Das Neue Testament betont die göttliche Majestät (Hebr 8,1; 12,2; Off 4,2 bis 6), den „lebendigen" Gott (Mt 16,16; 26,63; Apg 14,15). Gott ist der Schöpfer, „der Himmel und Erde gemacht hat" (Apg 4,24; 14,15; 17,24). Er ist Herr der Geschichte, der heilige, ewige, große, mächtige und „ganz andere" Gott, den die Menschen anbetend verehren und preisen, dessen Herrlichkeit die Himmel rühmen. Als der Unsichtbare ist Gott menschlichem Sehen nicht zugänglich (1.Tim 6,16). Dieser mächtige und heilige Gott hat sich zu den Menschen in Jesus Christus herabgeneigt. Es ist die zentrale Botschaft Jesu, dass das Gottesreich und damit das Heil ganz nahe gekommen sind.

Das nicäno-konstantinopolitanische Glaubensbekenntnis

„Wir glauben an den einen Gott, den Vater, den Allmächtigen, der alles geschaffen hat, Himmel und Erde, die sichtbare und die unsichtbare Welt. Und an den einen Herrn Jesus Christus, Gottes eingeborenen Sohn, aus dem Vater geboren vor aller Zeit: Gott von Gott, Licht vom Licht, wahrer Gott vom wahren Gott, gezeugt, nicht geschaffen, eines Wesens mit dem Vater; durch ihn ist alles geschaffen. Für uns Menschen und zu unserm Heil ist er vom Himmel gekommen, hat Fleisch angenommen durch den Heiligen Geist von der Jungfrau Maria und ist Mensch geworden. Er wurde für uns gekreuzigt unter Pontius Pilatus, hat gelitten und ist begraben worden, ist am dritten Tage auferstanden nach der Schrift und aufgefahren in den Himmel. Er sitzt zur Rechten des Vaters und wird wiederkommen in Herrlichkeit, zu richten die Lebenden und die Toten; seiner Herrschaft wird kein Ende sein. Wir glauben an den heiligen Geist, der Herr ist und lebendig macht, der aus dem Vater und dem Sohn hervorgeht, der mit dem Vater und dem Sohn angebetet und verherrlicht wird, der gesprochen hat durch die Propheten, und die eine, heilige, christliche und apostolische Kirche. Wir bekennen die eine Taufe zur Vergebung der Sünden. Wir erwarten die Auferstehung der Toten und das Leben der kommenden Welt. Amen."

Mittlere Tafel des Genter Altars: In der Mitte oben thront Gottvater, eingehüllt in edelsteinbesetzten Königsornat. Das untere Bildfeld ist seinem Attribut, dem Lamm, gewidmet, das auf einem von Engeln umringten Altar steht.

Lucas Cranach der Ältere: „Das 2. Gebot: Du sollst den Namen des Herrn, deines Gottes, nicht vergeblich führen". Aus der „Zehn-Gebote-Tafel", 1516.

Jesu wichtigstes Gebet, das Vaterunser, spricht Gott als Vater an. Das Judentum benutzte den Vaternamen Gottes nicht so häufig, wollte verhindern, Gott als einen physischen Erzeuger zu sehen. Jesus verwendete häufig den aramäischen Ausdruck *Abba* (Vater). Dabei handelt es sich um eine ehrenvolle Anrede, mit der im Talmud angesehene Gelehrte und Persönlichkeiten bezeichnet werden. Jesus sprach Gott mit Abba an, was für die damalige Zeit sehr ungewöhnlich war und als vertrauliche Anrede „mein Vater" gedeutet werden kann.

Dogmatische Positionen

Aus Jesus dem Verkündiger und Anführer einer jüdischen Sekte wurde nach Tod und Auferstehung der Verkündigte: der Christus des Glaubens. Jesus wurde von den Gläubigen als Erlöser erfahren. Deshalb versahen sie ihn mit Würdetiteln und Sinnbildern aus ihrer jeweiligen Umwelt. Jesus hat vermutlich keinen der Hoheitstitel für sich selbst in Anspruch genommen. Menschensohn, Gottes Sohn, Sohn Davids, Herr, Heiland, Messias und Christus sind Würdenamen, die viel über den Glauben der frühen Anhänger aussagen.

Nach dem Ende der Christenverfolgungen (311) im Römischen Reich brachen dogmatische Gegensätze auf. Einmal ging es um die Beziehung Jesu Christi zu Gott, weiterhin um das Verhältnis der göttlichen und menschlichen Natur in Jesus Christus selbst. Das Kernproblem war: Wie lässt sich der Glaube an den einen und einzigen Gott – für Jesus der zentrale Ausgangspunkt – mit dem Glauben an Christus vereinbaren? In langen theologischen Klärungsprozessen wurden schließlich bis Mitte des fünften Jahrhunderts die Grundpfeiler der christlichen Lehre festgelegt. Ausformuliert sind die christlichen Hauptlehren in zwei Glaubensbekenntnissen.

Auf der Synode von Konstantinopel (381) wurde das schon 325 beschlossene Glaubensbekenntnis, das so genannte „Nicänum" („Christus, Sohn Gottes, gezeugt aus dem Vater als einziggeborener, das

Die „Dreifaltigkeit"; Tafelbild eines unbekannten ungarischen Meisters, 1471; Nationalgalerie Budapest

heißt aus dem Wesen des Vaters, mit dem Vater wesenseins"), um das in der orientalischen Kirche Streit ausgebrochen war, bestätigt. Das so genannte „Nicaeno-Konstantinopolitanum" lehrt die Wesensgleichheit des Sohnes mit dem Vater sowie die Trinität vom „Heiligen Geist (...) der aus dem Vater ausgeht, der mit dem Vater und dem Sohne zusammen angebetet und verherrlicht wird". Dieses Glaubensbekenntnis ist ökumenisch, das heißt, es verbindet die Weltchristenheit und wird auch von den orthodoxen Kirchen anerkannt.

Auf der vierten ökumenischen Synode in Chalcedon (451) wurde die Christologie, die Lehre von Christus, endgültig formuliert: Christus gilt als „wahrhaft Gott und wahrhaft Mensch". Seine beiden Naturen bestehen unvermischt, unverwandelt, ungetrennt, unzerteilt.

Auf die Frühzeit der Kirche geht ein anderes, die meisten christlichen Kirchen verbindendes Glaubensbekenntnis zurück – das „Apostolikum". Trotz seines Namens stammt es nicht von einem oder gar von allen zwölf Aposteln. Seine heutige Form geht auf den Anfang des fünften Jahrhunderts zurück. Es war zunächst ein Tauf- und kein Lehrbekenntnis. Im Bereich der Westkirche wurde es zum meistverwendeten Glaubensbekenntnis. Der traditionelle Ort des „Apostolikums" ist die Gottesdienstfeier. Der Aufbau des Bekenntnisses ist dreigliedrig (Vater, Sohn, Heiliger Geist). Im

Unterschied zum „Nicänum“ wurde das „Apostolikum“ niemals von einem Konzil bestätigt. In den orthodoxen Kirchen ist es völlig unbekannt.

Streit um die Trinität

Das Neue Testament kennt noch keine Trinitätslehre. Das Verhältnis von Gott Vater, Sohn und Heiligem Geist wurde im Verlauf der frühen Kirchengeschichte ebenso diskutiert wie die Frage, wie sich die Aussagen über die Dreieinigkeit mit dem monotheistischen Glauben an den *einen* Gott vereinbaren ließen. Die Synode von Nicäa (325) brachte ein erstes Ergebnis: Gegenüber der Behauptung des Presbyters Arius, Jesus sei nicht gottgleich, sondern ein adoptierter Sohn und ein Geschöpf Gottes, betonte das Glaubensbekenntnis („Nicänum“) der Synode: „Gott vom Gott, Licht vom Lichte, wahrer Gott vom wahren Gott, gezeugt, nicht geschaffen, wesenseins mit dem Vater“.

Apostolikum

„Ich glaube an Gott, den Vater, den Allmächtigen, den Schöpfer des Himmels und der Erde. Und an Jesus Christus, seinen eingeborenen Sohn, unsern Herrn, empfangen durch den Heiligen Geist, geboren von der Jungfrau Maria, gelitten unter Pontius Pilatus, gekreuzigt, gestorben und begraben, hinab gestiegen in das Reich des Todes, am dritten Tage auferstanden von den Toten, aufgefahren in den Himmel; er sitzt zur Rechten Gottes, des allmächtigen Vaters; von dort wird er kommen, zu richten die Lebenden und die Toten. Ich glaube an den Heiligen Geist, die heilige christliche Kirche, Gemeinschaft der Heiligen, Vergebung der Sünden, Auferstehung der Toten und das ewige Leben. Amen.“

Das erste ökumenische Konzil zu Nicäa im Jahr 325 unter Konstantin I. erteilte der Lehre des Arianismus, nach der die Natur Jesu nicht göttlich ist, eine Absage. In dem auf dem Konzil verfassten Glaubensbekenntnis, dem Nicänum, wurde verbindlich festgelegt, dass Christus wesensgleich mit Gott ist; Fresko im Vatikan in Rom.

Die Synode war der Auffassung, dass Jesus die Menschen nur dann erlösen könne, wenn er selbst Gott, und nicht nur ein vergöttlichter Mensch ist.

Das Konzil von Konstantinopel erweiterte schließlich die Aussagen von Nicäa unter anderem um das Bekenntnis zur Trinität („Nicäno-Konstantinopolitanum"): Gottes Sein stellt sich in drei Seinsweisen oder Wesenheiten dar: als Vater, Sohn und Heiliger Geist. Es handelt sich dabei nicht um drei verschiedene Götter, sondern um einen einzigen Gott.

Darstellung der Apokalypse: Beim Klang der zweiten Posaune stürzt der brennende Berg ins Meer. Miniaturmalerei, Normandie, 1320–1330.

Zwischen der Ost- und Westkirche entzündete sich daraufhin ein Streit um die Formulierung, dass der Heilige Geist vom Vater und vom Sohn ausgeht. Die Worte „und vom Sohn" wurden in der westlichen Überlieferung in das nicäno-konstantinopolitanische Glaubensbekenntnis eingefügt. Die Ostkirche lehnte dies dagegen ab.

Die Trinitätslehre wird auch in den reformatorischen Bekenntnissen als Fundament christlicher Wahrheit vorausgesetzt. Die anti-trinitarische Bewegung der Sozinianer, die sich nach ihrem bedeutendsten Vertreter Fausto Sozzini benannte, führte im 16./17. Jahrhundert zur Gründung unitarischer Gemeinden. Im Bereich des freisinnigen Protestantismus gibt es Theologen, die der nicht auf Jesus zurückgehenden und im Neuen Testament nicht ausdrücklich genannten Trinitätslehre keine Verbindlichkeit beimessen: „Man braucht sie also nicht zu akzeptieren, um Christ zu sein" (Ulrich von Hasselbach, Bund für freies Christentum).

Zu Pfingsten wurden die Jünger vom Heiligen Geist beseelt und fingen an, in fremden Sprachen zu predigen. „Ausgießung des Heiligen Geistes zu Pfingsten" (1604–1614), Gemälde von El Greco, Madrid, Prado

Entstehung und Aufbau der Bibel

Die Heilige Schrift des Christentums

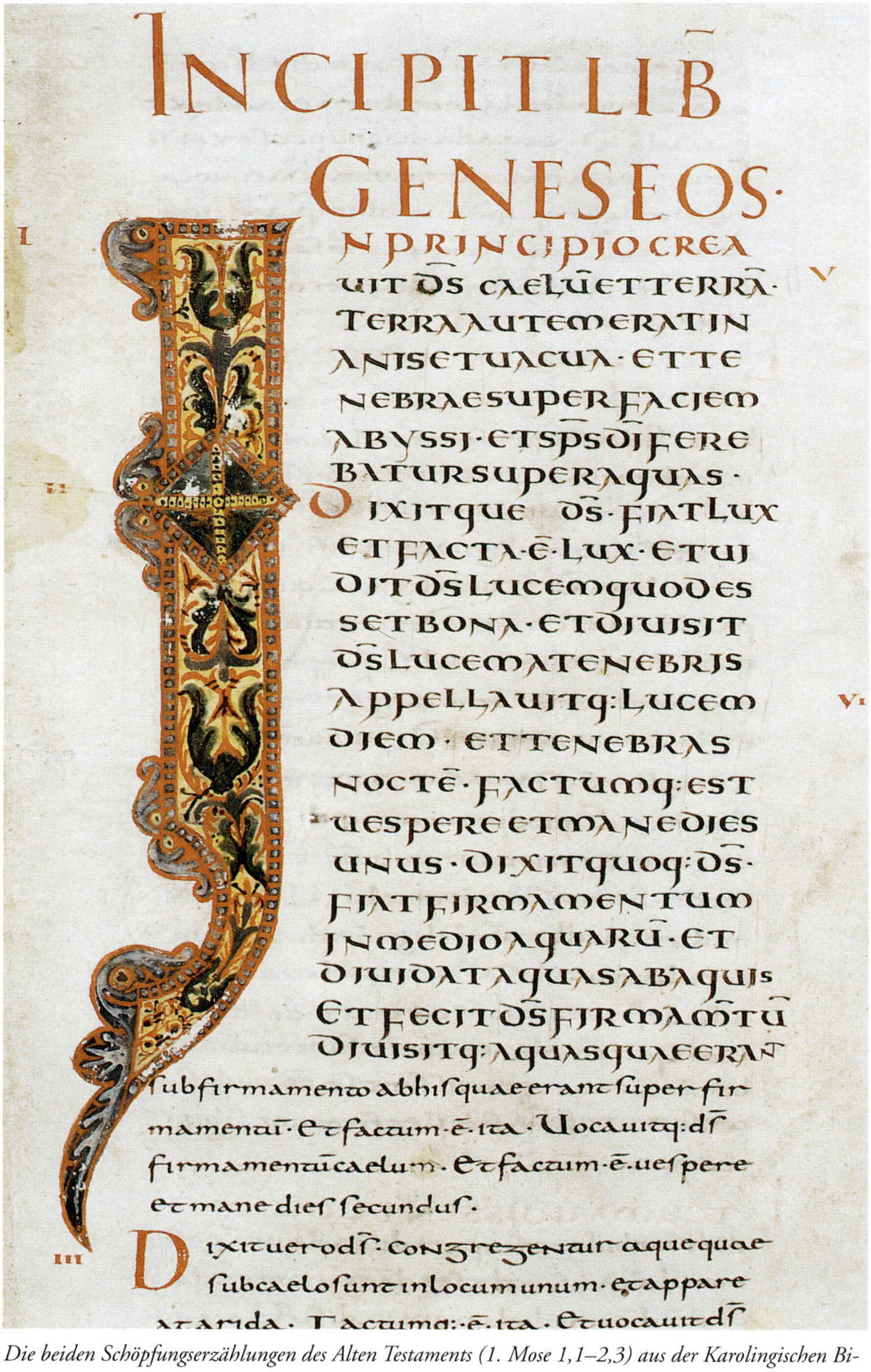

Die beiden Schöpfungserzählungen des Alten Testaments (1. Mose 1,1–2,3) aus der Karolingischen Bibel (825/30), geschrieben in karolingischer Minuskel

Für Christen ist die Bibel das „Buch der Bücher". Heute liegen Bibelübersetzungen in 422 Sprachen, mit Teilübersetzungen sogar in 2377 Sprachen vor. Eine deutsche „Bibel in gerechter Sprache" wurde auf der Frankfurter Buchmesse 2006 vorgestellt. Diese berücksichtigt die feministische Theologie, die Befreiungstheologie und den christlich-jüdischen Dialog.

Begriff und Entstehung

Der Begriff Bibel stammt von dem griechischen Plural *biblia* (von biblion „Buchrolle, Schrift, Brief, Dokument"). Er wurde von dem Griechisch schreibenden jüdischen Schriftsteller Flavius Josephus (37/38 bis nach 100) für die Tora wie auch für die Sammlung aller Heiligen Schriften benutzt. Seit dem 4. Jahrhundert bezeichnet er die aus den beiden Testamenten bestehende Bibel.

Die Heilige Schrift des Christentums setzt sich aus dem (von Christen so genannten) „Alten Testament" – für Juden die Hebräische Bibel (Tenach) – und dem „Neuen Testament" (Sammelbegriff aus dem 3. Jahrhundert) zusammen. Der lateinische Begriff *Testamentum* entspricht dem griechischen Begriff *Diatheke.* In der griechischen Übersetzung des Alten Testaments (Septuaginta) wird mit diesem Begriff das hebräische *B'rit* (Bund) wiedergegeben.

Die Bibel ist nicht nur ein einzelnes Buch, sondern eine ganze Bibliothek. Ihr Entstehungszeitraum umfasst über 800 Jahre. Die Entstehungszeit der neutestamentlichen Schriften reicht vom 1. Thessalonicherbrief des Paulus (kurz vor 50 n. Chr.) bis zum 2. Petrusbrief (130 n. Chr.). Lange Zeit blieb der Umfang des neutestamentlichen Kanons fließend. Während dem Urchristentum die Hebräische Bibel vorgegeben war, ist erst um ca. 200 n. Chr.

„Die Schöpfungsgeschichte"; aus dem Evangeliar Heinrichs des Löwen; Buchmalerei, um 1173

„Schatzkammer-Evangeliar": die vier Evangelisten Matthäus (in der Kunst wird ihm traditionell das Symbol des Engels zugeordnet), Markus (Löwe), Lukas (Stier) und Johannes (Adler); karolingisch, ca. 820

ein neutestamentlicher Kanon entstanden. Er hat einen Grundbestand von niedrig gerechnet 21 Schriften. Die heute gültigen 27 Schriften wurden zuerst von Bischof Athanasius von Alexandria 367 in einem Osterfestbrief verzeichnet. Er erwähnt auch als Erster den Begriff Kanon. Eine weitere Liste, die auch die Schriften Israels enthält, stammt von einer Synode in Rom (382). Mehrere spätere Synoden schlossen sich dieser Entscheidung an.

Das Alte Testament

Das aus 39 Büchern bestehende Alte Testament ist zum größten Teil auf Hebräisch verfasst. Beginnend mit der Schöpfungsgeschichte, der Sintflut, dem Bund Gottes mit Abraham und seinen Nachkommen, werden Geschichte und Schicksal des Volkes Israel nach dem Auszug aus Ägypten erzählt. Bei der Einteilung, Zählung und Benennung der Schriften gibt es zum Teil erhebliche Unterschiede sowohl gegenüber dem im Judentum geltenden hebräischen Text des Alten Testaments als auch gegenüber den alten griechischen (Septuaginta u. a.) und lateinischen (Vulgata u. a.) Übersetzungen.

Die Lutherbibel teilt folgendermaßen ein:

1. die Geschichtsbücher, die bis zur Landnahme der 12 Stämme in Palästina führen (die 5 Bücher Mose). Das Judentum fasst sie unter dem Begriff Tora zusammen.
2. die Bücher der Geschichte im verheißenen Land selbst, beginnend mit der Einnahme Jerichos durch Josua (u. a. die Zeit der Könige Saul, David und Salomo).
3. die Lehrbücher, auch poetische Bücher genannt, Hiob, Psalmen, Sprichwörter, Kohelet und das Hohelied.
4. die prophetischen Bücher: Jesaja, Jeremia, Ezechiel, Daniel, Hosea, Joel, Amos, Obadja, Jona, Micha, Nahum, Habakuk, Zefanja, Haggai, Sacharja und Maleachi. Die Bücher Hosea bis Maleachi werden auch unter der Bezeichnung „12 kleine Propheten" zusammengefasst.

Die sog. Spätschriften (Apokryphen), d. h. Ergänzungen und Zusätze zum Alten Testament, sind nur in der griechischen Übersetzung überliefert und gehören nicht zum Bibelkanon, sind aber in manchen katholischen Bibeln abgedruckt.

Das Neue Testament

Am Anfang des Neuen Testaments stehen die vier Evangelien und die vom Autor des Lukasevangeliums verfasste Apostelgeschichte. Es sind erzählende Geschichtsdarstellungen vom Leben und Wirken Jesu von Nazareth bis zur Missionstätigkeit des Apostels Paulus.

Die Verfasser der Evangelien (griechisch „Frohe Botschaft"), die Evangelisten, wollten keine historischen Berichte verfassen. Ihre Schriften sind bereits nachösterliche Verkündigung, gläubig geschriebene Predigttexte, die den historischen Jesus als von Gott gesandten Erlöser verkündigen. Daher muss zwischen dem „historischen Jesus" und dem „Christus des Glaubens" unterschieden werden, auch wenn beide Ebenen schwer zu trennen sind.

Aus der ursprünglichen Bedeutung „Frohe Botschaft" entwickelte sich der Begriff Evangelium zu einem Ausdruck für eine Textsorte. Die ersten fünf neutestamentlichen Geschichtswerke wurden ungefähr zwischen 70 und 100 n. Chr. geschrieben (Matthäus um 80 n. Chr.; Markus um 70; Lukas um 85; Johannes um 100; Apostelgeschichte des Lukas um 85/95). Sie haben mündlich weitergegebene Überlieferungen in sich aufgenommen.

Man bezeichnet die Evangelien des Matthäus, Markus und Lukas als „synoptische" Evangelien, weil sie einen sehr ähnlichen Aufbau haben. Vermutlich lag den Evangelien des Matthäus und Lukas das Markusevangelium und eine so genannte Logienquelle (Q) zugrunde. Ob es sich bei ihr allerdings überhaupt um eine schriftliche Quelle handelte, ist unsicher. Sie enthält hauptsächlich Jesus-Worte (Logien), aber kaum Erzählungen.

Außerdem unterscheidet die neutestamentliche Forschung so genanntes „Sondergut" (zum Beispiel Kindheitsgeschichten bei Matthäus und Lukas), das in keinem anderen Evangelium erwähnt wird. Nach der in der neutestamentlichen Wissenschaft weitgehend anerkannten „Zweiquellentheorie" wäre Q die zweite Quelle für das Matthäus- und Lukasevangelium.

Der zweite Hauptteil des Neuen Testaments – umfangmäßig mehr als die Hälfte der ersten fünf Erzählbücher – besteht aus Briefen. Zwei Drittel von ihnen machen das so genannte Corpus Paulinum aus, die Briefe des Paulus. Nur sechs dieser Briefe werden von der Forschung als unzweifelhaft echte Paulusbriefe anerkannt. Diese Briefe zeigen die Korrespondenz des Paulus mit einigen der von ihm in Kleinasien (Türkei) und Griechenland gegründeten Gemeinden. Dies gilt nicht für den Römerbrief, da in Rom schon eine Gemeinde bestand.

Die *echten* Paulusbriefe sind: Brief an die Römer; 1. und 2. Brief an die Korinther; Brief an die Galater; Brief an die Philipper; 1. Brief an die Thessalonicher; Brief an Philemon.

Daneben gibt es die *unechten*, wahrscheinlich von Paulus-Schülern geschriebenen Paulusbriefe. Sie nahmen die Autorität des Apostels in Anspruch, um Probleme zu regeln, die sich in der ersten und zweiten Generation nach ihm ergeben hatten. Es handelt sich um folgende Briefe: 2. Thessalonicher; 1. und 2. Brief an die Kolosser; Brief an die Epheser; 1. und 2. Timotheus-Brief; Brief an Titus. Auf den nicht zu den Paulusbriefen gehörenden Hebräerbrief folgen die sieben Katholischen Briefe: Jakobus; 1. und 2. Brief des Petrus; drei Johannesbriefe sowie der Judasbrief.

Ein Buch ganz eigener Gattung steht am Schluss des Neuen Testaments: die „Apokalypse" oder die „Offenbarung des Johannes". Ein prophetisch begabter Autor – nicht mit dem Verfasser des Johannesevangeliums identisch – schildert in sieben Sendschreiben an eben so viele kleinasiatische Gemeinden seine Visionen, in denen er das nahe erwartete Ende der Weltgeschichte beschreibt.

Kapitell der Basilika des französischen Wallfahrtsortes Vezelay (Yonne). Abbildung der mystischen Mühle: Mose schüttet das Korn des Alten Testaments in eine Mühle, und Paulus sammelt das Mehl des Neuen Bundes.

RELIGIÖSE HANDLUNGEN

Gottesdienst, Sakramente und Wallfahrt

Gottesdienst in der kleinen evangelisch-lutherischen Gemeinde St. Johannis in Köln

Gottesdienste werden nach einer festen Ordnung *(Liturgie)* gestaltet. In katholischen Kirchen finden jeden Tag so genannte „Messen“ statt: Gottesdienste mit Abendmahl beziehungsweise Eucharistie. Wochentagsmessen sind schlichter als die sonntägliche Messe. Jede „heilige Messe“ besteht aus vier Teilen: Eröffnung, Wortgottesdienst, Eucharistiefeier, Schlussteil. Höhepunkt ist die Feier der Eucharistie und der Empfang der Kommunion, also von Brot und Wein.

Ein Gottesdienst ist nicht nur eine kultische Handlung, denn das ganze Leben des Christen soll nach Paulus (Röm 12,1) ein Gottesdienst sein. Gottesdienste im kultischen Sinn beziehungsweise Messen finden im Allgemeinen in Kirchen statt. Nach evangelischem Verständnis gelten Kirchengebäude nicht als „heilige“ Orte. Daher können überall, auch im Freien, Gottesdienste gefeiert werden.

Der christliche Gottesdienst ist aus dem Gottesdienst der Synagoge hervorgegangen, der aus Gebet, Schriftlesung und Predigt besteht. In seiner Predigt erklärt der Pfarrer den Sinn eines Bibeltextes für die Gegenwart. Von Anfang an hatte die Predigt eine große Bedeutung für den Glauben. Im evangelischen Gottesdienst nimmt sie einen zentralen Platz ein.

In evangelischen Kirchen findet der Hauptgottesdienst am Sonntagmorgen statt, dem christlichen Wochenbeginn. Außerdem gibt es Gottesdienste an Werktagen, Wochenschlussgottesdienste an Sonnabenden sowie Festgottesdienste und Gottesdienstveranstaltungen für besondere Gruppen, zum Beispiel für Kinder und Senioren.

Sakramente

Unter einem Sakrament (von lat. sacramentum: „unverbrüchliche Besiegelung") wird ein wirksam geltendes äußeres Zeichen einer gegenseitigen Bindung verstanden: diejenige Gottes durch seine Gnade und die des zur Heilsgemeinde gehörenden Menschen. Der im Neuen Testament nicht vorkommende Begriff wurde von dem Kirchenvater Tertullian (gest. nach 220) eingeführt. Bei den Römern war *sacramentum* ein verpflichtender Weiheakt, zum Beispiel ein Fahneneid, auch das im Tempel hinterlegte Pfand streitender Parteien. Tertullian bezeichnete mit sacramentum einerseits das Heilsgeschehen in Christus, andererseits spezifische kultische Handlungen, wie Taufe und Abendmahl.

„Durch die Konsekration des Brotes und Weines geschieht eine Verwandlung der ganzen Substanz des Brotes in die Substanz des Leibes Christi, unseres Herrn, und der ganzen Substanz des Weines in die Substanz seines Blutes. Diese Wandlung wurde von der heiligen katholischen Kirche treffend und im eigentlichen Sinne Wesensverwandlung genannt."
(Beschluss der 13. Sitzung des Trienter Konzils)

Als das Neue Testament vom Griechischen ins Lateinische übersetzt wurde, gab man *mysterion* mit sacramentum wieder. Mysterion bedeutet Geheimnis; es bezeichnet im Neuen Testament alles, was Gott zum Heil der Menschen beschlossen und in Christus getan hat. Augustinus (354–430) deutete Sakrament als sichtbares Zeichen der unsichtbaren Gnade Gottes.

Die römisch-katholische Kirche versteht unter Sakrament ein von Gott gegebenes wirksames Gnadenzeichen. Seit dem Hochmittelalter (11./12. Jahrhundert) ist die Siebenzahl belegt: Taufe, Firmung, Buße, Eucharistie (Abendmahl), Priesterweihe, Ehe, Krankensalbung (Letzte Ölung). Die Siebenzahl entspricht den sieben Hauptmysterien der orthodoxen Kirche (dort spätestens seit dem Unionskonzil von Lyon, 1274, verbindlich). Während die Predigt von der Person des Predigers abhängig ist und Gott nicht immer gleichermaßen sichtbar macht, vermitteln die Sakramente als „wirksame Gnadenmittel" den Gläubigen immer die Gnade Gottes. In den evangelischen Kirchen steht die Verkündigung des Wortes Gottes gleichrangig neben den Sakramenten. Pro-

Gottesdienst mit Abendmahl in der Amerikanischen Gemeinde in Berlin-Schöneberg

Die Kathedrale von Santiago de Compostela ist Ziel der Pilger des Jakobswegs.

testanten lassen nur solche Handlungen als Sakramente gelten, deren Stiftung auf Jesus zurückgeführt wird: Taufe und Abendmahl (bei Luther eventuell auch Beichte).

Abendmahl / Eucharistie

Der Begriff Abendmahl bezeichnet die letzte Mahlzeit Jesu mit seinen Jüngern vor seinem Tod. Möglicherweise handelte es sich um eine jüdische Sederfeier. Die Texte der drei Evangelien Matthäus, Markus und Lukas legen dies nahe. Die vier „Einsetzungsberichte" (Mt 26,26–29; Mk 14,22–25; Lk 22,15–20; 1 Kor 11,23–25) unterscheiden sich in ihrem Wortlaut. Jesus sprach zu Brot und Kelch (Wein) so genannte Deuteworte, die ursprünglich gelautet haben mögen: „Dies ist mein Leib" und „Dies ist mein Blut, vergossen für die Vielen". Er deutete sein Leiden als Sühnetod, den er stellvertretend für alle Menschen auf sich nahm, um diese wieder mit Gott zu versöhnen. Das letzte Abendmahl stellte er in einen Zusammenhang mit dem anbrechenden Gottesreich. Es galt als Vorwegnahme derjenigen Mahlzeit, die Gott mit Jüngern, Anhängern, auch Zöllnern und Sündern, in seinem Reich feiern wird. Im frühen Christentum wurde das Abendmahl – Paulus nennt es „Herrenmahl" – täglich gefeiert, später am ersten Tag jeder Woche (Sonntag). Die orthodoxe, römisch-katholische sowie die anglikanischen Kirchen sprechen von *Eucharistie* (griechisch-lateinisch „Danksagung").

Wenn in der katholischen Kirche der Priester die „heilige Messe" feiert, dann handelt Christus durch ihn. Am deutlichsten wird dies, wenn er die Wandlungsworte über die Opfergaben spricht: Brot und Wein werden zu Leib und Blut Christi. Jesus Christus ist dann für die Gläubigen wirklich gegenwärtig und mit ihnen verbunden.

In den Kirchen der Reformation gab es unterschiedliche Meinungen, wie man sich die Gegenwart Christi in Wein und Brot vorzustellen habe: wirklich oder symbolisch? Für Luther und die lutherischen Kirchen ist Jesus Christus im Abendmahl tatsächlich gegenwärtig (Realpräsenz). Die Gläubigen nehmen den Leib und das Blut Jesu Christi „in, mit und unter" Brot und Wein zu sich (Konsubstantiation). Zwingli und die reformierten Kirchen deuten das Abendmahl als eine Erinnerungsfeier. Die 1982 als Lima-Erklärung verabschiedete Konvergenzerklärung über Taufe, Eucharistie und Amt enthält Übereinstimmungen im Verständnis von Taufe, Eucharistie und Amt in den Mitgliedskirchen des Ökumenischen Rates der Kirchen. Erwartungen auf eine gemeinsame Feier des Abendmahls zwischen der römisch-katholischen und den evangelischen Kirchen haben sich bislang nicht erfüllt.

Zahlreiche Kerzen brennen beim Gottesdienst in einer russisch-orthodoxen Kirche in Kaliningrad.

Wanderstäbe mit Jakobsmuscheln sind die historischen Zeichen der Pilgerpfadwanderer auf ihrem Weg nach Santiago de Compostela.

Die christliche Wallfahrt

Unter einer Wallfahrt versteht man den Besuch heiliger Stätten. Im Unterschied zum englischen pilgrim, französischen pelerin, italienischen pellegrino hat die deutsche Sprache zwei Wörter: Pilger und Wallfahrer.

Eine Wallfahrt liegt dann vor, wenn jemand aus einem in sich selbst ruhenden Motiv seine Gemeinde zum Besuch einer bestimmten heiligen Stätte verlässt mit der Absicht, danach in die Heimat zurückzukehren. Eine Pilgerfahrt braucht diesen Rückkehrwillen nicht zu haben, sie kann sogar aus asketischen Motiven ausdrücklich darauf verzichten und bis zum Ende des Lebens dauern. Das Motiv einer Wallfahrt muss religiöser und persönlicher Natur sein, sonst könnte man den Besuch eines Konzils als Wallfahrt bezeichnen. Außerdem ist das Verlassen der Gemeinde erforderlich, denn anderenfalls könnte man jeden Kirchenbesucher einen Wallfahrer nennen.

Katholische Christen unternehmen Wallfahrten in das Heilige Land sowie zu anderen Heiligtümern in Rom und zu den Gnadenorten, wo Maria besonders verehrt wird: Lourdes, Kevelaer, Fatima, Tschenstochau, Santiago de Compostela oder Altötting.

Die christlichen Feste

Religiöse Feiertage im Jahresverlauf

Das Kirchenjahr beginnt mit dem ersten Advent und endet am Ewigkeitssonntag (früher Totensonntag). Es unterscheidet zwischen dem Weihnachtsfestkreis, der Passionszeit und dem Osterfest- sowie dem Pfingstkreis. Zum Osterfestkreis gehören die Karwoche mit Palmsonntag, Gründonnerstag, Karfreitag und Karsamstag sowie die Osterzeit, beginnend mit der Osternacht. Das Pfingstfest wird diesem Festkreis zugeordnet. Zum Weihnachtsfestkreis gehören die vierwöchige Adventszeit, Weihnachten selber und Epiphanias am sechsten Januar, im Volksmund „Heilige Drei Könige" genannt.

Ein typischer Brauch während der Adventszeit ist das Plätzchenbacken mit den Kindern.

Tischschmuck in der Adventszeit: gebundener Kranz mit vier brennenden Kerzen, die nacheinander – Woche für Woche – angezündet werden

Der Weihnachtskreis

Advent kommt von dem lateinischen Begriff *adventus* (Ankunft) und bezeichnet die vierwöchige Zeit vor Weihnachten. Eine Vorbereitungszeit auf das Geburtstagsfest Jesu Christi kennt man seit dem vierten Jahrhundert. Erst seit 546 ist die abendländische Vierzahl für Italien bezeugt. Zunächst war der Advent eine Buß- und Fastenzeit, was die liturgische Farbe Violett noch heute verrät. Christen glauben, dass die Ankunft des Messias in Christus erfüllt wurde. Darüber hinaus erwarten sie seine endgültige Wiederkunft am Jüngsten Tag. In den Advent gehören die Feste von Nikolaus, Barbara und Luzia.

Nikolaus

Der Heilige Nikolaus residierte und starb wahrscheinlich in der ersten Hälfte des 4. Jahrhunderts in Myra, dem heutigen Demre in der Türkei. Um seine Person rankten sich bald zahlreiche Legenden, die ihn als mildtätigen Nothelfer verherrlichten. Diese Legenden verbanden sich mit Wundererzählungen, die über einen Abt und Bischof desselben Namens erzählt wurden, über Nikolaus von Sion († 564). Der Siegeszug des Nikolaus als populärer Heiliger, Nothelfer und Patron der Kinder begann im

11. Jahrhundert in Europa. Der Nikolaustag wird am 6. Dezember gefeiert.

Weihnachten wurde früher zu verschiedenen Terminen begangen; denn niemand wusste, wann Jesus genau geboren wurde. Im 4. Jahrhundert legte Kaiser Konstantin den 25. Dezember fest, weil an diesem Tag die Römer auch den Geburtstag des „unbesiegten" Sonnengottes feierten. Die orthodoxe Kirche begeht den Geburtstag am 6. Januar.

Nach der Erzählung des Evangelisten Lukas wurde das Jesuskind in eine Futterkrippe für Tiere gelegt. Schon im achten Jahrhundert gab es Darstellungen von Jesus in der Krippe. Das erste Krippenspiel geht auf Franz von Assisi (1181/82–1226) im Jahre 1223 zurück. Seit zwei Jahrhunderten stellen Christen in aller Welt auch Krippen im eigenen Wohnzimmer auf. Von den vier Evangelisten berichten nur Lukas und Matthäus von der Geburt Jesu. Bei Lukas kehren Maria, Josef und das Kind schon bald nach Nazareth zurück. Bei Matthäus fliehen sie nach Ägypten und kommen erst nach dem Tod von König Herodes nach Hause.

Der 6. Januar

Matthäus 2 erzählt von den „anatolischen Magiern", die aus dem Osten, dem Reich der aufgehenden Sonne, nach Jerusalem kamen, weil sie den Stern eines neugeborenen Königs gesehen hatten. Waren die „Magier" Angehörige der iranisch-medischen Priesterklasse, Anhänger des Gottes Mithras oder einfach Sterndeuter aus Iran, Babylonien oder dem arabischen Raum? Die Männer folgten dem Stern bis zu dem Stall, wo sie Maria und Josef mit dem Kind fanden. Sie verneigten sich und brachten Geschenke dar: Gold, Weihrauch und Myrrhe. Aus den „anatolischen Magiern" wurden die „drei Könige" oder „Weisen aus dem Morgenland". Erst seit dem 8. Jahrhundert sind sie als Kaspar, Melchior und Balthasar

„Die Anbetung der Könige"; Gemälde von Giotto di Bondone in der Cappella degli Scrovegni in Padua

MARIENFESTE IM JAHRESKREIS

Zur römisch-katholischen Frömmigkeit gehören wesentlich die Marienfeste. Einige Feste der „Gottesmutter" Maria reichen bis in das vierte Jahrhundert zurück.

Als Erster berichtete Gregor von Nazianz (330–390) von einer direkten Anrufung Marias. Die ältesten Marienfeste gehören in das Umfeld von Weihnachten beziehungsweise Epiphanias (Heilige Drei Könige). Nachdem das Konzil von Ephesus (431) die Lehre von der Gottesmutterschaft Marias verkündet hatte, wurde die Marienverehrung im Osten immer populärer.

Zu den Marientagen gehören: Hochfest Mariä Erwählung (8.12.), Hochfest der Gottesmutter Maria (1.1.), Darstellung des Herrn (2.2.), Unsere Liebe Frau in Lourdes (11.2.), Mariä Verkündigung (25.3.), Unbeflecktes Herz Mariä (3. Sonnabend nach Pfingsten), Mariä Heimsuchung (2.7.), Unsere Liebe Frau auf dem Berg Karmel (16.7.), Mariä Himmelfahrt (15.8.), Maria Königin (22.8.), Mariä Geburt (8.9.), Mariä Namen (12.9.), Schmerzen Mariens (15.9.), Unsere Liebe Frau vom Rosenkranz (7.10.), Unsere Liebe Frau von Jerusalem (21.11.).

bekannt. Zu Königen wurden sie unter dem Einfluss alttestamentlicher Überlieferungen. Ihre Dreizahl erschloss erst der griechische Kirchenvater Origenes (185 bis 253/54) aus der Zahl der in Matthäus 2,11 genannten Geschenke (Gold, Weihrauch und Myrrhe). Diese werden symbolisch auf die Würden Jesu Christi bezogen: Gold = König; Weihrauch = Gott; Myrrhe = Arzt. Der 6. Januar ist für orthodoxe Christen das Fest der Erscheinung des Herrn (Epiphanie) und ihr Weihnachtsfest. Sie feiern an diesem Tag nicht die Geburt, sondern die Taufe Jesu. Die westliche Kirche erinnert sich zu Epiphanie an die Begegnung der Heiligen Drei Könige mit Jesus. Die Ostkirche feiert, dass Jesus nach seiner Taufe im Jordan begann, öffentlich seine Botschaft zu verkünden.

Die Passionszeit

Mit dem Aschermittwoch beginnt für katholische Christen die bis Ostern dauernde Fastenzeit. Für den Aschermittwoch wird

strengstes Fasten empfohlen. In katholischen Kirchen findet an diesem Tag die Segnung statt, bei der ein Aschekreuz auf die Stirn der Gläubigen gezeichnet wird. Es handelt sich um die Asche des geweihten Palmenzweigs vom vorhergehenden Palmsonntag. Asche gilt als Zeichen der Trauer und Buße. Für katholische Christen lautet

Palmsonntags-Parade zur St. Mary's Parish Church in Port Maria, Jamaika

das dritte Kirchengebot: „Du sollst die gebotenen Fastentage und Abstinenztage halten!" An diesen Abstinenztagen (Freitage und Aschermittwoch) verzichtet man auf Fleisch.

In der Fastenzeit erinnern sich Christen an die Passion, das „Leiden" Jesu Christi. Die 40-tägige Vorbereitungszeit auf Ostern geht auf das frühe vierte Jahrhundert zurück. Die Passionszeit entwickelte sich zu einer Zeit der Taufvorbereitung und der Buße. Die Fastengebote gelten für katholische Christen im Alter von 14 bis 60 Jahren. Sie sollen Buße tun, üppiges Essen meiden, sexuelle Wünsche überwinden und sich für die Begegnung mit Gott reinigen. Orthodoxe Christen fasten in erster Linie als Trauer über die Sünde. Verstärkt besinnt man sich seit einigen Jahren auch in evangelischen Kirchen auf die Fastentradition, zum Beispiel in der Aktion „Sieben Wochen ohne".

Eine Prozession während der Karwoche (Semana Santa) in Córdoba, Andalusien

Der Osterkreis

Die Woche vor Ostern, die Karwoche, beginnt mit dem Palmsonntag. An diesem Tag kam Jesus vor seiner Kreuzigung nach Jerusalem. Katholiken feiern in der Kirche eine Palmweihe zur Erinnerung an die Einwohner Jerusalems, die Jesus bei seinem Einzug jubelnd mit Palmenzweigen begrüßten. Vor allem in Spanien und Italien wird die Karwoche mit großen Straßenprozessionen begangen.

Für evangelische Christen ist Karfreitag, zwei Tage vor Ostern, der höchste Feiertag. An diesem Tag gedenken sie der Kreuzigung Jesu. „Kar" kommt aus dem Althochdeutschen und bedeutet „Kummer". Der Karfreitag ist ein Tag der Stille und Trauer. Glocken werden nicht geläutet, es wird keine Orgel gespielt. In vielen Kirchen werden an diesem Tag Kreuz und Altar mit einem schwarzen Tuch verhängt.

Entscheidend für den christlichen Glauben ist die Gewissheit der Auferstehung Jesu Christi von den Toten. Weil Jesus auf-

Mit großem Pomp wird alljährlich die Fronleichnamsprozession in der peruanischen Stadt Cuzco begangen.

erstanden ist, werden alle, die an ihn glauben, auch von den Toten auferstehen. Da Jesus an einem Sonntag auferweckt wurde, war für die frühen Christen zunächst jeder Sonntag ein „Fest der Auferstehung", also Ostern. Erst seit dem zweiten Jahrhundert feiert man Ostern ein Mal im Jahr. Es wird am Wochenende nach dem ersten Vollmond im Frühling begangen, der auf den Frühlingsanfang folgt. Frühester Zeitpunkt ist der 22. März, spätester der 25. April. Ostern wurde bereits im vierten Jahrhundert als christliches „Fest der Feste" gefeiert. Möglicherweise stammt der Name des Festes von der germanischen Gottheit Ostera, der Gottheit der Morgenröte und des aufsteigenden Lichts. Andere führen

Der Heilige Geist erscheint den Jüngern zu Pfingsten; Westfälischer Meister, Osnabrücker Altar

Ostern auf das altgermanische Wort Ostra zurück: den Zeitpunkt, an dem die Sonne neu wieder im Osten aufgeht. Alle diese Erklärungen sehen in Jesus Christus ein Bild für die im Osten aufsteigende Sonne.

Christi Himmelfahrt

40 Tage nach Ostern feiern Christen Abschied von Jesus Christus und seinen Aufstieg zu Gott. Von seiner Himmelfahrt erzählt nur der Evangelist Lukas an zwei Stellen. Am Schluss seines Evangeliums erscheint der Auferstandene den Jüngern und

Während der Osterprozession in Medellín, Kolumbien, wird der Leidensweg Jesu nachgestellt.

segnet sie: „Und es geschah, da er sie segnete, schied er von ihnen und fuhr auf gen Himmel" (24,51). Die Apostelgeschichte (1,9–11) erzählt von einer Wolke, die den auferstandenen Jesus Christus vor den Augen der Jünger hinweg nimmt.

Pfingsten

Pfingsten stammt von dem griechischen Begriff Pentekoste (Fünfzig) ab. Im christlichen Festkalender bezeichnet Pfingsten den 50. Tag nach Ostern. Die Kirche feiert Pfingsten aus folgenden Gründen: Man denkt daran, dass die Auferstehung Jesu Christi nun vollendet ist und der Heilige Geist in der Welt wirkt. Ferner gilt Pfingsten als „Geburtstag der Kirche": In der Apostelgeschichte heißt es, dass am 50. Tag nach Ostern der Heilige Geist in Form von „Zungen, zerteilt, wie von Feuer" auf die Apostel niedergegangen wäre und sie befähigt hätte, in fremden „Zungen" zu reden. Die vom Heiligen Geist erfüllten Apostel sollen so in ihrer Sendung bestärkt worden sein und begannen an diesem Tag damit, ihre Botschaft unter die Menschen zu bringen. Zu Pfingsten erinnern sich die Gläubigen schließlich daran, dass Gottes heiliger Geist jeder Zeit und überall unter ihnen wirken kann. Der Heilige Geist bedeutet für Christen die Kraft Gottes. Sie stiftet Menschen dazu an, Gutes zu tun, gibt ihnen Vertrauen, macht ihnen Mut. Der Heilige Geist ist in verschiedenen Bildern dargestellt worden: Wie Feuer und Flamme entzündet er alles, wie eine Taube kommt er vom Himmel herab, wie Wind und Sturm bringt er Bewegung. Auch als lebendig machender Atem wird er erfahren.

Fronleichnam

Fronleichnam bedeutet auf Mittelhochdeutsch „Leib des Herrn". Dieses katholische Fest wird zehn Tage nach Pfingsten begangen und ist mit reich geschmückten Prozessionen verbunden. 1209 hatte die Nonne Juliana von Lüttich eine Vision, die ihr beim Vollmond eine dunkle Stelle zeigte. Sie sah im Mond ein Sinnbild der Kirche und deutete die dunkle Stelle als fehlendes Fest. Dieses wurde 1246 in der Diözese Lüttich eingeführt. In Deutschland setzte sich rasch der Name Fronleichnam durch.

Feste am Lebensweg

Persönliche Feiertage im Christentum

Wichtige Lebensstationen werden von gläubigen Christen mit bestimmten Ritualen und Bräuchen gefeiert, die zum Teil über Jahrhunderte hinweg überliefert sind.

Geburt und Taufe

Christen glauben, dass Gott sie von der Geburt bis zum Tod begleitet. Deshalb lassen viele Eltern ihr Kind bald nach der Geburt taufen. Nach dem Vorbild von Johannes dem Täufer wird bei allen Konfessionen der Kopf des Täuflings mit Wasser begossen oder der Täufling untergetaucht. Der Geistliche spricht die Taufformel: „Ich taufe dich auf den Namen des Vaters, des Sohnes und des Heiligen Geistes." Er legt dem Täufling seine Hand auf den Kopf und segnet ihn. Wer getauft ist, gilt als neu geboren.

Aus der ursprünglichen Erwachsenentaufe, die im frühen Christentum die Abkehr von den Göttern der Umwelt besiegelte, entwickelte sich die Kinder- beziehungsweise Säuglingstaufe. Die Taufpaten versprechen, den Eltern bei der christlichen Erziehung des Kindes zu helfen. Zur Taufe gehört Wasser, das Element des Lebensursprungs und Symbol der Reinheit. Zu Jesu Zeiten fand die Taufe in einem Fluss als Tauchbad statt. Manche christliche Religionsgemeinschaften, zum Beispiel die Baptisten, nehmen zur Taufe

Ein Geistlicher übergießt den Kopf eines Babys dreimal mit Wasser. Katholiken verwenden Wasser, das in der Osternacht geweiht wurde.

See von Galiläa: Erwachsenentaufe von Baptisten (Untertauchende) in weißen Taufgewändern. Für die Gläubigen dieser Freikirche ist die Taufe nicht heilsnotwendig, kein Sakrament. Getauft werden aber nur Gläubige.

ein Ganzkörperbad vor. Sie taufen nur Erwachsene, da ihnen an einer bewussten mündigen Entscheidung des Täuflings gelegen ist. Alle christlichen Gemeinschaften erkennen ihre jeweiligen Taufen gegenseitig an, wenn sie bestimmten Standards entsprechen. Bei der Taufe erhält das Kind seinen Namen. Häufig wählen die – zumeist katholischen – Eltern Namen von Heiligen. Am Todestag ihres Heiligen feiern sie dann ihren Namenstag. Der Name Maria war selbst für Jungen üblich, um damit die Mutter Jesu zu ehren. Viele Namen deuten auf Christus hin, wie zum Beispiel Christian, Christiane, Christoph(er),

Erstkommunion

„Es ist Sonntag nach Ostern. Er heißt auch Weißer Sonntag, weil früher an diesem Sonntag die Leute, die in der Osternacht getauft worden waren, noch einmal mit ihren weißen Taufkleidern in die Kirche eingezogen. Die letzten Tage vor dem Weißen Sonntag sind ausgefüllt mit Vorbereitungen. (…) Christiane hat ein weißes Kleid an, sie sieht aus wie eine kleine Braut. Im Haar trägt sie ein Myrtenkränzchen.

Christianes Kommunionkerze ist mit Blumen und grünen Zweigen geschmückt. So geht sie am Morgen zur Kirche.

Die Jungen haben dunkle Anzüge und weiße Hemden an und sehen ganz vornehm aus. Alle Kinder sind sehr still und ernst. Ruhig ziehen sie in die Kirche ein. Die Eltern und Verwandten sind schon in der Kirche. In der Mitte sind Plätze für die Kommunionkinder freigelassen. Nun beginnt der feierliche Gottesdienst, in dem die Kinder zum erstenmal die Heilige Kommunion empfangen dürfen. Nach der Messe versammeln sich die Kinder auf dem Platz von der Kirche, der Pfarrer gibt jedem von ihnen noch einmal die Hand.

Die meisten Eltern rennen aufgeregt mit Fotoapparaten herum und können gar nicht genug fotografieren. Schließlich ist es ein großer Festtag für die Kinder.

Am Nachmittag gehen alle nochmals zu einem Dankgottesdienst in die Kirche. Zur Erinnerung an den Tag ihrer ersten Heiligen Kommunion gibt der Pfarrer jedem Kind ein kleines Geschenk."

(Edmund Jung: Christiane geht zur Erstkommunion. In Rolf Krenzer: Kurze Geschichten.)

Christa, Christlieb, Christfried, Kristin(e) und so weiter.

Kommunion, Konfirmation, Firmung

In der katholischen Kirche bedeutet Kommunion den Empfang von Brot (Hostie) und – bei besonderen Gelegenheiten – Wein in der heiligen Messe. Das Wort kommt vom lateinischen *communio* und bedeutet Gemeinschaft. Auf Wunsch wird die Kommunion auch zu Kranken und Gebrechlichen gebracht, die nicht selber zur Kirche gehen können.

Katholische Kinder feiern in Deutschland ihre heilige Erstkommunion etwa im Alter von neun Jahren. Als Zeichen der vollen Aufnahme in die Gemeinde haben sie ab jetzt an Brot und Wein teil. Kommunion ist auch Bezeichnung für das Brot, und spricht man davon, „die Komunion zu empfangen". Die Kommunion ist ein sehr wichtiges Fest in Familie und Gemeinde. Es wird oft am ersten Sonntag nach Ostern,

Katholischer Junge mit einer Kommunionkerze bei der Feier seiner Erstkommunion. Die Kerzen werden oft in den vorbereitenden Gruppensitzungen selbst hergestellt.

Segnung von Konfirmanden in der evangelischen Kirchengemeinde Groß-Karben bei Frankfurt am Main

dem so genannten Weißen Sonntag, in Gemeinde und Familie begangen. Auch andere Tage, zum Beispiel Christi Himmelfahrt, sind üblich. Mädchen tragen weiße Kommunionkleider, die Jungen festliche Anzüge. In vielen Gemeinden wird auf Kleiderprunk verzichtet. Die Erstkommunion wurde erst im 19. Jahrhundert als Feier der Gemeinde mit wachsender Beteiligung der Familien zum allgemeinen Brauch. Durch Andenken (zum Beispiel Kommunionerinnerungsbilder) wird eine fortbleibende Erinnerung zwischen Kirche und Kommunikanten gestiftet.

Die Konfirmation ist in evangelischen Kirchen ein Fest zum Abschluss des Katechumenen- beziehungsweise Konfirmandenunterrichts, in dem die getauften Jugendlichen die Grundlage des protestantischen Glaubens verstehen lernen sollen. Je nach landeskirchlicher Tradition dauert dieser Konfirmandenunterricht ein bis drei Jahre und wird vom Pfarrer oder von Eltern geleitet. Die Konfirmation selbst ist ein großes Familienfest, dem ein Konfirmationsgottesdienst vorausgeht. Der Konfirmand beziehungsweise die Konfirmandin gelten nun als religiös erwachsen, sie erwerben alle religiösen Rechte und Pflichten in der Kirche. Die Konfirmation ist eine Bestätigung der Taufe. Das Wort stammt von dem lateinischen *confirmatio* (Bekräftigung, Bestärkung, Befestigung) ab. Wer konfirmiert ist, darf auch das Amt des Paten übernehmen.

Die Firmung ist für katholische Christen die Vollendung der Taufe, welcher der Gläubige als reifer Mensch öffentlich zustimmt. Dem Firmling wird der Heilige Geist zugesprochen. Der Gläubige ist jetzt in religiöser Hinsicht erwachsen und wird als vollwertiges Mitglied in die Kirche aufgenommen. Firmung leitet sich vom lateinischen *firmatio* (Bestätigung, Bekräftigung) ab.

Weihbischof Bernd Uhl, Freiburg, segnet einen Firmling. Der Pate hat die Hand auf die Schulter des Jungen gelegt.

Eine römisch-katholische Hochzeit im Dom von Gerace, dem aus der Normannenzeit stammenden größten Dom Kalabriens

Eheschließung

Im Christentum gilt die Ehe als Bund vor Gott. Seit dem vierten Jahrhundert sind der priesterliche Segen und das Gebet bei einer christlichen Eheschließung üblich. Im zwölften Jahrhundert wurde die Ehe in die Reihe der sieben Sakramente aufgenommen. Vom 16. Jahrhundert an wurde es zur Pflicht gemacht, eine Ehe vor dem Priester und zwei Zeugen zu schließen. Seit der Französischen Revolution gibt es die standesamtliche Trauung durch einen Staatsbeamten. Einige Länder erkennen nur die kirchliche Eheschließung als Ehe an.

In der römisch-katholischen und in der griechisch-orthodoxen Kirche gilt die Ehe als ein Sakrament, das sich die Eheleute vor dem Priester und zwei Zeugen selbst spenden. Dabei sprechen sie folgende Worte: „N.N., ich nehme dich an als meine Frau/meinen Mann und verspreche dir die Treue in guten und bösen Tagen, in Gesundheit und Krankheit. Ich will dich lieben, achten und ehren, solange ich lebe." Dieses Versprechen wird auch durch das gegenseitige Überstreifen der Ringe symbolisiert. Nach katholischer Auffassung soll die von Gott gestiftete Ehe ein Leben lang dauern und darf nicht geschieden werden. Sie gilt als ein Abbild von Gottes Partnerschaft mit der Kirche und den Menschen.

In evangelischer Sicht ist die Ehe kein Sakrament, da als Sakramente nur Handlungen gelten, die von Jesus Christus gestiftet wurden, wie die Taufe und das Abendmahl. Die Ehe wird nach evangelischer Auffassung als Stiftung Gottes verstanden, die allen Menschen – nicht nur Christen – gilt. Für Protestanten ist die Ehe eine von Gott gesegnete Verbindung. Sie soll nach Möglichkeit lebenslang dauern. Aber Scheidung ist dennoch erlaubt.

Tod und Begräbnis

Alle Kirchen sind sich darin einig, dass sich die Hoffnung auf ein Leben nach dem Tod auf die Auferstehung Christi gründet. Über das Weiterleben nach dem Tod gibt es allerdings unterschiedliche Vorstellungen.

Die Toten werden üblicherweise auf einem Friedhof beerdigt. Inzwischen gestatten die Kirchen auch, dass Tote eingeäschert werden. Dann wird die Urne mit der Asche des Verstorbenen feierlich beigesetzt, gelegentlich auf Wunsch des Verstorbenen über dem Meer verstreut. Die katholische Kirche knüpft an die Einäscherung allerdings die Bedingung, dass dadurch nicht die christliche Hoffnung auf ein ewiges Leben geleugnet wird.

Christen glauben, dass mit dem Tod nicht alles zu Ende ist, hoffen darauf, dass die Verstorbenen bei Gott sein werden und ein neues Leben haben. Das Neue Testament erzählt, dass Jesus Christus nach seinem Tod von Gott wieder auferweckt wurde. Manche betonen, das Grab sei leer gewesen, Jesus sei also wirklich körperlich auferstanden. Andere meinen, Auferstehung bedeute, dass Jesus unsichtbar unter den Menschen weiterlebt. Wichtig ist vor allem die Gewissheit, dass mit dem Tod Jesu nicht alles zu Ende ist. In Lukas 24,5 finden sich die Worte: „Was sucht ihr den Lebenden bei den Toten? Er ist nicht hier. Gott hat ihn vom Tod erweckt."

Der Pastor oder Pfarrer begleitet die Angehörigen zur letzten Ruhestätte ihrer Verstorbenen. Manche Familien entscheiden sich für eine Trauerfeier in der Friedhofskapelle. Die Feier kann aber auch zu Hause, in der Kirche oder auf dem Friedhof stattfinden. In einer Ansprache versucht der Pfarrer, das Leben der Verstorbenen noch einmal für die Hinterbliebenen zu würdigen. Am Grab spricht er den Segen und übergibt den Toten dem gnädigen Gott. Alle Anwesenden werfen eine Schaufel Erde ins Grab, um sich symbolisch am Begräbnis des Verstorbenen zu beteiligen.

Die Akzeptanz zu Naturbestattungen – seit 1993 unter der Markenbezeichnung „FriedWald" bekannt – wächst in den beiden Großkirchen. Im Mai 2007 wurde auf dem bayerischen Schwanberg bei Kitzingen der erste evangelische FriedWald eröffnet, und unter bestimmten Bedingungen ist seit März 2007 im katholischen Bistum Trier diese Form der Bestattung anerkannt: So muss ein Schild mit dem Namen des Verstorbenen und ein christliches Symbol angebracht werden. Weder Verstorbene noch Angehörige dürfen mit dieser Bestattungsform nichtchristliche, naturreligiöse bzw. pantheistische Vorstellungen verbinden.

Katholiken gedenken der Toten besonders zu Allerseelen (2. November). Die Protestanten tun dies am Ewigkeitssonntag (Totensonntag). Dabei schmücken sie die Gräber mit Blumen und stellen kleine Leuchten darauf.

Früher glaubten Christen, dass die Seele des Verstorbenen in den Himmel oder in die Hölle gelangen würde. Ursprünglich beschreibt Hölle einen Zustand oder Ort, wo der Mensch hingerät, der nach Gottes Gericht das Heil nicht erlangt hat und die Strafe der Verdammnis erleidet. Die Hölle stellte man sich oft als Rachen oder lodernden Flammenort vor. Heute verwendet man dieses Wort auch im übertragenen Sinn. Hölle meint das Gegenteil von Himmel, wobei Himmel für ein gelungenes Leben im Sinne Gottes steht. Hölle dagegen beschreibt alles Furchtbare, das geschehen kann, um ein solches Leben zu verhindern. Menschen können nach diesem Verständnis die Hölle wie den Himmel bereits auf Erden erfahren.

Das Neue Testament geht davon aus, dass die Welt einem letzten Gericht entgegengeht. An diesem Tag wird Gott endgültig Gerechtigkeit schaffen und die Vollendung der Welt herbeiführen. Heute geht man nicht mehr unbedingt von einem zukünftigen Gericht aus. Manche Theologen betonen, dass Gottes Gerechtigkeit zeitlos, immer gegenwärtig sei und hier und heute im Glauben erfahren werden könne.

Junge Mädchen entzünden eine Kerze an einem Grab. Die leuchtende Kerze ist Symbol des ewigen Lichts.

DIE KIRCHE

Wo sich Christen zum Gottesdienst versammeln

Kirchen sind Gebäude, in denen sich Christen zum Gottesdienst oder zum stillen Gebet versammeln. Die meisten Kirchen sind von West nach Ost ausgerichtet: Man betritt die Kirche von Westen und schreitet in östliche Richtung, denn dort geht die Sonne auf – Symbol für Jesus Christus. Viele Kirchen erkennt man schon von außen an ihren Türmen. Sie erinnern die Menschen daran, ihren Blick nach oben, in den Himmel zu richten. Seit Jahrhunderten „rufen" Glocken die Gläubigen zum feierlichen Gottesdienst an Sonn- und Feiertagen. Auf vielen Kirchturmspitzen befindet sich ein Kreuz, das an Jesu Sterben und Tod erinnert, zugleich gilt es als Siegeszeichen über den Tod.

Entsprechend ihrer Funktion gibt es unterschiedliche Kirchentypen: Eine Kathedrale beziehungsweise ein Dom ist eine Bi-

schofskirche. Unter einem Münster wird eine Kloster- oder Stiftskirche verstanden. Pfarrkirchen sind die Hauptkirchen einer Pfarrgemeinde. Neben Kloster- und Wallfahrtskirchen gibt es kleinere Bauten, die meist nicht für die Gemeindegottesdienste, sondern für private Andachten beziehungsweise für Gottesdienste bestimmter Personenkreise benutzt werden: Kapellen.

Alle Kirchen, gleich welcher Konfession, enthalten einen Altar beziehungsweise einen Abendmahlstisch, ein Taufbecken und eine Kanzel. In katholischen Kirchen befindet sich zumeist rechts am Eingang ein Weihwasserbecken. In katholischen Kirchen gibt es zudem einen Beichtstuhl, häufig mehrere Seitenaltäre, einen Hochaltar, ein Lesepult (Ambo), ein Tabernakel, oft auch einen Kreuzweg. Ein Tabernakel (lateinisch „Zelt") ist der Aufbewahrungsort von Hostien und Monstranz. Häufig hat er die Form eines kleinen, künstlerisch gestalteten Tresors und ist in älteren Kirchen in den Altaraufbau mit einbezogen. In neueren Kirchen steht er oft frei auf einer Stele. Vor dem Tabernakel brennt das „Ewige Licht": meist eine Kerze im roten Glas. Damit wird zum Ausdruck gebracht, dass Jesus, das „Licht der Welt", anwesend ist.

Wenn Katholiken ihre Kirche betreten, besprengen sie sich mit Wasser aus dem Weihwasserbecken und machen ein Kreuzeszeichen. Dies gilt der Erinnerung an die eigene Taufe. Katholiken knien oft während des Gottesdienstes, wollen dadurch Hochachtung und Respekt vor Gott ausdrücken. Sie bekreuzigen sich mit der rechten Hand. Nacheinander berühren sie Stirn, Brust, linke und rechte Schulter. Das

DIE ORTHODOXE KIRCHE

In orthodoxen Kirchen befindet sich im Altarraum der Altartisch, der „Thron Christi". Die Gegenstände auf ihm deuten Christi Gegenwart an: Tabernakel, Evangelienbuch und das Kreuz. Taufe und Eucharistie werden nach einem besonderen Ritus gefeiert. In der orthodoxen Kirche gibt es eine so genannte Ikonostase, eine „Bilderwand". In russisch-orthodoxen Kirchen reicht sie oft fast bis an das Kirchengewölbe. Die Ikonostase ist eine Trennschranke zwischen Altar- und Gemeinderaum mit drei Türen. Sie gilt als Tor zur himmlischen Welt. Wenn die Gläubigen die Kirche betreten, gehen sie zuerst auf die Bilderwand zu und küssen die dort angebrachten Ikonen. Spezielle Ikonen (Acheiropoieta) gelten als „nicht von Händen gemacht" und werden als Abdruck eines himmlischen Urbildes betrachtet, zum Beispiel die Sinai-Ikone aus dem Katharinenkloster.

Im Zentrum des kirchlichen Lebens steht die Eucharistiefeier. Sie spricht alle Sinne an. Symbolhafte Handlungen, Kerzen, Weihrauch, Ikonen, Hymnen, Musik (meist nur Vokalmusik) und ihre Dauer von etwa zwei bis drei Stunden wollen die Gläubigen aus der profanen Welt heraus- und in die Sphäre des Heiligen hineinführen. Höhepunkt ist das Überreichen von Rotwein und gesäuertem Brot mit einem Löffel. Brot und Wein werden im Sinne der Realpräsenz als Leib und Blut Christi verstanden.

Die katholische St. Paul Kathedrale in Abidjan, Côte d'Ivoire, wurde 1985 geweiht. Sie ist der Form eines Nomadenzeltes nachempfunden.

Innenansicht der Stiftskirche von Innichen (Südtirol), einem 1284 geweihten und bedeutenden Bau der Romanik

Innenansicht der Kirche Igreja Nossa Senhora do Carmo, im Stil des Barock erbaut, Brasilien, Minas Gerais

Kreuzzeichen sagt: „Ich gehöre Christus, ich bin Christ".

Katholische Kirchen haben oft mehrere Beichtstühle, wo die Gläubigen ihre Sünden vor einem Priester aussprechen. Sie knien sich dazu an eine Seite des Beichtstuhls. Nach außen ist dieser durch Tür oder Vorhang abgeschirmt. Ein Holzgitter trennt Priester und Beichtenden. Wer seine Sünden bereut, erhält vom Priester die Zusage der göttlichen Vergebung. Als Buße soll der Beichtende meist ein Gebet sprechen oder auch den Schaden wieder gut machen. Der Priester ist zur völligen Geheimhaltung verpflichtet.

Altar, Orgel und Kanzel

Am Altar, dem „Tisch des Herrn", empfangen die Gläubigen innerhalb der in jeder Messe gefeierten Eucharistiefeier die Kommunion. Der aus dem Lateinischen stammende Begriff bedeutet „Gemeinschaft" und bezeichnet in der katholischen Kirche die „Mahlgemeinschaft", den Empfang von Brot und Wein in der Feier der Eucharistie (Danksagung für das Opfer Jesu Christi). Als Jesus bei seinem Abschiedsmahl mit seinen Jüngern zusammen war, nahm er Brot und Wein und sprach dazu: „Das ist mein Leib, das ist mein Blut". Wenn der Priester die „heilige Messe" feiert, dann handelt Christus durch ihn. Am deutlichsten wird dies, wenn er die Wandlungsworte über die Opfergaben spricht: „Brot und Wein werden zu Leib und Blut Christi." Jesus Christus ist dann für die Gläubigen wirklich gegenwärtig und mit ihnen verbunden.

Der (Hoch-)Altar, wörtlich „erhöhter Ort", ist das Herzstück jeder größeren katholischen Kirche. In den meisten Kirchen befand sich der Hochaltar Jahrhunderte lang an der Ostwand. Er war mit allerlei Aufbauten versehen: Bilder, Heiligenfiguren, Reliquien, Kerzen und Blumen schmückten ihn. An einem solchen Altar konnte der Priester bei der Feier der Messe nur mit dem Rücken zur Gemeinde stehen. Seit dem Zweiten Vatikanischen Konzil (1958–1963) wird die heilige Messe deshalb nicht mehr am Hochaltar gefeiert. Er hat seitdem seine Funktion verloren.

Blick auf den gotischen Dom in Roskilde, letzte Ruhestätte der dänischen Könige

Generell ist der Altar ein Symbol für die Gegenwart Jesu Christi. Die Gläubigen verneigen sich deshalb vor dem Altar, und der Priester küsst ihn ehrfurchtsvoll vor und nach der Messe. Heute ist der Altar meist ein massiver, kunstvoll gearbeiteter Tisch.

Auch *evangelische Kirchen* besitzen einen Altar, Abendmahlstisch genannt, eine Kanzel und eine Orgel. Ebenso sieht man eine Anzeigetafel für die Liedtexte; denn in evangelischen Kirchen wird viel gesungen. Seit der Reformationszeit trägt das Kirchenlied dazu bei, den Glauben zu festigen und zu verbreiten. Ohne die Orgel mit ihrem ruhigen, majestätisch-feierlichen Klang ist ein Gottesdienst für die Christen der katholischen, evangelischen und anglikanischen Kirchen undenkbar. Orgelmusik bildet den Auftakt und Abschluss der Gottesdienste, begleitet den Gemeindegesang und den Chor, erklingt außerdem beim Ein- und Auszug der Konfirmanden sowie bei anderen Prozessionen.

Um die Predigt zu halten, steigt der Pfarrer während des Gottesdienstes auf die Kanzel. So kann er von allen Gottesdienstteilnehmern gut gehört und gesehen werden. Von der Kanzel hängt ein Tuch in verschiedenen Farben herab. Die Farbe des Tuches verrät, welches Fest gefeiert wird beziehungsweise an welchem Sonntag des christlichen Festkalenders man sich befindet.

Die heiligen Stätten

Bedeutende Wallfahrtsorte und Stätten der Verehrung

Aus den Grabstätten der Märtyrer entstanden seit dem 4. Jahrhundert Grabeskirchen von bald überregionaler Bedeutung. Ein Beispiel dafür ist das Grab Christi in Jerusalem, über dessen Stätte Kaiser Konstantin der Große (280–337) eine Grabeskirche erbauen ließ (s. Abb. S. 12). Auch die beiden anderen großen Wallfahrtsstätten der abendländischen Christenheit sind aus Märtyrergräbern hervorgegangen: Rom als Ort des Märtyrertodes von Petrus und Paulus seit frühchristli-

cher Zeit und Santiago de Compostela im spanischen Galizien seit dem 9. Jahrhundert, Grabstätte des „Maurentöters" und Patrons der Reconquista Jakobus/Santiago (s. Abb. S. 30).

Jerusalem – die himmlische Stadt

Seit dem 4. Jahrhundert pilgern Christen in das Heilige Land und nach Jerusalem. Die von Kaiser Konstantin ausgehenden Kirchenbauten an Orten mit großer biblischer Erinnerung gaben den Wallfahrten einen mächtigen Auftrieb. Als die Muslime Anfang des 7. Jahrhunderts das „Heilige Land" eroberten und den Jerusalemer Tempelberg neben Mekka und Medina zu ihren eigenen heiligen Stätten zählten, wurde Jerusalem zum zentralen Ort religionspolitischer Auseinandersetzungen. Die Kreuzritter brachen schließlich zur bewaffneten Wallfahrt auf, um das „Heilige Land" und das „Heilige Grab" aus den Händen der „Ungläubigen" zu befreien.

Tausende von Christen nehmen jedes Jahr an den feierlichen Prozessionen auf der Via Dolorosa in Jerusalem teil.

Für Juden, Christen und Muslime ist Jerusalem eine heilige Stadt. Christen halten Jerusalem hauptsächlich deshalb für heilig, weil mit dieser Stadt zentrale Erinnerungen der Heilsgeschichte verbunden sind: Jerusalem ist Ort des Leidens, der Auferstehung und Himmelfahrt Jesu. Am Ölberg erstreckt sich der Olivengarten Gethsemane. Hier ruhten sich Jesus und seine Jünger gewöhnlich aus, bevor sie ihren Weg fortsetzten. Nach Lukas (22,39–46) hatte Jesus den Wunsch, dass die Jünger beten, um nicht in Anfechtung zu fallen. Jesus betete: „Vater, willst du, so nimm diesen Kelch von mir; doch nicht mein, sondern dein Wille geschehe!" Aber die Jünger waren zu schwach und schliefen, statt zu beten. Im Olivenhain von Geth-

Blick auf den Vatikan in Rom mit Petersdom, zentrales Heiligtum der römisch-katholischen Kirche und größte Kirche der Welt

Das Johanneskloster und die weiß getünchten Häuser der Hauptstadt auf der griechischen Insel Patmos. Auf Patmos soll die Johannes-Apokalypse entstanden sein.

semane wurde Jesus von den Soldaten ergriffen und in das Haus des Hohepriesters Kaiphas geführt, wo ihn Petrus verleugnete. Das Haus befand sich auf dem Hang des Berges Zion, und der Ort, wo die Petruskirche erbaut ist, heißt Gallicantu (Hahnenschrei), Sinnbild der Reue des Petrus.

Von diesem Platz wurde Jesus in den Gerichtssaal in der Burg Antonia geführt, wo ihn Pontius Pilatus erwartete. Bevor sich Jesus in das Gebäude begab, musste er den Lithosstratos überschreiten, „die Stätte, die da heißt Steinpflaster, auf hebräisch Gabbatha" (Joh 19,13) – gewaltige Steinplatten, durchzogen von Rinnen, die das Regenwasser zu den Zisternen führten. Dort wurde Jesus gegeißelt, erhielt die Dornenkrone und das Purpurkleid. Als der Gefangene zu Pontius Pilatus zurückgeführt worden war, sprach dieser der Volksmenge gegenüber die großen Worte: „Sehet, welch ein Mensch!" (Joh 19,5). Nachdem das Urteil gesprochen worden war und Pilatus sich die Hände in Unschuld gewaschen hatte, begann für Jesus die Via Dolorosa, die „Straße der Schmerzen" mit ihren 14 Stationen.

Bethlehem – Jesu Geburt

Fünf Kilometer südlich von Jerusalem liegt das bereits im 1. Buch Mose 35,19 erwähnte Bethlehem („Brothausen"). Die heutige Geburtskirche wurde unter Kaiser Justinian (527–565) an der Stelle der älteren konstantinischen Basilika aus dem 4. Jahrhundert errichtet. Sie entstand über der Stelle, wo Maria angeblich Jesus zur Welt brachte. Bethlehem ist Bischofssitz der griechisch-orthodoxen Kirche, und auch die Gottesdienste in der Geburtskirche werden nach griechisch-orthodoxem

Ritus gefeiert. Die traditionelle Geburtsstätte liegt in einer Grotte unter dem Chor.

Am See Genezareth – Wunder und Predigten

In dem damals kleinen Dorf Nazareth, etwa 100 Kilometer nördlich von Jerusalem und 25 Kilometer südwestlich des Sees Genezareth, wuchs Jesus auf. Seine Aktivitäten als Wanderprediger entfaltete Jesus von diesem Standquartier aus, vor allem am Nordufer des Sees. Dieser war Schauplatz der Stillung des Sturmes. Tabgha gilt als der Ort, an dem Jesus die Menge der Fünftausend mit Broten und Fischen speiste. In Kana vollbrachte er sein erstes Wunder, indem er Wasser in Wein verwandelte. Der „Berg der Seligpreisungen", wo Jesus seine berühmte Bergpredigt gehalten, die 12 Apostel ernannt und nach seiner Auferstehung die Jünger in die Welt hinaus gesandt haben soll, erhebt sich gegenüber von Kapernaum und Tabgha steil bis zu fast 300 Meter Höhe.

Rom – die Ewige Stadt

War für die Alte Kirche das Heilige Land mit Jerusalem die heiligste aller christlichen Stätten, so änderte sich dies seit dem frühen Mittelalter, als Rom mit dem Petrusgrab zum herausgehobenen „Gnadenort" der Pilger wurde. Rom ist für die katholische Welt die „Ewige Stadt". Grab und Kult des Heiligen Petrus überragen die der übrigen Märtyrer, selbst des Apostels Paulus. Der Grund dafür liegt in der vom römischen Bischof als sichtbarem Haupt der Kirche in Anspruch genommenen apostolischen Sukzession, d.h. der dauernden Nachfolgerschaft. Der römische Bischofssitz gilt als die „cathedra Petri". Der Petersdom ist eine der vier römischen Patriarchalbasiliken und sieben römischen Pilgerkirchen.

Ein Kloster auf dem Heiligen Berg Athos auf der Halbinsel Chalkidhike, Griechenland

Der Kapellenplatz mit Kapelle und Wallfahrtskirche im oberbayerischen Altötting

Santiago de Compostela – das Grab des Heiligen Jakobus

Diese nordwwestspanische Stadt ist neben Rom und Jerusalem der wichtigste Wallfahrtsort der Christenheit. Unzählige Pilger zogen seit der legendären Entdeckung des Apostelgrabes Anfang des 9. Jahrhunderts aus ganz Europa hierher. Zwischen dem 11. und 13. Jahrhundert war nach Schätzungen ein Drittel der abendländischen Christenheit zu Wallfahrtszielen unterwegs – Millionen zog es nach Santiago de Compostela. Der entbehrungsreiche, oft auch gefahrvolle Weg in das ferne Galizien versprach Heilung an Leib und Seele, Läuterung und Buße, er weckte Hoffnung auf Wunderhilfe.

Heilige Stätten der Orthodoxie

Der Berg Athos auf dem östlichsten Finger der griechischen Halbinsel Chalkidhike ist seit über 1000 Jahren ein Zentrum orthodoxer Spiritualität und Malkunst. Seit byzantinischer Zeit genießt die von rund 2000 Mönchen in 20 Großklöstern und mehreren kleineren Niederlassungen bewohnte gebirgige Halbinsel Autonomie. Die UNESCO erklärte 1988 den Berg Athos zum Weltkulturerbe als Kultur- und Naturdenkmal. Seit dem 11. Jahrhundert dürfen Frauen den Heiligen Berg nicht betreten, sogar weibliche Tiere werden nicht geduldet. Neben der Mehrheit der griechisch-orthodoxen Klöster bekennt sich je ein Kloster zur russisch-, bulgarisch- und serbisch-orthodoxen Tradition. Der Berg Athos wird „heiliger Berg" genannt, in erster Linie wegen der zahlreichen Mönche und Asketen, die seine Klöster, Hütten und Eremitagen bewohnen oder bewohnt haben und seinen Besuchern auf verschiedene Weise behilflich sein konnten, und auch wegen der vielen Heiligtümer, wertvollen Gnadenbilder und Reliquien.

GEMEINSCHAFT IM CHRISTENTUM

Verständigung innerhalb der weltweiten Christenheit

Bedeutendste Organisationsform der christlichen Religion ist die Kirche (von griechisch kyriakos = zum Herrn gehörig). Im Neuen Testament bezeichnet das Wort diejenigen, die von Gott aus ihren angestammten Gemeinschaften herausgerufen werden, um eine neue Gemeinschaft zu bilden. Nach christlicher Auffassung gründete Gott die Kirche durch das Wirken Jesu und hält sie durch den Heiligen Geist aufrecht. Im Neuen Testament gilt die Kirche als Körper Christi: mit Christus als Kopf, den Christen als Gliedern und Leib. Die Kirche als das neue „Volk Gottes" besteht aus den Christen: den „Geheiligten in Christus Jesus", den aufgrund der „Hingabe seines Sohnes" „Erwählten Gottes" (Röm 8,32f.). Beschrieben wird die Kirche als Gottes „Pflanzung" (1 Kor 3,6ff.) und „Bau" (1 Kor 3,9ff.; Eph 2,20ff.), als „Himmlisches Jerusalem" (Hebr 12, 22) sowie als „Braut" (2 Kor 11,2) und „Ehefrau" (Eph 5,22-33) Christi. Als göttliche Stiftung hat die Kirche ihren Ursprung in Jesus Christus und in der Sendung des Heiligen Geistes. Durch ihn wirkt der erhöhte Herr auch

Ein Gottesdienst in der kleinen katholischen Gemeinde von Cizhong, Tibet

künftig. Zu den wichtigsten Aufgaben der Kirche gehören: die Glaubensstärkung der einzelnen Christen, die Lebensführung der Christen als „Heilige", der Verkündigung des Glaubens als Evangelium vor der Welt und allen Völkern (Mission). Da die Vollendung der Gemeinschaft mit Gott und den Menschen untereinander erst am Ende der Zeiten abgeschlossen sein wird, darf man die Kirche nicht mit dem „Reich Gottes" gleichsetzen. Sie ist „wohl aber dessen Anfang und Vorgeschmack" (nach Taschenlexikon Ökumene). Die in den romanischen Sprachen üblichen Begriffe iglesia oder chiesa gehen aus dem neutestamentlichen Begriff *ekklesia*, einer Übersetzung des hebräischen Wortes kahal (versammeln, versammelte Gemeinde), hervor. Nach Ansicht des reformierten Theologen Lesslie Newbigin (1908–1998, „Von der Spaltung zur Einheit", 1956) ist die Christentumsgeschichte idealtypisch durch drei Kirchentypen repräsentiert: den (durch seine apostolische Verfassung charakterisierten) katholischen Typus, den durch die (apostolische Botschaft geprägten) protestantischen Typus sowie den (durch die reale Erfahrung des Heiligen Geistes charakterisierten) pfingstlichen Typus.

Gospelchor in einer kleinen Kirche in Kaura, Nigeria

Die großen Konfessionsfamilien unterscheiden sich durch ihre Frömmigkeitsstile, verschiedene Auffassungen vom Wesen der Kirche und ihren Sakramenten sowie im Verständnis von Heiliger Schrift, kirchlicher Tradition und kirchlichem Lehramt.

Die Ökumenische Bewegung

Das Wort Ökumene stammt aus dem Griechischen und bedeutet „ganzer bewohnter Erdkreis". Ursprünglich bezeichnete Ökumene die ganze bewohnte Erde. Ökumene steht auch für den Geltungsbereich der griechischen bzw. hellenistischen Zivilisation. Im Neuen Testament wird die geographische Bedeutung mit einer theologischen verknüpft: Ökumene bedeutet hier den Wirkungsbereich missionarischer Verkündigung (vgl. Mk 24,14). Seit dem 2. Jahrhundert steht Ökumene für den Ausdehnungsbereich der Kirche. Ökumene wird damit deckungsgleich mit der ganzen Kirche, damit mit der christlichen Welt. Theologen wie Hans Küng verstehen

---

Ein Erlebnisbericht von der Vollversammlung des ÖRK in Vancouver

„Diese Versammlung war für mich ein wichtiges Erlebnis (...) Nach Vancouver waren Frauen und Männer aus vielen Kirchen gekommen. Von allen Enden der Welt waren sie nach Kanada gereist, aus Afrika, den Ländern Asiens, Nord- und Südamerika, Australien, Ost- und Westeuropa, von den Inseln im Pazifischen Ozean und in der Karibik (...)

Die Sprachen schwirrten nur so durcheinander (...) Aber auch sonst war es ein buntes Bild. Inderinnen mit farbenprächtigen Saris, Afrikanerinnen mit bunt leuchtenden Kleidern, orthodoxe Bischöfe mit hohen schwarzen Hüten, Menschen mit heller und dunkler Hautfarbe, Alte und Junge (...).

Ich erinnere mich an ein kurzes Gespräch mit einer Inderin. Wir standen im Waschraum und wuschen uns die Hände. Mit einem Mal sagte sie: ‚Ich mache mir Sorgen um meine Kinder. Als ich vergangene Woche wegfuhr, da hatten wir nur noch ganz wenig Wasser im Brunnen. Ich fürchte, er ist jetzt ganz ausgetrocknet (...) ja, wenn meine Kinder sähen, dass man hier jeder Zeit Wasser hat, ohne Mühe, man braucht nur den Hahn aufzudrehen, dann fließt es, so viel wie man braucht.'

Seit dieser Zeit denke ich öfter an die Frau in Indien, wenn ich den Wasserhahn aufdrehe. Wie selbstverständlich ich das tue.

Eines Abends gingen viele von uns zu einem Vortrag einer australischen Ärztin. Sie sprach über die entsetzlichen Folgen eines Atomkrieges (...). Dann sagte sie: ‚Wir wollen nicht, dass unsere Kinder in einem solchen Krieg sterben. Wir wollen, dass unsere Kinder 80 Jahre alt werden und einen natürlichen Tod sterben.' (...) Noch während wir klatschten, kam eine Inderin auf das Podium zum Mikrofon und sagte in einer ruhigen und klaren Stimme: ‚Bei uns in Indien haben die meisten Kinder nicht das Glück, 80 Jahre alt zu werden. Bei uns werden die meisten Kinder nicht einmal fünf Jahre alt. Sie sterben wie die Fliegen, weil sie unterernährt und krank sind.'

In dem großen Saal war es mit einem Mal totenstill geworden. Wir waren beschämt. Warum? Aruna, so heißt sie, hatte uns die Augen geöffnet. Nicht nur Atomwaffen können töten. Krankheit und Hunger töten schon jetzt viele Tausend Kinder, jeden Tag.

In unserer Sorge hatten wir nur an uns gedacht, die Menschen in Europa, nicht aber an die Kinder in Indien."

(Johanna Linz: Ein Brief an Ulrike, in: Susanne Beck u.a. [Hg.] Vorlesebuch Ökumene, 1991)

RELIGIÖSE ÄMTER IM CHRISTENTUM

Bischof

In der christlichen Kirche leitet der Bischof einen Kirchenbezirk. In der evangelischen Kirche handelt es sich um eine Landeskirche, in der katholischen um ein Bistum oder eine Diözese.

Dechant/Dekan

Dechant ist im römischen Katholizismus Ausdruck für den Leiter eines Dekanats (lateinisch decem = „zehn"), zu dem ursprünglich 10 Pfarreien gehörten. Der Leiter eines Kirchenbezirks wird auch Dekan genannt. Andere Wörter für das Amt des Dekans oder Dechants sind im evangelischen Bereich Kreispfarrer oder Superintendent.

Diakon

Das Wort Diakon bedeutet auf Griechisch „Diener". In der evangelischen Kirche wurde dieser Beruf von dem Hamburger Theologen Johann Hinrich Wichern (1808–1881) für die Gemeinde- oder Anstaltsdiakonie wiedererweckt. In der katholischen Kirche war das Diakonat lange Zeit nur Durchgangsstufe für die Priesterweihe. Der Beruf des Diakons wurde durch das Zweite Vatikanische Konzil neu belebt.

Erzbischof

Seit dem 4. Jahrhundert ist Erzbischof in der Ostkirche die Bezeichnung für Inhaber der bedeutendsten Bischofssitze. Seit dem 8. Jahrhundert bezeichnet der Begriff in der Westkirche den ersten Bischof (Metropolit) einer Kirchenprovinz. Ihm unterstehen die übrigen Bischöfe. Erzbischöfe gibt es heute außer im römischen Katholizismus nur noch in der anglikanischen und in einigen lutherischen Kirchen Skandinaviens und des Baltikums.

Kardinal

Das Wort stammt vom lateinischen *cardinalis* und bedeutet „zur Türangel (cardo) gehörig, an wichtiger Stelle stehend". In der römisch-katholischen Kirche ist der Kardinal, abgesehen vom Papst, der höchste kirchliche Würdenträger mit zahlreichen Privilegien. Die Kardinäle bilden den Senat, der den Papst wählt. Seit den Reformen der Päpste Johannes XXIII. und Paul VI. sind alle Kardinäle Bischöfe. Die frühere Gliederung des Kardinalkollegiums in Kardinalbischöfe, Kardinalpriester und Kardinaldiakone wurde damit abgeschafft. Die Rechte der Kardinäle sind seit 1971 eingeschränkt. Mit Vollendung des 80. Lebensjahres verlieren sie das aktive Papstwahlrecht und das Recht, am Konklave teilzunehmen sowie die Mitgliedschaft in den Behörden der römischen Kurie und der Vatikanstadt.

Papst

Der Papst als Stellvertreter Christi ist das Oberhaupt der römisch-katholischen Kirche. Er hat seinen Sitz im Vatikan in Rom. In das Amt wird er von den Kardinälen, den zweithöchsten Würdenträgern innerhalb der katholischen Kirche, auf Lebenszeit gewählt. Nach katholischem Verständnis steht der Papst in direkter und ununterbrochener Nachfolge des Apostels Paulus; er gilt als Stellvertreter Jesu Christi auf Erden. Daher ist er auch Träger der obersten Leitungsvollmacht und der unfehlbaren Lehrautorität in Glaubensfragen. Der Begriff Papst kommt von dem griechischen Wort *pappos* und bedeutet „Vater". Von katholischen Christen wird der Papst daher mit dem Ehrentitel „Heiliger Vater" angesprochen. Evangelische Christen erkennen ihn hingegen nicht als oberste Autorität an.

Patriarch

Patriarch ist die Bezeichnung der alttestamentlichen „Erzväter" Abraham, Isaak und Jakob. Seit dem 4./5. Jahrhundert handelt es sich außerdem um den Titel der Bischöfe von Rom, Alexandrien, Antiochien, Jerusalem, Konstantinopel. Patriarch ist darüber hinaus Titel leitender Bischöfe in einigen Ostkirchen, soweit diese nicht einen Katholikos oder Erzbischof als obersten Bischof haben. Der Patriarch von Konstantinopel führt den Titel „Ökumenischer Patriarch", der orthodoxe und koptische Patriarch von Alexandria auch noch den Titel „Papst".

Pfarrer

Nach evangelischem Kirchenrecht ist der Pfarrer der ordentliche Inhaber eines Pfarramts. Seine Aufgabe besteht in der pastoralen Versorgung eines territorial und konfessionell begrenzten Gebietes, einer Gemeinde beziehungsweise Parochie. Ein Pfarrer ist in erster Linie mit der Ausübung der Seelsorge beschäftigt, durch Wortverkündigung in Predigt und Katechese, Gottesdienst, Sakramentenverwaltung, Krankenseelsorge, Armenfürsorge. Pfarrer werden im Ordinationsgottesdienst berufen. Sie verpflichten sich, das Evangelium gemäß der Heiligen Schrift und dem Bekenntnis zu verkündigen und die Sakramente zu verwalten. In den meisten evangelischen Landeskirchen werden auch Frauen zum Pfarramt ordiniert. Im Unterschied zum katholischen Priester sind Pfarrer und Pfarrerin keine von den Laien durch Weihe qualitativ unterschiedenen Personen.

Eine irakische Christin nimmt an Gebeten in der katholischen Kirche St. Joseph in Bagdad teil.

Ökumene über den christlichen Bereich hinaus als „Gemeinschaft der großen Religionen“.

Bei der Ökumenischen Bewegung handelt es sich um eine Bewegung zur Wiedererlangung der Einheit der christlichen Kirchen. Sie beginnt im England des 19. Jahrhunderts. Schlüsselereignis war die Weltmissionskonferenz in Edinburgh (1910), welche die Entwicklung bis zur Gründung des Ökumenischen Rates der Kirchen (ÖRK) einleitete. Weitere Meilensteine auf dem Wege dorthin waren die Konferenz für Praktisches Christentum (Stockholm 1925) und die Weltkonferenz Glaube und Kirchenverfassung (Lausanne 1927).

Die orthodoxe Kirche bewahrte nach der Trennung zwischen Ost- und Westkirche weitgehend die altkirchliche Struktur: „Über die Gemeinschaft der Bischöfe verwirklicht sich die Gemeinschaft der Ortskirchen und durch sie die Einheit der Kirche. Grundlage der orthodoxen Kirchenverfassung sind die bischöflich verfassten Orts-Kirchen (Diözesen), die innerhalb eines Territoriums in Metropolitan- oder Patriarchatsverbänden miteinander verbunden sind“. (Taschenlexikon Ökumene)

Die katholische Sicht lässt sich vom Zweiten Vatikanischen Konzil her folgendermaßen beschreiben: Kirche wird beschrieben als Sakrament und Volk Gottes, das „für das ganze Menschengeschlecht die unzerstörbare Quelle der Einheit, der Hoffnung und des Heils“ darstellt. Die hierarchisch geordneten Amtsträger der Kirche stehen im Dienst des Mysteriums Kirche und des Gottesvolks.

Nach reformatorischem Verständnis ist Kirche überall dort, wo die Gemeinschaft der von Gott begnadigten und geheiligten Sünder gelebt und verkündet und die Sakramente gefeiert werden.

Koptische Christen verneigen sich vor einem kleinen Altar anlässlich des Timkat-Festes, einer der höchsten orthodoxen Feiertage Äthiopiens.

Die christliche Mystik

Einswerden der Seele mit Gott

Die christliche Mystik hat eine reiche Tradition. Als ihr „Ahnherr" gilt der Apostel Paulus. Der protestantische Theologe Albert Schweitzer (1875 bis 1965) stellte die These auf, dass die paulinische Rechtfertigungslehre nur ein „Nebenkrater" im Ganzen seiner Christusmystik sei. So findet man bei Paulus in verschiedenen Briefen mehrere eindrucksvolle Hinweise auf seine eigenen mystischen Erlebnisse (2. Kor 12). Das Christenleben ist ein „Sein in Christo" (Röm 8,1; 2. Kor 5,17), es ist „verborgen mit Christo in Gott" (Kol 3,3), es ruht in der jenseitigen Welt (Phil 3,20).

Angelus Silesius (getauft 1624, gest. 1677) aus Breslau war maßgeblicher Führer der Gegenreformation und bedeutendster Dichter deutscher Barockmystik.

„Gott ist so überall's,
dass man nichts sprechen kann;
Drum betest du ihn auch
mit Schweigen besser an.
Christ, so du Jesum liebst
und seine Sanftmut hast,
So findet Gott in dir sein Wohnhaus,
Ruh' und Rast"
(Angelus Silesius)

Die unbestrittene mystische Hauptschrift des Neuen Testaments aber ist das Johannesevangelium, das Lieblingsbuch vieler christlicher wie außerchristlicher Mystiker. Der johanneische Jesus führt seine Jünger in das Geheimnis der *Kontemplation* (Anschauung, Betrachtung) ein. Damit ist ein besonderer Empfindungszustand gemeint, der von Ruhe und Passivität bestimmt ist. Johannes verspricht: „Von nun an werdet ihr den Himmel offen sehen…" (Joh 2,51). Die christliche Mystik wurde neben ihrer neutestamentlichen Wurzel noch durch zwei außerchristliche Quellen beeinflusst: das neuplatonische Erbe und die spätantike Stoa. Insbesondere die Schriften des Neuplatonikers Dionysius Areopagita oder Pseudo-Dionysius, die der scholastische Denker Johannes Scotus Eriugena im 9. Jahrhundert aus dem Griechischen ins Lateinische übersetzte, brachte die mystische Theologie der östlichen Christenheit nach Westeuropa.

Frühes Christentum und Mittelalter

In der frühchristlichen Kirche gab es eine Reihe herausragender Mystiker: Makarios der Große (um 300–390), Gregor von Nyssa (um 335 – nach 394), Chrysostomos (344/49–407) in der Ostkirche und vor allem Augustinus (354–430) in der Westkirche. Im 9. Buch seiner „Confessiones" (Be-

Die Äbtissin und Mystikerin Hildegard von Bingen (1098–1179) empfängt eine göttliche Inspiration. Hildegard beschäftigte sich auch mit Medizin, Biologie und Musik.

kenntnisse) beschreibt Augustinus das letzte Gespräch mit seiner Mutter, das in mystische Kontemplation übergeht. Im westlichen Mittelalter erreichte die Mystik ihren Höhepunkt mit Bernhard von Clairveaux (um 1090–1153), den Victorinern in Frankreich, in Italien mit Franz von Assisi (um 1181/82–1226) und Bonaventura (1221–1274) sowie dem Niederländer Jan van Ruysbroek (1293–1381). In der englischen Mystik ragen insbesondere Richard of Hampole (um 1300–1349), Julian of Norwich (1342– um 1416) und der anonyme Verfasser der Cloud of Unknowing („Wolke des Nichtwissens") hervor. Im deutschen Bereich erreichte die mittelalterliche Mystik ihren Zenit bei den Nonnenmystikerinnen Hildegard von Bingen, Mechthild von Magdeburg und in dem genialen Vertreter der spekulativen Mystik, Meister Eckhart, sowie seinen Schülern Johannes Tauler und Heinrich Seuse. Zu den bedeutendsten katholischen Mystikern im Reformationszeitalter zählen Ignatius von Loyola, Therese von Avila, Johannes vom Kreuz in Spanien und Franz von Sales in Frankreich.

Predigerkirche und -kloster in Erfurt, wo Meister Eckhart (1260–1328) „schon in jungen Jahren (…) eingetreten"

Die lutherische Mystik

Die protestantische Mystik begann mit Martin Luther, der – seit 1516 nachweisbar – mannigfache Berührungen mit mystischem Traditionsgut aufweist. Er gab sogar einen Traktat der mittelalterlichen deutschen Mystik heraus, dem er den Titel „Eyn Deutsch Theologia" gab. In seiner Vorrede von 1518 rühmte Luther dieses Büchlein, das er unmittelbar neben die Bibel und den heiligen Augustinus stellte. Die Anknüpfung an die Mystik verlebendigte und vertiefte die reformatorische Frömmigkeit. Für das Luthertum ist der mystische Einfluss bedeutsam. Er zeigt sich einerseits in der evangelischen Erbauungs- und Gebetsliteratur sowie in herausragenden Vertretern wie Johann Arndt, der mit seinen vier Büchern vom „Wahren Christentum" das Standardwerk der lutherischen Mystik schuf. Während Arndt vor allem eine Wiederentdeckung der deutschen Mystik vollzog und an das Luthertum vermittelte, griff der Theologe Philipp Nicolai insbesondere das pseudoaugustinische und pseudobernhardinische Traditionsgut auf.

Der Einfluss der lutherischen Mystik machte sich im 16./17. Jahrhundert auch auf verschiedenen Gebieten der Kunst bemerkbar, in der Musik zum Beispiel bei Johann Sebastian Bach. Im Bereich des Kirchenliedes beeinflusste die Mystik Paul Gerhardt, dessen trinitarischer Glaube und mystische Frömmigkeit zu einer Einheit verschmolzen. Neben dem lutherischen

Die spanische Nonne Therese von Avila (1515–1582) im Alter von 61 Jahren auf einem Porträt eines zeitgenössischen Malers. Ihr Hauptwerk „Die Seelenburg“ (1577) beschreibt eindrucksvoll die Stufen der Seele auf dem Weg zur Vereinigung mit Gott.

Pfarrer und Schriftsteller Valentin Weigel ragen als Repräsentanten einer spiritualistischen Mystik der Theosoph Jakob Böhme und der zum Katholizismus übergetretene Dichter Angelus Silesius hervor. Seine geschliffenen Paradoxien im „Cherubinischen Wandersmann“ (1657) gehören zum literarisch Besten, was christliche Mystik hervorgebracht hat. Zugleich sind sie in eine glühende Jesusmystik eingefügt.

18. Jahrhundert bis heute

Die Mystik des reformierten Protestantismus wurde besonders durch Gerhard Tersteegen vertreten, der zum Teil auf spanisch-mystische, also katholische Texte zurückgriff.

Im 18./19. Jahrhundert wurde die Mystik im protestantischen Raum immer mehr zurückgedrängt. Eine Ausnahme bildete der größte Theologe jener Zeit, Friedrich Schleiermacher. Seit dem 19. Jahrhundert ist die protestantische Einstellung zur Mystik durchweg kritisch und ablehnend. Vor allem Theologen wie Albrecht Ritschl, Emil Brunner, Paul Althaus, Karl Barth und Friedrich Gogarten haben die Mystik energisch bekämpft. Sie galt fälschlicherweise als Musterbeispiel für die sündhafte Tendenz des Menschen zur Selbsterlösung.

Im 20. Jahrhundert ist ein spürbares Interesse an christlicher sowie fernöstlicher Mystik festzustellen. Wichtige frühe Mystikforscher waren der in England wirkende Schriftsteller und Laientheologe Baron Friedrich von Hügel, der britische Dichter und Schriftsteller Evelyn Underhill, der amerikanische Quäker Rufus Jones, der anglikanische Priester William Inge, der deutsche Theologe Rudolf Otto, der schwedische Erzbischof und Religionswissenschaftler Nathan Söderblom und der Religionswissenschaftler Friedrich Heiler. Einer der bedeutendsten Mystiker des 20./21. Jahrhunderts ist der nicaraguanische Priester, Dichter und Politiker Ernesto Cardenal. Sein politisch-revolutionäres Denken geht eine enge Verbindung mit seiner Mystik ein. Eng war auch die Verbindung von Mystik und Politik („Mystik und Widerstand“, 1997), den beiden Grundtendenzen ihres Lebens, im Werk der herausragenden Theologin Dorothee Sölle.

Franz von Assisi (1181/82–1226) predigte die mystische Verbundenheit mit allem Seienden: mit Mond, Sonne, Vögeln – und Gott.

Das Menschenbild des Christentums

Geprägt von Sünde und Erlösung

Wie die Hebräische Bibel, so lehrt auch das Neue Testament, dass der Mensch als Mann und Frau „nach dem Bilde Gottes" geschaffen ist. Er gilt als „Krone der Schöpfung", und Gott hat ihm einen Herrschaftsauftrag über die Schöpfung verliehen. Mit seinen Nachkommen soll er die Erde bevölkern, über sie herrschen, sie bebauen und bewahren. Zerstören aber darf er die Schöpfung nicht. Dem schuldig gewordenen und leidenden

Adam ruht und stützt den Unterarm auf das Knie. Im selben Moment schwebt der von Engeln gestützte, in einen Umhang gehüllte Gott vorbei und haucht ihm Leben ein. Kompositorischer Mittelpunkt ist die Finger-Geste Gottes und Adams. Michelangelo, Sixtinische Kapelle

DIE HALTUNG ZUR GENTECHNOLOGIE

In allen Kirchen gibt es derzeit heftige Diskussionen um die Gentechnologie. Der alttestamentliche Herrschafts- beziehungsweise Bewahrungsauftrag im Verhältnis zur Natur hat zu zwei theologischen Argumentationssträngen geführt. Der Mensch wird in der römisch-katholischen Tradition mehr als Mitgestalter Gottes an einer noch unabgeschlossenen Schöpfung gesehen. Von daher wird die Gentechnik positiver gesehen als oft im Protestantismus, wo der Mensch mehr als staunender Bewahrer der Schöpfung verstanden wird, der sich solidarisch und respektvoll vor dem Gegebenen verhalten soll. „Bei der Bewertung gendiagnostischer Verfahren und gentechnischer Eingriffe beim Menschen kommen die Römisch-katholische Kirche, die orthodoxen Kirchen und die Bischöfe der Evangelischen Kirche in Deutschland zu sehr ähnlichen Bewertungen (...) lehnen (...) alle gentechnischen Möglichkeiten ab, die einen Verbrauch menschlicher Keime ab der Vereinigung des Erbguts von Ei- und Samenzelle mit sich bringen. Zum derzeitigen Zeitpunkt sind davon alle Klonierungstechniken betroffen, darüber hinaus alle Forschungsvorhaben, bei denen menschliche Keime verbraucht werden" *(Nikolaus Knoepffler, in: Michael Klöcker/Udo Tworuschka [Hg.]: Ethik der Weltreligionen, 2005, S.122).*

Das Sterbehospiz Nirmal Hriday („Reines Herz“), das 1952 von Mutter Teresa (1910–1997) für die „Ärmsten der Armen“ gegründet wurde

Menschen verkündet Jesus Gottes Erbarmen und Gnade.

Christus hat den Menschen die Freiheit der Kinder Gottes geschenkt, weil sie aus der Hoffnung auf Gottes unverdiente Gnade leben dürfen. Es ist christliche Hoffnung: Weil Christus auferstanden ist, werden auch die an ihn Glaubenden nicht im Tod bleiben, sondern von Gott zum Leben erweckt werden. In Christus ist Gott Mensch geworden. In Christus ist der Mensch nicht nur Gottes Geschöpf; denn Gott und Mensch sind völlig eins.

Der Begriff der Sünde

Große Bedeutung hat in der Bibel der Gedanke der Sünde. Damit soll erklärt werden, dass die alltägliche Erfahrung des Menschseins nicht nur durch Heil, Glück und Liebe gekennzeichnet ist, sondern vielfach durch Unheil und Leid. Die „Universalreligionen“ gehen nach dem Religionswissenschaftler Gustav Mensching (1901 bis 1978) im Unterschied zu den „Volksreligionen“ von einer „generellen und existenziellen Unheilssituation“ aus. Der biblische Ausdruck für diese unheilvolle Gesamtsituation lautet Sünde. Damit ist nicht primär ein moralisches Versagen gemeint, sondern etwas Allgemeines und Grundlegendes im menschlichen Leben. In der Hebräischen Bibel bedeutet Sünde Verfehlung: „sich auflehnen, sich gegen jemanden empören“, gegen Gott rebellieren. Die Hebräische Bibel kennt keine Erbsündenlehre. Texte wie 1. Mose 6,5–8,21 lassen jedoch eine allgemein-menschliche Schuldhaftigkeit erkennen. Die Sünde ist kein Teil der guten Schöpfung Gottes. Das Böse bricht – für den Menschen letztlich unerklärlich – aus den verborgenen Tiefen des Einzelnen hervor.

Die Zehn Gebote zeigen, wie der Mensch ein Gott wohlgefälliges, auf Vergebung angewiesenes Leben führen kann. Das Neue Testament setzt diese Linie fort: Der Mensch wird ständig schuldig. In den synoptischen Evangelien und in der Apostelgeschichte kommt das Wort Sünde nur im Zusammenhang mit der durch Jesus geschehenen Sündenvergebung vor. Jesus ruft die Sünder zur Buße (Mk 2,17), hat die Vollmacht, Sünden zu vergeben und überträgt diese auch auf seine Nachfolger (Mk 11,25; Mt 6,14; Joh 20,23). Für Paulus ist Sünde eine auch als Person vorgestellte Macht. Seit Adams Fall bis zur Erlösung durch Christus beherrscht sie die Menschheit. Sünde ist Schicksal und Verhängnis

(Röm 7,15–20; 5,12). Durch die Sünde ist der Tod in die Welt gekommen.

Das Gebot der Nächstenliebe

Grundlage der christlichen Ethik ist Jesu „Doppelgebot der Liebe". Als Jude war für ihn klar: Der Mensch soll die Gebote der Tora halten und Gott lieben. Ein solcher Mensch ist ein *Saddiq*, ein „Gerechter". Als Jesus von einem jüdischen Gesetzeslehrer nach dem „vornehmsten Gebot im Gesetz" gefragt wurde, zitierte er zwei Verse aus dem Alten Testament (5. Mose 6,5; 3. Mose 19,18): „Du sollst lieben Gott, deinen Herrn, von ganzem Herzen, von ganzer Seele und von ganzem Gemüte. Dies ist das vornehmste und größte Gebot. Das andere ist dem gleich: Du sollst deinen Nächsten lieben wie dich selbst. In diesen zwei Geboten hängt das ganze Gesetz und die Propheten." Gedacht ist hierbei an das öffentliche und politische Zusammenleben des Jahwe-Volkes Israel. Nächstenliebe war gleichbedeutend mit Solidarität und kein privates, persönlich-intimes Gefühl. Der „Nächste", der geliebt werden sollte, war der Stammes- beziehungsweise Volksgenosse, die „Brüder"

„Turmbau zu Babel" (Großer Turmbau: Wiener Version 1563) von Pieter Bruegel dem Älteren (1525/30–1569)

„Adam und Eva im Garten Eden“; Gemälde des flämischen Malers Peter Paul Rubens (1577–1640)

beziehungsweise „Söhne/Kinder deines Volkes“ (3. Mose 19, 13–17). Jesus ordnete alle anderen Gebote diesem einen Gebot radikal unter. Außerdem erweiterte er den Kreis derer, auf die sich Nächstenliebe bezog, erheblich aus: „Nächste“ waren für ihn nicht mehr nur die Volksangehörigen. Es konnten sogar die als „Feinde“ des Judentums angesehenen Fremden im Land sein.

Aufruf zur Nachfolge Jesu

Christliches Handeln orientiert sich außerdem an biblischen Weisungen, in erster Linie am Dekalog, den „Zehn Geboten“. Wenn Jesus erklärte, wie man Gottes Willen tut, verwies er auf alttestamentliche Weisungen. In der Bergpredigt beziehungsweise in der Feldrede deutete Jesus diese Weisungen neu. Zur Grundorientierung des christlichen Handelns gehört die – von vielen Religionen gelehrte – „Goldene Regel“ in ihrer positiven Fassung: „Alles, was ihr also von anderen erwartet, das tut auch ihnen.“ Wesentlich für die christliche Ethik ist der Gedanke der Nachfolge Jesu. Jesus berief seine Jünger und verlangte von ihnen, ihm nachzufolgen. „Auf, mir nach!“ – so lautet die bei Markus (1,17) überlieferte Aufforderung Jesu an die beiden künftigen „Menschenfischer“ Simon und Andreas. Jesus rief, ohne dass er mit den Gerufenen lange darüber diskutierte, Menschen dazu auf, ihm nachzufolgen, ihm zu gehorchen, die heimatlichen Zelte abzubrechen, alles stehen und liegen zu lassen, hinter ihm ganz konkret herzugehen und die Strapazen des ruhelosen Umherziehens durchzuhalten. Wer Jesus nachfolgt, stellt sich in den Dienst Gottes, setzt sich mit ganzer Kraft für die Sache Jesu ein. Nicht nur Asketen, Mönche, Missionare und Heilige haben dies getan. Auch „normale“ Christen, die ihr Christsein bewusst leben, stehen in der Nachfolge Jesu. Die Evangelisten Matthäus, Markus und Lukas überliefern das entscheidende Nachfolge-Wort Jesu: „Wer mein Jünger sein will, der verleugne sich selbst, nehme sein Kreuz auf sich und folge mir nach“ (Mt 16,24; Mk 8,34; Lk 9,23).

Auf den großen mittelalterlichen Theologen Thomas von Aquin (1225–1274) geht die Lehre von den Kardinaltugenden (lat. cardo = „Angel, Türangel“), die zum Kernbestand christlicher Ethik gehören: Klugheit, Gerechtigkeit, Tapferkeit, Besonnenheit.

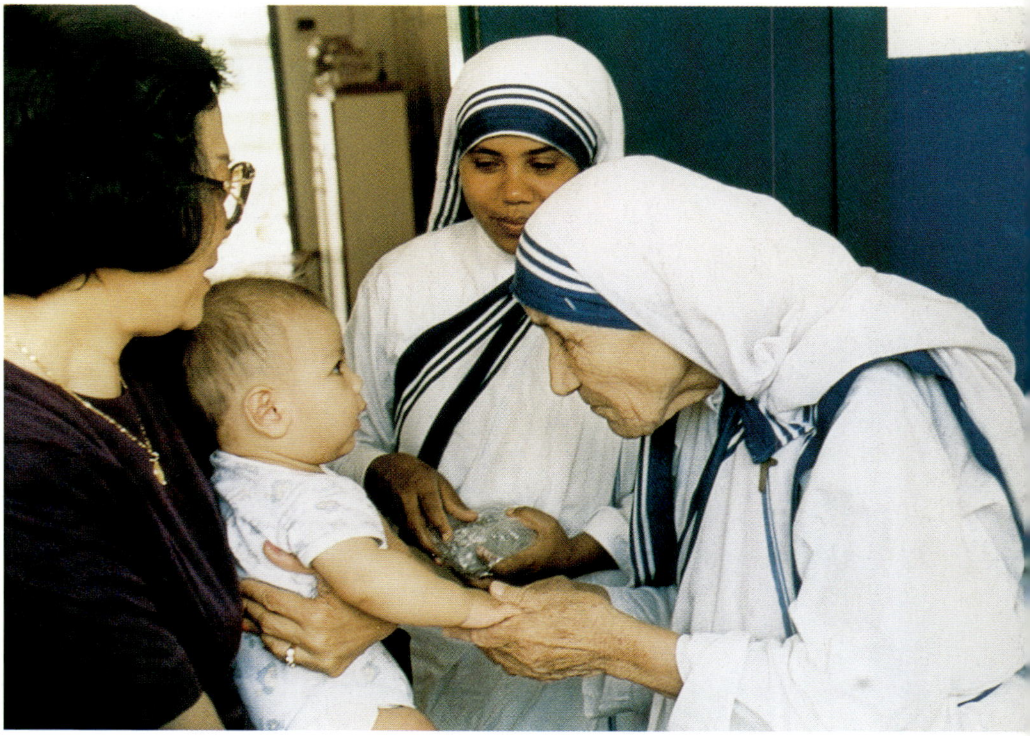

Mutter Teresa (1910–1997) segnet einen Säugling im Säuglingsheim „Geschenk der Liebe“ in Singapur. Für ihr unermüdliches Engagement erhielt sie zahlreiche Auszeichnungen.

CHRISTENTUM UND SEXUALITÄT

Zwischen Verteufelung und guter Gabe Gottes

Die 1250 entstandene französische Buchmalerei aus den Romans de Garin de Montglane zeigt eine Heiratsszene. Bibliothèque Nationale Paris.

Viele frühe Christen hatten die Überzeugung, dass der Mensch nur eine kurze Zeit im Diesseits, dann aber ewig im Jenseits lebe. Das Diesseits gilt den Christen traditionell als eine Zeit der Prüfung und Bewährung, um vor dem Jüngsten Gericht bestehen zu können.

Ablehnung der sexuellen Lust

Die Jenseitsorientierung ließ sexuelle Lust zweitrangig erscheinen. Hinzu kam die aus dem Judentum übernommene Vorstellung, dass sexueller Kontakt zu kultischer Unreinheit führe. Aus der jungfräulichen Empfängnis Jesu durch Maria entstand eine Hochschätzung lebenslanger sexueller Enthaltsamkeit. Zunächst war diese eine Pflicht für Mönche, später für alle Kleriker (Zölibat). Die übrigen Christen sollten Sexualität ausschließlich in der Ehe praktizieren. Wie das hellenistische Judentum lehnte das Christentum alle Formen von Geschlechtsverkehr außerhalb der Ehe sowie Homosexualität, Prostitution, Geschlechtsverkehr mit Tieren, wie auch die Abtreibung ab.

Einige Jahrhunderte später wurde die sexuelle Lust generell als sündig betrachtet. Augustinus (354–430) erklärte die Weitergabe der Erbsünde von den Eltern an die Kinder durch die sündige Lust, welche die Eltern bei der Zeugung empfänden. Für Augustinus praktizierte nur das erste Menschenpaar im Paradies Sexualität ohne Sünde. Späteren Menschen war dies hingegen unmöglich.

Sexualität im Katholizismus

Keuschheit im Sinne sexueller Enthaltsamkeit entwickelte sich in der Kirchengeschichte weit über das Mönchsgebot hinaus

„Sex als Ausdruck eines neuen Lebensgefühls, das die Tatsache der geschlechtlichen Bestimmung des Menschen nicht schamhaft verleugnet, sondern zur Kenntnis nimmt und bewusst zu bewältigen und zu gestalten sucht, steht nicht im Widerspruch zur biblischen Überlieferung. Diese geht vielmehr von Anfang an davon aus, dass der Mensch nur als Mann oder Frau menschlich existieren kann. Sex bestimmt also das Leben und Zusammenleben der Menschen, auch nach biblischer Auffassung, in einem Maße, wie man es in der Vergangenheit oft nicht wahr haben wollte (…).

Aber die menschliche Phantasie sollte sich nicht zu früh zufrieden geben. Je besser wir lernen, Sex nicht mit Geschlechtsverkehr gleichzusetzen, und je weniger wir Sex auf den Bereich der Geschlechtsorgane beschränken, desto reichhaltiger werden die Möglichkeiten für Männer und Frauen in unserer Gesellschaft, ihr Leben und Zusammenleben innerhalb und außerhalb der Ehe sowie in den Jahren davor und in der Phase des Alters reizvoll zu gestalten. Vielleicht wäre es leichter, den positiven Lebensmöglichkeiten, die auch in der Zauberformel Sex gesucht werden, Geltung zu verschaffen, wenn wir statt der umgangssprachlichen Abkürzung den weniger belasteten sachlichen Ausdruck Sexualität benutzen.“

(Siegfried Keil: Sex und Geschlechtsverkehr. In: Evangelisches Lexikon für junge Erwachsene, Stuttgart 1970)

Eva mit Apfel und Schlange. Teilansicht eines um 1528 entstandenen Gemäldes von Lukas Cranach dem Älteren (1472–1553); Uffizien, Florenz

Das Titelblatt des Madrider Homosexuellenmagazins „Zero“ zeigt den in Valverde del Camino bei Huelva tätigen José Mantero. Er hatte sich Anfang 2002 mit den Worten „Gott sei Dank bin ich schwul“ als erster katholischer Pfarrer Spaniens öffentlich zu seiner Homosexualität bekannt.

zu einem Ideal. Diese Einstellung hat im beachtlichen Maß zur Unterdrückung der Sexualität geführt. Nach Auffassung der Katholischen Kirche dient Sexualität ausschließlich der Fortpflanzung der Gattung. Konsequent werden daher alle Sexualformen verurteilt, die nicht dem Zeugungszweck dienen, wie zum Beispiel Selbstbefriedigung und Homosexualität.

Die kirchenamtliche Sexualmoral erlaubte sexuelle Erfahrung nur innerhalb der Ehe. Sex gestattete sie nur miteinander Verheirateten. Alle anderen sexuellen Betätigungen vor und außerhalb der Ehe galten als Sünde. Liebesbeziehungen zwischen Homosexuellen wurden allenfalls in sexfreien Freundschaften akzeptiert. Inzwischen sind die Gläubigen und viele Autoritätspersonen in der Kirche gegenüber dieser Abwertung der Sexualität sensibel geworden. Verantwortlich für diese negative Sicht werden der Anschluss an einige Richtungen der griechischen Philosophie, an alttestamentliche Reinheitsvorstellungen und bestimmte Theologen, wie zum Beispiel Augustin, gemacht.

Auch die Erfahrungen der Moderne und die sich im 19. und 20. Jahrhundert entwickelnde Liebesehe haben den Sinn der Ehe ausschließlich zum Fortpflanzungszweck in Frage gestellt.

Insbesondere Theologen, die sich mit Psychoanalyse und Psychologie beschäftigen, haben sich mit den Folgen angstbesetzter Sexualität auseinander gesetzt: Georg Denzler, Karlheinz Deschner, Eugen Drewermann, Stephan Pfürtner und Uta Ranke-Heinemann beschäftigten sich kritisch mit dieser sündenfixierten Angstmoral in Bezug auf Sexualität, Ehelosigkeit als Folge eines Zwangszölibats und die in der Marienfrömmigkeit zum Teil übertriebene Verehrung der Jungfräulichkeit. Vor allem die feministische Theologie regte die Diskussion über Zusammenhänge zwischen Sexualität und Herrschaft an.

Die Katholische Kirche betonte im Geist des Zweiten Vatikanischen Konzils die über die Kinderzeugung hinaus bestehende „gegenseitige Liebe“ der Ehegatten und eine „Vervollkommnung der sexuellen Beziehungen“. Dennoch drängte Papst Johannes Paul II. strikt auf die Einhaltung des Keuschheitsgebots außerhalb der durch Sakrament geheiligten Ehe. Ebenso bekräftigte er auch den Amtszölibat und das Verbot jeglicher Mittel künstlicher Befruchtung.

Unabhängig von der kirchlichen Lehrmeinung sind viele Katholiken davon überzeugt, dass Sexualität liebevoll und verantwortlich nicht nur in Ehen gelebt werden kann. Beziehungen Unverheirateter oder Homosexueller sind für sie nicht wahllose, nur von Sex bestimmte Verbindungen. Trotz offizieller Lehrmeinungen, die Homosexuelle weiterhin ablehnen, akzeptieren viele Katholiken die „eingetragene Lebenspartnerschaft" homosexueller Paare.

Sexualität im Protestantismus

Auch im Protestantismus gibt es Traditionen, die Geschlechtlichkeit gering zu bewerten, obgleich die Reformation einen deutlichen Neuanfang in der Frage der Sexualität unternahm. Luther betrachtete Sexualität als Faktum, das der Mensch nicht unterdrücken soll. In der Ehe darf Sexualität in Freude und Dankbarkeit genossen werden. Doch verurteilte Luther Unzucht und Selbstbefriedigung. Ebenso blieb Minderheiten die Anerkennung ihrer Sexualität versagt (Homosexualität, Eheverbot bei Impotenz).

Der Puritanismus verneinte die Lust in der Ehe. Auch im Pietismus wurde Geschlechtsverkehr als sündhaft empfunden. Bis heute erkennen Vertreter einer protestantisch-fundamentalistischen Ethik Sexualität ausschließlich innerhalb der Ehe an.

In den letzten Jahrzehnten hat sich in der protestantischen und ökumenischen Ethik ein Wandel vollzogen. Kritisiert werden die kirchlichen Sexualnormen der Vergangenheit, betont werden Freude am Leiblich-Sinnlichen und die Erkenntnisse moderner Humanwissenschaften.

Beim Umgang der protestantischen Ethik mit dem Thema Sexualität sind in neuerer Zeit zwei Tendenzen zu beobachten. Die eine versucht die augustinische Verbindung von Sexualität und Sünde zugunsten der Auffassung von Sexualität als guter Gabe Gottes aufzugeben. Die andere weist kritisch auf die Gefahren von Pornographie, wirtschaftlicher Ausbeutung von Sexualität und auf Phänomene wie Sadismus, Masochismus, sexuelle Erniedrigung und die Verbindung von Sexualität und Gewalt hin. Viele Theologen befürworten heute selbstbestimmte Sexualität und sexuelle Partnerschaft, die von gegenseitiger Verantwortung und dem Gebot der Nächstenliebe getragen ist.

Gottes Gebot sagt im Besonderen, dass der Mensch in der Begegnung von Mann und Frau (...) den anderen mit sich selbst und mit sich selbst auch den Anderen bejahen, in Ehren halten und erfreuen darf.
(Karl Barth: Die kirchliche Dogmatik III/4, S. 127)

Heute prangern Pädagogen vor allem die Verurteilung der Selbstbefriedigung und die dadurch entstandenen Schuldgefühle an. Bis in die 3. Auflage des Lexikons „Die Religion in Geschichte und Gegenwart" (RGG, 1961) wurde Selbstbefriedigung aus evangelischer Sicht abgelehnt. Seitdem gibt es in evangelischen Ethiken kein ausgesprochenes Verbot mehr.

In vielen Kirchen hat die protestantische Sexualethik in den 1990er Jahren gegenüber Homosexualität einen neuen Standpunkt entwickelt. Dieser Wandel gipfelte 2003 in der Ernennung eines sich offen zu seiner Homosexualität bekennenden Bischofs in der Episkopalkirche der USA. Die alttestamentlichen und neutestamentlichen Stellen, die Homosexualität verurteilen, kritisiert man heute aufgrund ihrer falschen Vorstellungen von der menschlichen Natur. Protestantische Theologen räumen ein, dass eine homosexuelle „Prägung" zu akzeptieren ist. Viele evangelische Kirchen spenden aus diesem Grund homosexuellen Partnerschaften ihren Segen.

Eines der ersten fünfzehn homosexuellen Paare, die in Hamburg am 1.8.2001 ihre Trauung vollziehen. Dies geschieht auf Basis des im November 2000 im Bundestag von SPD und Bündnis 90/Die Grünen gegen die Stimmen von CDU und FDP beschlossenen Lebenspartnerschaftsgesetzes.

Das Frauenbild im Christentum

Geschaffen um des Mannes willen

Die „Schutzmantelmadonna" von Piero della Francesca (1415/20–1492) verheißt mit ihrem ausgebreiteten Mantel den Beistand der Muttergottes.

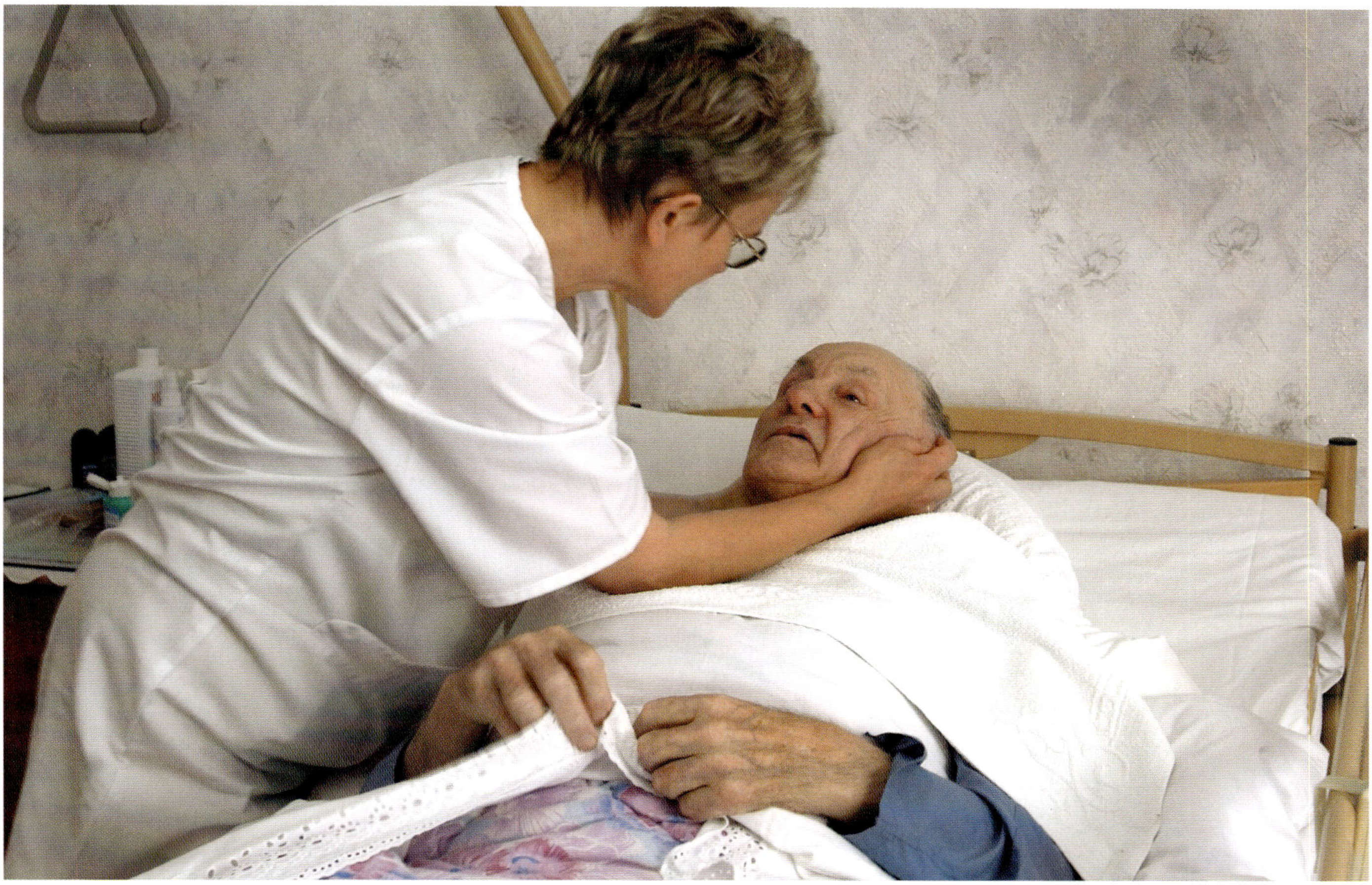

Ein gewohntes Bild: Vor allem im Pflegebereich sind Frauen tätig; hier bei der häuslichen Krankenpflege des Diakonischen Werks der Evangelisch-Lutherischen Landeskirche Mecklenburg.

Im Kreis um Jesus spielten Frauen eine größere Rolle, als sie ihnen sonst im Frühjudentum zukam. Von Anfang an gab es Frauen als Jüngerinnen in den Ortsgemeinden sowie als charismatische Wanderapostelinnen. Im Neuen Testament begegnen uns mehrere Prophetinnen, z. B. Anna/Hanna (Lk 2,36) und vier prophetisch begabte Frauen (Apg 21,9).

Unterordnung der Frau

Das traditionelle Rollenverständnis sieht in der Frau diejenige, die im Innern des Hauses eine „dienende" Tätigkeit ausübt. In den Kirchen wurde dieses Rollenverständnis oft mit Textstellen aus Briefen des Apostels Paulus begründet. Sein Wort, wonach die Frau in der Kirche zu schweigen habe (1. Kor. 14,33), wird von der neutestamentlichen Forschung jedoch als späterer Einschub gedeutet.

In 1. Kor. 11,7f. bezieht Paulus die in der Hebräischen Bibel grundgelegte Gottebenbildlichkeit des Menschen auf den Mann: „Der Mann aber soll das Haupt nicht bedecken, denn er ist Gottes Bild und Abglanz; die Frau aber ist des Mannes Abglanz. Denn der Mann ist nicht vom Weibe, sondern das Weib ist vom Manne. Und der Mann ist nicht geschaffen um des Weibes willen, sondern das Weib um des Mannes willen". Der Epheserbrief (5,22–24) rät Frauen, ihren Männern als Dienerin untertan zu sein; „denn der Mann ist des Weibes Haupt, gleichwie auch Christus das Haupt ist der Gemeinde". Auch der 1.Timotheusbrief, der nicht von Paulus stammt, enthält ganz deutliche Aussagen zur Unterordnung der Frau.

Seit der alten Kirchengeschichte ist das Bild der Frau von vielen Theologen und Kirchenführern mit sexueller Gefahr verbunden worden. Eva gilt als die erste Verführerin. Dagegen wurde in der römisch-katholischen Kirche Maria, die „Muttergottes", zum Modell der opferbereiten und hingebungsvollen Frau. Maria zeigte einen Weg zum Heil durch vollkommenen Gehorsam.

Außerhalb der Ehe konnte sich eine Frau nur im Martyrium oder durch ein Leben im Kloster verwirklichen. Als Heilige erlangten einige Frauen großes Ansehen.

Schwieriger Weg zur Gleichberechtigung

Bis in die Gegenwart hinein herrschte in den Kirchen die Auffassung von der zentralen, mit Herrschaft verbundenen Stellung des Mannes als aktiver Beherrscher der Außenwelt vor, während die Frau auf dienende Tätigkeiten im inneren Bereich festgelegt wurde. Mittlerweile häuft sich in den Kirchen die Kritik selbstbewusster Frauen gegen die Vorherrschaft der Männer. Konfessionsübergreifend hat sich in den letzten Jahrzehnten – angeregt durch Impulse aus den USA und den Niederlanden – im Zusammenhang mit der Emanzipationsbewegung eine Feministische Theologie entwickelt. Dabei werden Übersetzungen und Auslegungen der Bibel, die Kirchengeschichte und die theologische Forschung im Widerspruch zur bisherigen patriarchalischen Sicht interpretiert.

Martin Luthers Lehre vom „Priestertum aller Gläubigen" führte zwar theoretisch zu einer religiösen Gleichwertigkeit der Frau, doch in den protestantischen Kirchen sind Frauen erst sehr spät zu Pfarrerinnen ordiniert worden. Als erste Landeskirche führte die heutige Evangelische Kirche in Berlin-Brandenburg 1921 das Amt der Vikarin mit pädagogischen, seelsorgerlichen und karitativen Aufgaben ein. Nach dem Zweiten Weltkrieg durften Frauen aufgrund des Mangels an Männern auch Gemeindepfarrämter vertreten. Erst ab 1978 wurden alle Sonderregelungen für Frauen aufgehoben, und Frauen erhielten die für Pfarrer geltenden Rechte.

Evangelische Pfarrerin mit einer Gruppe von Konfirmandinnen

In der römisch-katholischen Kirche betonen lehramtliche Äußerungen nach dem 2. Vatikanischen Konzil die Gleichwertigkeit und Gleichrangigkeit der Geschlechter. Dennoch besteht keine gleichberechtigte Mitwirkung der Frau. Nach wie vor lehnen die römisch-katholische Kirche und die orthodoxen Kirchen die Übertragung des Priesteramtes an eine Frau ab. Für die Situation von Frauen und Männern in den Kirchen ist Ursula Päfflins 1986 formulierte Aussage wohl immer noch aktuell: „Je mehr Entscheidungsbefugnisse Personen in Ämtern oder Gremien haben, desto weniger Frauen sind unter ihnen vertreten."

*Die Theologin Elisabeth Gössmann (*1928) war eine der ersten Frauen in Deutschland, die in Katholischer Theologie promovierten.*

Was ist Feministische Theologie?

Theologie als „Gotteswissen, Gottesdenken, Gottesrede" ist (1): Systematische Formulierung des Glaubens durch oder für einen Einzelnen, eine Kirche oder eine Gruppe von Gläubigen. (2) Das kritische Studium des Christentums. Die Theologie ist seit den Anfängen der Universität und seit ihrer Trennung von der Philosophie eine „Grundwissenschaft" wie Jurisprudenz und Medizin. Feministische Theologie ist Theologie aus der besonderen Perspektive von Frauen.

Die traditionelle Theologie war und ist von patriarchalischen Denkmustern bestimmt, also nicht neutral. Die Feministische Theologie nimmt für sich ganz bewusst keine Neutralität in Anspruch, sondern hinterfragt konsequent die männliche Sichtweise. Sie versteht sich als Programm einer umfassenden Emanzipation der Frau. Die Feministische Theologie tritt in mehreren Spielarten auf: als Asiatische Frauentheologie, Theologie afrikanischer Frauen, Lateinamerikanische Befreiungstheologie aus Frauenperspektive, Womanist Theology (hier stehen die Erfahrungen schwarzer Frauen im Mittelpunkt), nachchristliche Feministische Theologie beziehungsweise Göttinnenbewegung, Wicca-Religion. Hierbei geht es um die Wiederbelebung alter Göttinnenkulte. Das Göttliche wird im Weiblichen entdeckt, in Natur und Kosmos.

HEXENVERFOLGUNG

Die Hexenprozesse waren „die nach den Judenverfolgungen größte nicht kriegsbedingte Massentötung von Menschen durch Menschen" (Gerhard Schormann). Nach neuesten Untersuchungen wurden ca. 50 000 Menschen Opfer von Hexenhinrichtungen in Europa. In Deutschland um 1600 mit seinen 16 Millionen Einwohnern waren es 25 000 (entspricht 1,5 Promill). In katholischen Territorien Deutschlands finden sich die weitaus höheren Zahlen, während in Ländern wie Irland (0,0002), Portugal (0,0007), Spanien (0,037) wesentlich weniger Hexen hingerichtet wurden. Prozentual zu größeren Verfolgungen als in Deutschland kam es dagegen in Polen/Litauen (2,941), Schweiz (4,000) und Liechtenstein (100,000).

75 bis 80 Prozent der Hingerichteten waren Frauen. Doch greift die oft geäußerte These der Frauenfeindschaft scholastischer Theologie wohl zu kurz, da Frauen nicht nur Opfer, sondern auch Täterinnen waren. So verdächtigten sie innerhalb der Nachbarschaften andere Frauen wegen Hexerei und zeigten sie an.

Wer waren die Betreiber der Hexenverfolgung? Die Kirche oder der Staat? Entscheidend waren die Juristen in den städtischen und landesherrlichen Diensten – weniger die Theologen und Prediger der verschiedenen Konfessionen, auch wenn diese durchaus daran mitgewirkt haben.

Die Gründe der Verfolgungen sind in der popularen Religiosität, Theologie und Juristerei zu suchen. Hexerei und Zauberwesen galten bereits in der Antike, später dann in Mittelalter und Neuzeit, als vom Staat verfolgte Verbrechen. Die Kirche nahm diesen im vormodernen Europa „normalen" Hexenglauben nicht wirklich ernst. Fällė von Lynchjustiz wie der 1090 im bayerischen Freising, wo „drei arme Weiber" den Tod fanden, wurden von Päpsten und Bischöfen kritisiert. Regino von Prüm (gest. 915) trat in seiner bis in die Neuzeit geltenden kirchenrechtlichen Anweisung dafür ein, Hexen entweder zu heilen oder aus der Kirche auszuschließen. Das kanonische Recht hielt den Hexenflug für eine dämonische Wahnvorstellung, nicht aber für real existierend. Hexerei und abergläubische Vorstellungen kriminalrechtlich zu verfolgen, war der Kirche fremd. Nicht dagegen dem mittelalterlichen weltlichen Recht, das Schadenszauber mit dem Tod auf dem Scheiterhaufen bestrafte.

Gegen Ende des Mittelalters wurden die Verfolgungsstrategien gezielt verstärkt. Es entstand eine systematische Hexenlehre mit den folgenden Inhalten: Teufelspakt, Eheschließung und Geschlechtsverkehr mit dem Teufel, Vernichtung von Mensch und Tier durch Schadenszauber, Reiten durch die Lüfte zum Hexensabbat. Bei den großen Verfolgungswellen in der zweiten Hälfte des 16. und der ersten Hälfte des 17. Jahrhunderts gehörten die Befürworter zu einem guten Teil „zur zeitgenössischen bürokratischen Führungsschicht".

Das Hauptdokument in der Geschichte der europäischen Hexenverfolgung ist der „Hexenhammer" (1487), ohne Ko-Autor verfasst, wie inzwischen bekannt ist, von dem elsässischen Dominikaner Heinrich Kramer/Institoris (um 1430 bis 1505). Durch geschickte Manipulation stellt sich der „Hexenhammer" so dar, als besäße er die päpstliche und kaiserliche Unterstützung ebenso wie die der Kölner Theologischen Fakultät. Die Ideologie des „Hexenhammers" stand im Widerspruch zur theologischen Tradition, spiegelte aber das Volksempfinden.

Der wirkungsvollste Gegner der Hexenverfolgung, der Jesuit Friedrich von Spee (1591–1635), klagte in seiner „Cautio Criminalis oder Rechtliches Bedenken wegen der Hexenprozesse" auf der Grundlage theologischer und juristischer die damals Verantwortlichen in Staat und Kirche an. Seine Kritik gelangte allerdings erst zur Zeit der Aufklärung zum Durchbruch. Der Leipziger Frühaufklärer Christian Thomasius (1655 bis 1728) veröffentlichte 1697 eine Schrift mit dem Titel *„Ob Ketzerey ein straffbares Verbrechen sey"*. Thomasius legte in dieser sowie in weiteren Publikationen sowohl die Grundlage des heutigen Strafrechtsdenkens als auch die Basis für die endgültige Abschaffung der Hexenprozesse. Er bezeichnete die Folter als Schmach christlicher Staaten. Zuerst wurde seine Forderung in Preußen Realität, wo man die Folter im Jahr 1740 abschaffte.

Standpunkte zur Familienplanung

Unterschiedliche Haltungen der großen Kirchen

Demonstration für die Abschaffung des § 218 StGB und für eine Fristenlösung vor dem Berliner Roten Rathaus im September 1991

Die Bibel lehnt Familienplanung keineswegs allgemein ab, und das Christentum verurteilt nicht pauschal jedwede Verhütung. Welche Methoden der Empfängnisregelung angewendet werden dürfen, wird in den Kirchen unterschiedlich gesehen. Einigkeit besteht darin, dass kein Partner bei der angewandten Methode seelisch beschädigt oder in seiner Liebesfähigkeit beeinträchtigt werden darf.

Die Position der katholischen Kirche

Für die katholische Kirche ist neben der Liebe der Ehegatten das Zeugen von Nachkommen der Hauptzweck der Ehe. Zu den Leitlinien der Familienplanung zählen: Ablehnung der Abtreibung, Verbot der künstlichen Befruchtung, keine Manipulation von Embryonen und Achtung vor dem beginnenden menschlichen Leben.

Die Enzyklika Humanae vitae Papst Pauls VI. vom 25. 7. 1968 bestimmte noch, dass jeder einzelne eheliche Akt auf Kinder ausgerichtet sein müsse. Inzwischen spricht die katholische Kirche von verantwortlicher Elternschaft. Kinder dürfen bei der Planung nicht ausgeschlossen werden, aber es genügt, wenn die Ehe als Ganzes für Kinder offen ist. Abtreibung wird jedoch weiterhin abgelehnt. Das menschliche Leben ist vom Augenblick der Empfängnis als Person absolut zu achten und zu schützen. Diese Schutzbestimmung besitzt sogar dann Gültigkeit, wenn das Leben der Mutter durch die Tötung des Kindes noch gerettet werden könnte.

Vorgeburtliche Diagnostik ist erlaubt, sofern sie auf das Leben und die Gesundheit des Ungeborenen zielt und nicht die Begründung für eine eventuelle Abtreibung liefert. Das gestattet Eingriffe in den Embryo zur Heilung, schließt jedoch Eingriffe zur Stammzellengewinnung aus. Empfängnisverhütung ist nur insofern erlaubt, als es sich um „natürliche Familienplanung

Gemeinsame Erklärung des Rates der Evangelischen Kirche in Deutschland und der Deutschen Bischofskonferenz von 1989: „Gott ist ein Freund des Lebens“ – Herausforderungen und Aufgaben beim Schutz des Lebens:

„Aus dieser theologischen Grundlegung ergeben sich folgende Konsequenzen:

Das Leben von Menschen ist unbedingt schutzwürdig von seinem Anfang bis zu seinem Ende. Ihm gebührt deshalb Vorrang vor allen anderen Interessen, insbesondere wirtschaftlichen Interessen und Forschungszwecken.

• Das Leben von Menschen beginnt mit der Verschmelzung von Samen- und Eizelle. Von diesem Augenblick an ist das Individuum mit seinen Eigenschaften und Potenzialen genetisch bestimmt und damit unverwechselbar.

• Auch der Embryo außerhalb des Mutterleibes unterliegt dieser unbedingten Schutzwürdigkeit. Er ist kein Material, das zu irgendeinem Zweck dienen darf.

• Eine verbrauchende Embryonenforschung lehnen wir ab, sowie jede Form der Selektion und daher die Präimplantationsdiagnostik (PID) und das Klonen von Menschen. Ein Urteil über lebenswertes und unwertes Leben steht uns nicht zu.

• Abtreibung bedeutet Tötung eines Menschen. Daraus erwächst für uns eine Fülle von seelsorgerlichen Herausforderungen. Auch schuldig Gewordene brauchen unseren Zuspruch der Vergebung Gottes.

• Im Blick auf Spätabtreibungen lebensfähiger Föten besteht dringender politischer und rechtlicher Handlungsbedarf (...).

Wir verkennen nicht, dass Menschen in schwierigste Entscheidungssituationen geraten können, bei denen jede Option mit einem Dilemma behaftet ist und nicht mit letzter Sicherheit auszumachen ist, welche das geringere Übel darstellt. Wer schuldig geworden und in seinem Gewissen belastet ist, soll erfahren, dass Gottes Gnade immer noch größer ist. Als Christen sehen wir uns in der Pflicht, betroffenen Menschen vorurteilsfrei beizustehen und vorbehaltlos zu helfen.“

handelt“, wie zum Beispiel die Beschränkung des Geschlechtsverkehrs auf mutmaßlich unfruchtbare Tage. Es darf keine Methode angewandt werden, welche die Empfängnis auf dem Wege einer faktischen Abtreibung ausschließt.

Die kategorische Ablehnung der Abtreibung bezieht sich auch auf alle, die an einem solchen Eingriff beteiligt sind.

In der katholischen Kirche Deutschlands wurde darum die Frage diskutiert, ob die nach deutschem Recht für eine straffreie Abtreibung notwendige Bescheinung einer stattgefundenen Schwangerschaftsberatung von kirchlichen Beratungsstellen ausgestellt werden darf.

Nachdem dies zunächst erlaubt war, verbot Papst Johannes Paul II. eine solche Beratung als unrechtmäßige Mitwirkung an der verwerflichen Abtreibung. Daraufhin gründeten katholische Laien den Verein Donum Vitae („Geschenk des Lebens“) als Träger katholischer Beratungsstellen mit Scheinvergabe. Sie sind überzeugt, durch das Verbleiben in der gesetzlichen Schwangerschaftskonfliktberatung Frauen eher gewinnen zu können, ein Leben mit Kind zu wagen. Die offizielle Kirche lehnt Donum Vitae ab.

Die Sichtweise des Protestantismus

Das Zeugen von Nachkommen ist für Protestanten ein wichtiger Grund für die Ehe. Sexualität dient aber nicht nur der Zeugung neuen Lebens. Christen sollen den Mut haben, Kinder zu bekommen, aber auch die Geburtenzahl sinnvoll zu beschränken.

Gegen Geburtenregelung wird heute kein prinzipieller Einspruch erhoben. Jedoch stellt Schwangerschaftsabbruch ein heiß diskutiertes Thema dar, weil es dabei nicht nur um den Konflikt zwischen Mutter und Kind geht, sondern auch um die Frage, inwieweit das staatliche Strafrecht in der Lage ist, persönliche ethische Lebenskonflikte im Hinblick auf die Unantastbarkeit der Menschenwürde wirksam regulieren zu können.

Im deutschen Protestantismus gab es bereits seit den 1920er Jahren Stimmen, die

Das Logo von Donum vitae („Geschenk des Lebens“), Verein zur Förderung des Schutzes des menschlichen Lebens e. V., der 1999 gegründet wurde

Die katholische Laienorganisation Donum Vitae will auf eine intensive Beratung der Schwangeren im Konfliktfall nicht verzichten, obwohl ihre Tätigkeit gegen die Weisung des Papstes und der deutschen Bischofskonferenz steht.

eine Abtreibung unter bestimmten Umständen nicht generell ablehnten. Insbesondere die Frage der „medizinischen Indikation" im Fall einer schweren Gefahr für Leben oder körperliche Gesundheit warf die Frage auf, ob ein solcher Schwangerschaftsabbruch als „Grenzfall" der Ethik im Sinne einer ultima ratio (Karl Barth) zu bezeichnen wäre.

Nach 1945 wurde die Zulässigkeit eines Abbruchs nach einer durch Vergewaltigung entstandenen Schwangerschaft diskutiert. Der Rechtsausschuss der Evangelischen Frauenarbeit in Deutschland stellte 1962 in seinem „Wort zur Frage der ethischen Indikation" fest: „Nimmt die Frau eine Schwangerschaftsunterbrechung vor, so läuft dies Gottes Geboten zuwider. Jedoch hat der Staat nicht das Recht, einen Menschen zu strafen, der eine Konfliktlage nicht bewältigt, die besonders hohe Anforderungen an ihn stellt."

Seit dem 1. Oktober 1995 ist ein Gesetz in Kraft, das den Schwangerschaftsabbruch nach § 218 StGB durch eingehende Beratung und Indikationenregelung regelt.

Inzwischen hat sich in der protestantischen Ethik die Auffassung durchgesetzt, dass es einen Unterschied zwischen einer ethischen und strafrechtlichen Beantwortung der Frage des Schwangerschaftsabbruchs gibt. Zwar steht Abtreibung im Widerspruch zur christlichen Lehre und soll von der Kirche nicht legalisiert werden. Doch kann man sie nicht gegen den Willen der Mutter verbieten. Daher will sich die Kirche hauptsächlich um die Probleme schwangerer Frauen kümmern, ohne sie zu bevormunden. Auch betonen evangelische Kirchenvertreter, dass die Mutter kein absolutes Verfügungsrecht über ihr ungeborenes Kind besitzt, da nicht nur die Freiheit der Eltern, sondern auch die Würde des Kindes zu berücksichtigen sei.

In den 1990er Jahren sprachen sich die evangelischen Kirchen für eine „Pflicht zur Beratung" aus, die zwar „entscheidungsoffen", dabei aber zugleich eindeutig für das Lebensrecht des Kindes einzutreten habe. In seinem Urteil vom 28. Mai 1993 korrigierte das Bundesverfassungsgericht die ursprüngliche Fristenlösung, da der staatliche Schutzauftrag für das Ungeborene aufgrund dessen „Grundrechtsträgerschaft" uneingeschränkt gelte. Eine Abtreibung wäre demnach nur bei medizinischer oder kriminologischer Indikation gestattet. Für all dieje-

Anti-Abtreibungsplakat in der Schweiz. Nach einem Referendum von 2001 bleibt ein Schwangerschaftsabbruch in den ersten 12 Wochen straffrei.

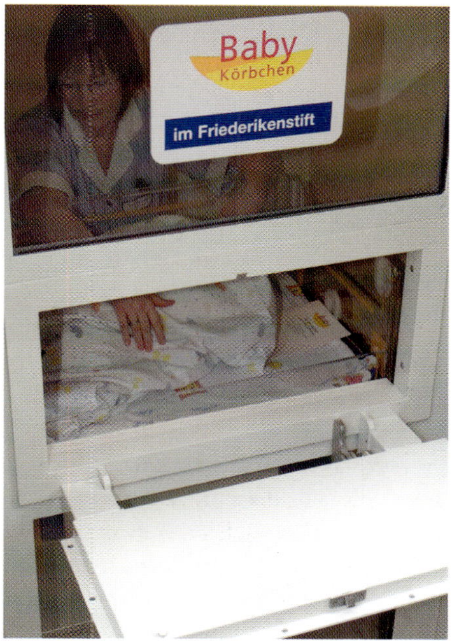

Die „Babyklappe" ermöglicht es verzweifelten Müttern, ihr Neugeborenes anonym in Obhut zu geben. Auch kirchliche Einrichtungen haben solche Babyklappen geschaffen.

nigen Abbrüche, die ohne Indikation, aber nach erfolgter Beratung vorgenommen werden, gilt die Formulierung, dass sie „rechtswidrig, aber straffrei" sind. 1995 legte das Gesetz fest, dass ein Schwangerschaftsabbruch innerhalb der ersten zwölf Wochen straffrei wäre, sofern die Schwangere mindestens drei Tage vor dem Eingriff eine anerkannte Beratungsstelle aufgesucht hat und die Beratung durch eine „Bescheinigung" dem behandelnden Arzt gegenüber nachweisen kann.

Befürworter vertreten die Ansicht, dass die Bestimmung die Unverfügbarkeit des ungeborenen Lebens als Rechtsgut ausdrückt. Kritiker der Formel führen an, dass es für Schwangere und Berater eine Belastung darstellt, dass sie eine rechtswidrige Handlung begehen, wenn sie sich aus ethischen Erwägungen für einen Abbruch entscheiden.

In den letzten Jahren gibt es Übereinstimmungen zwischen der katholischen und evangelischen Sicht. So stellte die grundlegende Gemeinsame Erklärung des Rates der Evangelischen Kirche in Deutschland und der Deutschen Bischofskonferenz, die 1989 unter dem Titel „Gott ist ein Freund des Lebens" veröffentlicht wurde, im Hinblick auf die Frage nach dem Beginn des menschlichen Lebens übereinstimmend fest: Beim vorgeburtlichen Leben mit der Verschmelzung von Ei- und Samenzelle handelt es sich nicht um rein vegetatives Leben, sondern um werdendes individuelles Menschenleben, das nicht zum Gegenstand menschlicher Manipulation gemacht werden darf.

Heile Welt einer Familie – dieser Anblick wird heute immer seltener. In Zeiten von hohen Scheidungsraten und Patchwork-Familien müssen auch die kirchlichen Institutionen praktische Hilfestellung und Unterstützung geben.

ERZIEHUNG UND BILDUNG

Vermittlung weltlichen und religiösen Wissens

Das Interesse des Neuen Testaments an der Erziehung der Kinder ist gering. Durch die Verbindung der klassischen Bildung in Rom mit christlichem Gedankengut entwickelte sich im Laufe der Zeit ein lebendiges Bildungswesen, das großen Einfluss auf das Bildungs- und Erziehungssystem des Mittelalters und später auch der Neuzeit ausgeübt hat.

Titelholzschnitt von Martin Luthers „Kleinem Katechismus" zur religiösen Erziehung; Wittenberg 1530

Mahnungen und Ratschläge

Einige Paulusbriefe enthalten mahnende Ratschläge (Röm 13,9; 1 Kor 14,2). Die in der paulinischen Tradition stehenden „Haustafeln", die an Mitglieder einer Hausgemeinschaft gerichtet sind und Regeln über das Leben miteinander und das Verhältnis zur Umwelt enthalten (Kol 3, 17 bis 4,1; Eph 5,11–6,9), präsentieren Idealvorstellungen, nicht aber reale Verhältnisse.

> *„Wo die Kenntnis der Sprachen verfällt, muss zuletzt auch das Evangelium untergehen".*
> (Martin Luther)

Diese Texte sprechen Kinder direkt an und ermahnen die Väter, diese maßvoll zu erziehen. Die „Katholischen Briefe" (1. und 2. Timotheus, Titus) machen aus den Kindern wieder Herrschaftsobjekte ihrer Eltern, denen sie „gehorsam" sein sollen. Kinder sind mit dem Alten Testament vertraut zu machen. Die Evangelien dagegen enthalten bis auf Worte Jesu zu Kindern keine unmittelbaren Hinweise zur religiösen Erziehung.

Die klassische Allgemeinbildung

Um berufliche Karriere in öffentlichen Ämtern zu erreichen, mussten Christen in Rom die klassische Allgemeinbildung erwerben. Die stoischen Tugenden (Mäßigung, Besonnenheit, Selbstbeherrschung, Mut, Gerechtigkeit) waren ebenso wichtig wie die Kenntnis „heidnischer" Literatur samt Mythologie. Die Anleitungen zum Christsein des Kirchenvaters Klemens von Alexandrien (um 150 – vor 215) in seinen Werken „Die Teppiche" und „Der Lehrer" greifen auf traditionelle Lehrpläne zurück.

Erste christliche Bildungseinrichtungen

Die im mittelalterlichen Bildungswesen bedeutsamen artes liberales (das Trivium bzw. die „drei Wege": Grammatik, Dialektik, Rhetorik), die „Freien Künste", dienten als Hilfswissenschaften zum Verständnis der Bibel. Seit den Anfängen des Christentums – verstärkt seit dem 3. Jahrhundert – fand

Im Kloster Maulbronn, einer ehemaligen Zisterzienserabtei aus dem 12. Jahrhundert, befindet sich heute eine Privatschule.

neben der öffentlichen Schulbildung eine unabhängige Glaubensunterweisung in Gestalt des dreijährigen Katechumenats statt. Hierbei wurden ungetaufte Erwachsene sowie Jugendliche auf die Eingliederung in die Kirche vorbereitet. Augustin (354–430) verband in seinen beiden Schriften „Die Katechese der Neulinge" und „Die christliche Lehre" klassische Bildung mit christlichem Glauben. Auf das Mönchtum des 4. Jahrhunderts geht die Gründung christlicher Schulen zurück. Die Benediktusregel (6. Jahrhundert) prägte den klösterlichen Bildungsplan wesentlich. Parochial- und Domschulen orientierten sich an diesen Bildungsvorstellungen.

Erziehungsmodelle im Mittelalter

Im Mittelalter muss zwischen dem Erziehungsmodell einer kleinen Gruppe von Schreibkundigen (Literati) und der weit größeren Zahl von Schriftunkundigen (Illiterati) unterschieden werden. Bei der Erziehung der niederen Stände wurden die Kinder in die elterliche Lebens- und Arbeitswelt eingeführt. Die höfische Erziehung legte Wert auf die Herausbildung spezifischer ritterlicher (Selbstdisziplin, Tugendhaftigkeit, Fügsamkeit gegenüber weltlichen Herrschern und Gott) und christlicher Tugenden (Treue, Hoffnung, Nächsten- und Menschenliebe). Der Kampf für Gott erhielt durch die Kreuzzugsbewegung Auftrieb. Die Ausbildung vom Knaben (ab sieben Jahren Knappen) zum Ritter mit dem Höhepunkt der „Schwertleite" war durch christliche Rituale geprägt. Höfische Frauen lernten neben Handarbeiten auch Lesen und Schreiben, musizierten und lasen literarische Texte. Am Anfang der Erziehung der Kleriker (Geistliche, Gelehrte) in den Dom- und Klosterschulen stand das Erlernen des Lateinischen. Es wurde durch das Quadrivium („vier Wege") der sieben Freien Künste ergänzt: Arithmetik, Geometrie, Astronomie und Musik.

Die Reformationszeit

Die religiöse Erziehung zur Zeit der Reformation fand in Familie, Kirche und Schule statt. Der Familienvater sollte anhand von Luthers Kleinem Katechismus jede Woche seiner Familie und dem Gesinde die Zehn Gebote, das Apostolische Glaubensbekenntnis und das Vaterunser einprägen. In reformierten Kreisen stand der Heidelberger Katechismus im Mittelpunkt. Die Kirchen beförderten die religiöse Erziehung durch die oft lehrhaften Predigten, besonders auch durch Katechismusgottesdienste für Kinder. In mehreren Schriften und Predigten nahm Luther zu pädagogischen Fragen Stellung. Für ihn war Erziehung die ureigne Aufgabe der Eltern. Nur wenn diese ihrer Erziehungspflicht nicht nachkamen, sollte die staatliche Obrigkeit an ihre Stelle treten. Zu den Unterrichtsmedien zählten neben den schon genannten auch Lieder und Gebete. Angesichts düsterer Schulzustände forderte Luther die staatliche Obrigkeit in seiner Schrift „An die Radherrn aller stedte deutsches lands: das sie Christliche schulen auffrichten und hallten sollen" (1524) auf, Schulen zu organisieren und sich um den Unterricht für Jungen,

Im Konfirmandenunterricht der Christus-Kirchengemeinde in Mainz werden Kirchenlieder für den Gottesdienst eingeübt.

Der heilige Augustinus (354–430), einer der bedeutendsten spätantiken Kirchenlehrer, christlichen Theologen und Philosophen

auch für Mädchen zu kümmern. Richtiger Unterricht sollte die Lernenden in die Lage versetzen, das Evangelium zu lesen – auch auf Latein, Griechisch und Hebräisch. Außerdem sollten die Freien Künste gelehrt werden. Philipp Melanchthon (1497 bis 1560) wahrte den Zusammenhang mit der humanistischen Tradition. Der Praeceptor Germaniae („Lehrer Deutschlands") war verantwortlich für Universitäts- und Lateinschulgründungen und ihre geregelte Finanzierung, auch reformierte er bestehende Einrichtungen höherer Bildung. So sorgte er als Rektor der Universität Wittenberg 1523/24 für eine neue Studienordnung. Studienanfänger wurden durch Präzeptoren betreut; er legte großen Wert auf die Schulung ihrer sprachlichen Ausdrucksfähigkeit. Die von Melanchthon entworfenen Schulordnungen waren von drei Prinzipien geprägt: lateinische Unterrichtssprache, Gründlichkeit und Wiederholungen des Lernstoffs, Einteilung der Schüler in drei „Haufen", d. h. Klassen, die nacheinander durchlaufen werden mussten.

Religionsunterricht heute

Traditioneller Ort für die Einführung in die Glaubensvorstellungen ist der Religionsunterricht, der auf die Reformationszeit zurückgeht. In Deutschland ist er nach GG 7,3 konfessioneller Unterricht, in „Übereinstimmung mit den Grundsätzen der Religionsgemeinschaften" zu organisieren, also: katholischer, evangelischer, orthodoxer, jüdischer Religionsunterricht. In den USA dagegen wird in den staatlichen Schulen kein Religionsunterricht angeboten, dafür aber in protestantischen, katholischen usw. nicht-staatlichen Bildungseinrichtungen. Seit der offiziellen Trennung von Staat und Kirche wurde in Frankreich die kirchliche Unterweisung so gut wie ausschließlich in den binnenkirchlichen Raum verlegt. Im Protestantismus führte dies zum Aufblühen der so genannten Sonntagsschulen. In Großbritannien wird an staatlichen Schulen ebenfalls kein konfessioneller Religionsunterricht erteilt, sondern ein die Konfessionen übergreifender Unterricht „auf breiter christlicher Grundlage".

Kirchliche Bildungseinrichtungen

Die Kirchen sind Träger zahlreicher Bildungseinrichtungen: berufsbezogene, allgemeinbildende, sonderpädagogische Schulen und Internate. Kindertagesstätten vermitteln elementare, altersgerechte religiöse Bildung. Hinzu kommen Theologische Fakultäten an staatlichen Hochschulen, Kirchliche Hochschulen sowie diverse Bildungswerke. Die Katholische Kirche unterhält 26 Akademien in Deutschland, die Evangelische Kirche 16 Evangelische Akademien mit überregionaler, zum Teil internationaler Ausstrahlung.

Der Reformator Philipp Melanchthon (1497 bis 1560); Bildnis von Lucas Cranach

RELIGIÖSE KLEIDERVORSCHRIFTEN

Geistliche und weltliche Kleidergebote

Messe zur Papstwahl: Die Kardinäle Giovanni Batista Re, Angelo Sodano und Joseph Ratzinger (von links) zelebrieren im feierlichen Ornat die Messe „Pro Eligendo Papa" im Petersdom.

Die frühen Christen trugen noch keine besondere Kleidung im Gottesdienst. Erst als das Christentum Staatsreligion wurde, durften die religiösen Würdenträger eine bestimmte Amtskleidung tragen.

Die klerikale Amtskleidung

Bis ins hohe Mittelalter unterschied sich die Kleidung der Kleriker nicht grundsätzlich von der der übrigen Menschen. Später setzten sich der bis zum Knöchel reichende Talar und die auf Taille gearbeitete, vorne mit Knöpfen versehene *Soutane* durch. Die im Alltag getragene *Soutanelle* wurde im Laufe der Jahrhunderte durch ein Jacket mit Talarweste oder rückwärts geschlossenem Kragen mit Halsbedeckung (*Kollar*) abgelöst. Heute begnügen sich Geistliche oft mit einem Pullover mit rundem Halsabschluss oder anderer dezenter Kleidung mit einem Ansteckkreuz.

Zu feierlichen Anlässen tragen Priester besondere liturgische Gewänder.

Als Untergewand wird meist die *Albe* getragen. Dieser Begriff stammt von dem lateinischen Albus („weiß"). Die Mantelalbe

Eine Benediktinerin (rechts) gibt in der Restaurationswerkstatt der Eibinger Abtei Sankt Hildegart ihre Erfahrungen an eine Novizin weiter.

ist das liturgische Gewand der Diakone. Unter der Albe wird das rechteckige und ebenfalls weiße Schultertuch (*Humerale*) getragen. Es umhüllt Hals und Schultern, wird an der Brust von Bändern zusammengehalten. Um die Albe wird eine Kordel, *Zingulum* (lateinisch: „Strick, Gürtel"), geschnürt. Während des Anlegens der Albe wurde früher von den katholischen Priestern ein nur zu diesem Zweck bestimmtes Gebet gesprochen.

Farben geben Aufschluss über die hierarchische Ordnung. In der römisch-katholischen Kirche tragen Geistliche Schwarz, Bischöfe Violett, Kardinäle Rot. Die Farbe Weiß ist dem Papst vorbehalten. Im orthodoxen Christentum versinnbildlichen verschiedene Gewänder die Stufen des Mönchslebens. Die in den orthodoxen Kirchen und der römisch-katholischen Kirche variationsreichen liturgischen Gewänder sind wahrscheinlich in ihren Hauptstücken aus der Kleidung der vornehmen Patrizier des Altertums entstanden. Den Weihestufen der Träger entsprechen jeweils die Ge-

Der heilige Franziskus (1182–1226) gründete 1209 den Franziskanerorden. Er führte ein Leben in einsiedlerischer Armut in der Nachfolge Christi.

Der Zisterziensermönch Pater Branko Petauer aus dem Kloster Sticna. Das Kloster ist das älteste Kloster Sloweniens und verfügt über eine romanische Basilika aus dem Jahr 1156.

wänder. Traditionelle Kopfbedeckung der Bischöfe ist die Mitra, während der Papst die Papstkrone, die Tiara, zu festlichen Anlässen trug. Johannes Paul II. ließ sich nicht mehr mit der Tiara krönen. Im persönlichen Papstwappen ließ Benedikt XVI. die Tiara durch eine Mitra ersetzen.

Der Protestantismus versuchte, sich von den vorherrschenden liturgischen Bekleidungssitten abzugrenzen. Huldrych Zwingli und Johannes Calvin lehnten die bisherigen Gewänder ab, und sprachen sich für zivile Kleidung auch im Gottesdienst aus. Martin Luther nahm eine vermittelnde Position ein: Liturgische Kleidung kann, aber muss nicht im Gottesdienst getragen werden. Während der Predigt trug Luther meistens die *Schaube*, ein weltliches Kleidungsstück. Das Abendmahl zeichnete er durch das Messgewand aus.

Heute tragen evangelische Pfarrer im Gottesdienst über der Kleidung einen *Talar*, der die weltliche Schaube abgelöst hat.

Die Mitglieder christlicher Orden unterscheiden sich in ihrer Tracht (*Habit*) durch Formen und Farben. Zisterzienser sind weiß-, Franziskaner braun-, Dominikaner schwarzgewandet. Zum Hauptgewand gehören zusätzlich ein Gürtel, ein auf den Schultern getragenes, über Vorderseite und Rücken hängendes langes Tuch (*Skapular*), eine Kapuze (für Männer) beziehungsweise ein Schleier für Frauen. Die Jesuiten besitzen keine spezifischen Gewänder. Die Kleidung der Ordensmitglieder hat sich der landesüblichen Priestertracht angepasst.

Weltliche Kleidung

Kleidung schützt nicht nur den Körper vor Kälte und Hitze, sondern gibt auch Aufschluss über Geschlecht, Beruf, gesellschaftliche Stellung. Mit der Kleidung bringen Menschen ihren Geschmack zum Ausdruck, unterstreichen ihre Persönlichkeit, grenzen sich von anderen ab. Bestimmte Kleidung kann die Zugehörigkeit zu einer Religionstradition dokumentieren.

Religiöse Kleidervorschriften sind oft Teil einer umfassenden, das Leben der Menschen betreffenden Ordnung. Die herrschende Mode wird kritisiert, wenn sie als zu pompös und zu wenig bescheiden empfunden wird. Sittlichkeit und Reinheit sollen angesichts einer zu freizügigen Bekleidung bewahrt werden. Die Folge sind häufig dunkle Farben und ein Minimum

Südamerikanische Dominikanerinnen bei der Andacht im Santa Catalina Kloster im peruanischen Arequipa

Der russisch-orthodoxe Patriarch von Moskau und ganz Russland, Alexis II. (Mitte) in vollem Ornat: goldenes Gewand, darüber das Omophorion (Schulterstola) und auf dem Kopf die Mitra, eine mit Edelsteinen geschmückte hohe Mütze.

an modischer Ausschmückung. Beispiele dazu findet man im calvinistischen Genf und im puritanischen England. Zur Regierungszeit Oliver Cromwells (reg. 1653 bis 1658) waren Männern lange Haare beziehungsweise Perücken verboten. Jegliches Make-up war Männern und Frauen untersagt. Damit wollte man sich von der Mode des Hochbarock abgrenzen.

Die katholische Kirche setzte sich Anfang des 20. Jahrhunderts für eine fast den ganzen Körper bedeckende Kleidung für Frauen und Mädchen ein. Bis in die 1970er Jahre durften Mädchen in Klosterschulen keine Hosen tragen, sofern nicht ein Rock über die Hose gezogen wurde. Scharfe Kritik übte die katholische Kirche auch am Minirock. Sie verlangt, dass Frauen die Schultern und Oberschenkel bis zum Knie bedecken, wenn sie eine Kirche betreten. Zum Teil war auch das Tragen von Kopftüchern in Anlehnung an eine Forderung des Apostels Paulus verbreitet (1. Kor 11,1–16). Heute ist dies nur noch bei Papstaudienzen üblich.

Kinder einer Familie der etwa 25 000 im Lancaster County des US-Bundesstaats Pennsylvania lebenden Amischen

Religiös begründete Kleidungsvorschriften findet man heute häufig in konservativen protestantischen Gruppen. Verlangt werden dabei ein schlichtes sittsames Auftreten und deutliche Unterscheidung der Geschlechter. Frauen sollen keine Hosen tragen.

Bei den Amischen tragen erwachsene Männer einen Vollbart ohne Schnurrbart. Frauen bedecken ihren Kopf mit einer Kappe oder einem Strohhut (*Bonnet*), wenn sie das Haus verlassen. Gemusterte Stoffe werden vermieden. Obwohl die Kleidung schlicht ist, weist sie oft gute Qualität auf. Es werden auch synthetische Stoffe vernäht, wodurch zeitaufwändiges Bügeln reduziert werden kann. Amischen ist es nicht erlaubt, Knöpfe an ihren Mänteln anzubringen. Man verwendet stattdessen Kleidernadeln oder Haken mit Ösen. Zumeist wird die Kleidung selbst gefertigt. Hemden werden jedoch auch in Läden gekauft und Mäntel als Spezialarbeit an besonders fähige Näherinnen vergeben.

ESSEN UND TRINKEN IM CHRISTENTUM

Besonderheiten der Fastentraditionen

Christliche Fastenregeln verbieten zwar den Verzehr bestimmter Speisen an Bußtagen, und bis heute wird in traditionellen katholischen Familien an Freitagen aus Trauer über die Kreuzigung Jesu kein Fleisch verzehrt. Dennoch haben die großen Kirchen im Gegensatz zu anderen Religionen keine vergleichbaren Speisevorschriften für den Alltag entwickelt. Die Evangelien erzählen mehrmals von der Sättigung von Bedürftigen und Hungrigen:

Das Abendmahl stärkt den Bund von Jesus mit seinen Jüngern – „Einsetzung des heiligen Abendmahls“, Ölgemälde von Justus van Gent, 1473

Um 1630 entstand das Gemälde „Der heilige Hugo im Kartäuserkloster" des spanischen Malers Francisco de Zurbarán (1598–1664).

bei der Speisung der Fünftausend (Mk 6,30–44) und der Hochzeit von Kana (Joh 2,1–11). Von Jesus wird erzählt, dass er mit „Zöllnern und Sündern isst und trinkt" (Mk 2, 16).

Besondere Mahlzeiten

Beim Abendmahl spielt Essen und Trinken eine zentrale Rolle. Zunächst war das Abendmahl in Gestalt des Agapemahls eine sättigende Mahlzeit. Beim gemeinsamen Speisen erinnerte man sich an die letzte Mahlzeit Jesu mit seinen Jüngern. Später trennte sich das Agapemahl von der Eucharistiefeier, blieb jedoch als Gemeinschaftsmahl und Armenspeisung erhalten. Aus der gemeinsamen Abendmahlsfeier entwickelte sich der christliche Gottesdienst. Das Teilen und Verzehren von Brot und Wein – beides Grundnahrungsmittel des Mittelmeerraums – hat bis heute für Christen eine vielschichtige religiöse Bedeutung.

Die Klosterregeln schreiben gemeinsame verpflichtende Mahlzeiten für die Mitglieder der Ordensgemeinschaften vor. Klöster pflegten Getreide-, Obst- und Weinanbau und entwickelten oft eine schmackhafte Küche. In mittelalterlichen Klöstern wurde Gastfreundschaft gepflegt. Die Mönche versorgten Pilger und Reisende mit Brot, Wasser, Salz, Essig und Öl, wenn möglich auch mit einer warmen Mahlzeit und einem landesüblichen Getränk wie Wein, Bier und Apfelmost.

Die christliche Fastentradition

Das Christentum wertet Essen und Trinken als Grundbedürfnisse des natürlichen Lebens. Von Anfang an bestand ein enger Zusammenhang mit der Fastenpraxis. Denn dem Fasten und der Enthaltsamkeit ging häufig ein besonderes Festessen voraus.

„Fasten und Essen müssen auf eine Weise geschehen, die der Frömmigkeit angemessen ist" – heißt es in den Mönchsregeln des Basilius von Caesarea. Sie bewerten Enthaltsamkeit, „als ein Zeichen dafür, dass man mit Christus gestorben ist". Doch gelten Speisen gleichzeitig als von Gott erschaffene Güter, damit der Mensch sie dankbar isst. Eine ausgewogene Ernährung gilt als notwendig, um gesund zu bleiben und im Sinne Gottes arbeiten zu können.

Oft werden neue Lebensabschnitte durch ein unterschiedlich lang andauerndes Fasten eingeleitet. Die frühen Christen fasteten vor der Taufe. Katholische Christen pflegten sich vor dem Empfang der Eucharistie ebenso von Essen und Trinken zu enthalten wie die Priester vor ihrer Weihe.

Eine Nonne bei der Arbeit im Garten des Klosters Frauenchiemsee

Fasten kann eine Vorbereitung auf die Begegnung mit dem Heiligen oder Göttlichen sein. 40 Tage und Nächte fastete Mose auf dem Sinai, bevor ihm Gott die Gebote offenbarte. Der Prophet Elia fastete, bevor er im Flüstern des Windhauchs schließlich Gottes Stimme vernahm. Jesus ging in die Wüste, fastete 40 Tage und Nächte und verkündete danach öffentlich seine Botschaft vom Reich Gottes. Fasten dient auch zur Sühne einer Schuld. Der

Mensch möchte durch sein Fasten Gott gnädig stimmen. Nachdem der Prophet Jona den Bewohnern der Stadt Ninive Gottes Strafgericht angekündigt hatte, glaubten die Leute an Gott und riefen ein Fasten aus.

Fasten wurde generell als Ausdruck persönlicher und gesellschaftlicher Umkehr, Besinnung und Sühne begangen. Die Hebräische Bibel erwähnt ein Trauerfasten im Zusammenhang mit König David, der nach dem Tod Sauls, Jonathans und Abners und angesichts seines sterbenden Kindes fastete.

Völlerei ist nach katholischer Auffassung eine der sieben Todsünden. Für katholische Christen lautet das dritte Kirchengebot: „Du sollst die gebotenen Fastentage und Abstinenztage halten!“ Alle Freitage und der Aschermittwoch sind Abstinenztage. Sie gelten für katholische Christen im Alter von 14 bis 60 Jahren. Für das Fasten und die Fleischabstinenz sind im Laufe der Zeit viele Gründe geltend gemacht worden: der Gedanke der Buße, die Überwindung fleischlicher Begierde, die Reinigung vor der Gottesbegegnung, auch die wohltuende Wirkung für den Körper.

Drei Griechen in der traditionellen Tracht ihres Landes braten Osterlämmer am Spieß.

REZEPT FÜR EINEN PASHKA

Eine typische Osterspeise der Russisch-orthodoxen Kirche ist Pashka, eine Art Käsekuchen: Symbol der Auferstehung. Er wird zum Ostergottesdienst mit in die Kirche genommen und dort gesegnet. Wenn die Gemeinde nach Hause geht, wird etwas Pashka gegessen, um das Fasten zu brechen.

Zutaten:
500 g Speisequark
100 Butter
100 Zucker
1/4 l Sahne
3 Eigelb
50 g Rosinen
50 g gehackte Mandeln
100 g kandierte Früchte
bunte Zuckerperlen

Nach dem Öffnen der Quarkpackung Molke abgießen. Rosinen mit heißem Wasser übergießen. Butter mit Eigelb und Zucker schaumig rühren. Quark, Sahne, Rosinen und Mandeln untermischen. Die Masse in einen ausgekleideten Blumentopf füllen, 24 Stunden trocknen lassen. Der Topf wird in eine Schüssel gestellt, weil Flüssigkeit austritt. Dann wird die Masse mit einem Tuch bedeckt und mit einer mit einem Stein beschwerten Untertasse abgedeckt, um den Trockenvorgang zu beschleunigen. Die fertige Pashka wird auf eine Platte gestürzt, mit Früchten und Mandeln verziert. Man kann auch mit Zuckerperlen die Buchstaben X und B hineindrücken. Das bedeutet Christus woskresje: „Christus ist auferstanden“.
(Rezept nach Gertrud Wagemann)

Fasten in der orthodoxen Kirche

Die orthodoxe Kirche setzt dabei andere Schwerpunkte als die römisch-katholische: Orthodoxe Christen fasten in erster Linie als Trauer über die Sünde und um ihren Geist über die Lust der Welt zu erheben. Zu Beginn der Passionszeit wird in allen Gemeinden der syrisch-orthodoxen Kirche feierlich der „Apostolische Fastenhirtenbrief“ vorgelesen, in dem die Daten der Fastenzeit und der Ostertage verkündet werden und zu einem ernsten Wahrnehmen des Fastens aufgerufen wird. Die Gläubigen fasten sechs Wochen lang von montags bis freitags bis zum Sonntag vor Ostern. Je nach ihrer körperlichen Verfassung und persönlichen Entscheidung nehmen sie bis zum späten Nachmittag nichts, anschließend nur vegetarische Kost zu sich.

Ende der Fastenzeit

Am Ende der Fastenzeit feiert die Christenheit Ostern. Als die Fastenzeit noch strenger eingehalten wurde, war Ostern für viele der Tag, an dem zum ersten Mal nach langer Zeit Fleisch und Eier verzehrt werden durften. Die Fastnacht vor der Fastenzeit war oft die letzte Gelegenheit, üppiger zu essen. Viele Rezepte zu den Karnevals- und Faschingstagen erinnern daran.

Die christliche Fastenzeit endet mit dem Ostergottesdienst. Bei den orthodoxen Christen beginnt der Ostergottesdienst um Mitternacht. In Griechenland trifft man sich danach zur Ostersuppe, die aus Zwiebeln, Gemüse und den Innereien der Osterlämmer gekocht wird. Überall im Land werden die Osterlämmer mit Öl, Oregano und Salz bestrichen und stundenlang über dem Feuer geröstet. Die Ordensmitglieder haben in der Fastenzeit nicht nur auf Fleisch und Fisch verzichtet, sondern die Woche über auch kein Öl zum Kochen verwandt. Für Mittelmeerbewohner ist dies ein echter Verzicht. Auch deshalb stellt das Osterlamm ein besonderes Festessen dar.

„Das letzte Abendmahl" des niederländischen Renaissance-Malers Lucas van Leyden (um1494–1533)

DIE CHRISTLICHE GESUNDHEITSAUFFASSUNG

Wohlergehen für Leib, Seele und Geist

Gesundheit und Heilung ist ein wichtiges Thema der Theologie. Der christliche Gesundheitsbegriff bezieht sich auf ganzheitliche Gesundheit von Leib und Seele. Zwar wird Jesus im Neuen Testament nicht als Arzt beschrieben, doch ist er trotzdem eine Heilergestalt, die körperlich und seelisch Kranken hilft. In der Missionspredigt der ersten Jahrhunderte war jedoch die Bezeichnung „Christus der Arzt" verbreitet. Die Kirche wurde als Krankenhaus, die Sakramente als Medizin und die richtige Theologie als Arzneikasten gegen Irrglauben bezeichnet.

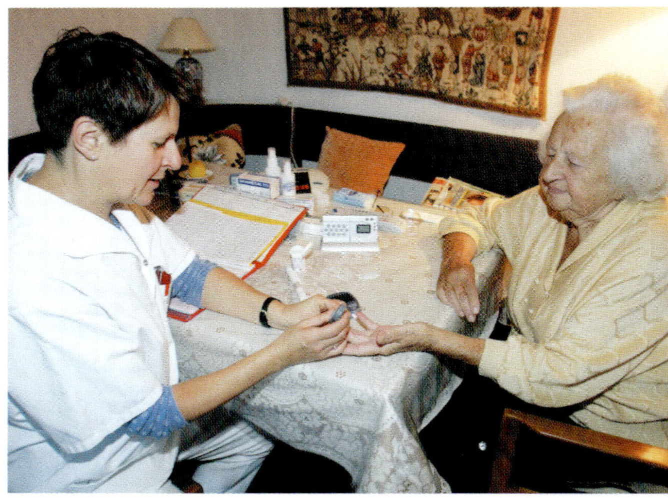

Eine Krankenschwester der häuslichen Alten- und Krankenpflege der Diakonie Freiburg betreut eine Seniorin.

Zusammenspiel von Leib und Seele

Seit der frühen Geschichte des Christentums gibt es eine Traditionslinie der Leibverachtung, die durch die griechische Philosophie (Stoiker, Pythagoreer), die Gnosis und die Manichäer beeinflusst war. Doch gilt in der Bibel der Körper als gute Gabe Gottes wie Seele und Geist.

Wesentliche Impulse für eine christlich begründete Wertschätzung des Körpers und naturgemäße Medizin gaben die Äbtissin Hildegard von Bingen (1098–1179) und Paracelsus (1493–1541). Neben historischen Abhandlungen und geistigen Liedern verfasste Hildegard von Bingen auch Bü-

Hildegardstatue aus der katholischen Kirchengemeinde Mutter vom Guten Rat in Frankfurt, zweite Hälfte des 15. Jahrhunderts

cher über Naturheilkunde. Aufgrund ihres umfangreichen Wissens wurde sie sehr geschätzt. Einfache und hoch gestellte Personen ließen sich von ihr beraten. Gerade heute findet ihr Naturheilverfahren zunehmend Beachtung.

Zahlreiche Bestimmungen der christlichen Ethik propagieren einen gesunden Lebensstil. Oft werden asketische Verhaltensweisen gefordert, zum Beispiel Fasten und Fleischabstinenz an bestimmten Tagen. Mittelalterliche Ordensregeln enthielten ausführliche Angaben zu Essen, Trinken, Erholung und Hygiene.

Die ganzheitlich Leib, Geist und Seele umfassende Gesundheitsausrichtung des Christentums ermöglicht es, dass Krankheiten relativiert und sogar als Heilsweg begriffen werden. Glaubens- und Wunderheilungen spielen vor allem für die Pfingstkirchen eine wichtige Rolle.

Martin Luther forderte die Gläubigen auf, den Leib als Tempel des heiligen Geistes in Ehren zu halten. Von diesem Beispiel geprägt entwickelte das protestantische Pfarrhaus auch in Fragen der Gesundheitserziehung Vorbildcharakter. Auf Grundlage der Reformation entstanden im 18. und 19. Jahrhundert der Pietismus und die Philosophie des Idealismus. Beide Richtungen gingen davon aus, dass der Körper sich dem Willen des Geistes unterwerfen müsse. Nach pietistischer Auffassung hat sittliche Reinheit die Pflege der körperlichen Reinheit als Voraussetzung. Paracelsus gebührt das Verdienst, den Leib als eigenständigen Wert anerkannt zu haben. In seiner Nachfolge entstanden innerhalb und außerhalb der Kirche zahlreiche Naturheilverfahren.

Klöster veranstalten Fasten- und Einkehrwochen, die von Ärzten und Seelsorgern geleitet werden. So schuf zum Beispiel der Nazoräer-Orden, inspiriert von Carl Anders Skriver (1903–2003), bei Tuttlingen ein Zentrum, in dem streng nach Vegana-Regeln gelebt wird. Die Nazoräer fühlen sich mit den ersten Christen geistverwandt und wollen das Urchristentum im Sinne des wahren Christentums in den christlichen Kirchen und Gemeinschaften erneuern.

Traditionen der Krankenpflege

Die aus der Nächstenliebe gebotene Zuwendung zu Kranken ließ eine lange Tradition kirchlich institutionalisierter Krankenpflege entstehen. Herausragende Personen, die sich aus christlichen Motiven der Krankenpflege widmeten waren zum Beispiel die englische Krankenschwester Florence Nightingale (1820–1910) und die unter dem Namen Mutter Teresa bekannt gewordene Nonne Agnes Gonxhe Bojaxhiu (1910 bis 1997).

1836 gründete der evangelische Pfarrer Theodor Fliedner (1800–1864) auf der Insel Kaiserswerth eine Diakonissenanstalt, die

Die tief religiöse englische Krankenschwester Florence Nightingale (1820–1910; Mitte) gilt als Pionierin der modernen Krankenpflege.

Das Gemälde „Der barmherzige Samariter" von Francesco Bassano (1549–1592) entstand um 1575 nach Lukas 10, 25–37.

gleichzeitig ein Krankenhaus und eine Ausbildungsstätte darstellte. Diakonissen wollen Notleidenden im Namen Christi unterstützen. Die Diakonissen bilden bis heute eine sozialpflegerisch ausgebildete Schwesterngemeinschaft. Der Begriff Diakon stammt aus dem Griechischen und bedeutet „Diener". In der altchristlichen Kirche war der Diakon ein dem Bischof unterstellter Gehilfe beim Gottesdienst und bei der Armenpflege. Im 19. Jahrhundert setzte sich durch die Innere Mission der Gedanke durch, dass soziale Hilfe eine wesentliche Aufgabe der Kirche sei. Damit gewann der Diakon als Laiengehilfe und Sozialarbeiter

GESUNDHEITSVORSTELLUNGEN CHRISTLICHER SONDERGEMEINSCHAFTEN

In der 1879/82 von Mary Baker Eddy (1821–1910) in Boston/USA gegründeten Religionsgemeinschaft Christian Science (Christliche Wissenschaft) spielt ein praktisch verstandener Gesundheits- und Heilungsgedanke eine wesentliche Rolle. Mary Baker Eddys Hauptwerk „Wissenschaft und Gesundheit mit Schlüssel zur Heiligen Schrift" (1875) versteht Gott als Geist, und allein das Geistige gilt als Wirklichkeit. Geistige Kräfte können Krankheiten, seelische Probleme und äußere Widrigkeiten verhindern. Neben den so genannten „Ausübern" gibt es „Pfleger" und „Lehrer", die in Lehre und Anwendung der Christlichen Wissenschaft unterweisen.

Für die Lebensführung der Siebenten-Tags-Adventisten gelten strenge Vorschriften: Gemieden werden sollen weltliche Vergnügungen wie zum Beispiel Kino, Theater und Kartenspiel. Über 80 Prozent der Gläubigen rauchen und trinken nicht. Etwa die Hälfte der Adventisten befolgt eine lacto-ovo-vegetarische Diät (vegetarisch, mit Milch und Eiern). Man hält sich an die auch für Juden verbindlichen Speisegebote, wie sie im 3. Buch Mose niedergelegt sind. Im Gesundheitswesen haben die Adventisten Vorbildliches geleistet. Medizinische Untersuchungen bestätigen immer wieder, dass sie die gesündeste Volksgruppe in den USA sind.

an Bedeutung. Auch in der katholischen Kirche wurde das Amt des Diakons, zu dem auch verheiratete Männer mit Zustimmung der Ehefrau geweiht werden dürfen, nach dem Zweiten Vatikanischen Konzil wieder belebt. Im 19. Jahrhundert schlossen sich protestantische Laienchristen im Zeichen des Kreuzes zu freiwilligen Hilfsorganisationen zusammen. Das Rote Kreuz dient heute noch der Pflege von Kranken.

Johanniter und Samariter

Auch christliche Ordensgemeinschaften wie die Johanniter kümmern sich bis heute um Kranke. Diese Ordensgemeinschaft, deren Ursprung ein altes Hospital für Pilger und Kranke in Jerusalem war, besaß ursprünglich die Aufgabe eines bewaffneten Grenzschutzes und verfügte über einen eigenen Ritterstaat auf Rhodos. Später widmete er sich hauptsächlich der Krankenpflege. Die Vereinigungen der Samariter wurden Ende des 19. Jahrhunderts gegründet, um Erste Hilfe in Notfällen zu leisten. Der Name des Dienstes geht auf das biblische Gleichnis vom Barmherzigen Samariter (Lk 10,30ff.) zurück. Heute arbeiten Samariter vor allem im Gesundheitswesen, beim Rettungsdienst und im Katastrophenschutz.

Diakonissen des Potsdamer Diakonissenhauses der gemeinnützigen Diakoniegesellschaft Hermannswerder. Die Gesellschaft wurde 1901 von der Teppichfabrikantenwitwe Clara Hoffbauer zum Andenken an ihren Mann als Hoffbauer-Stiftung gegründet.

Die Einstellung zum Sport

Bewegung als religiöse Erfahrung

Im Neuen Testament findet man kaum Aussagen zur sportlichen Betätigung. Gleichwohl genießt der menschliche Körper eine besondere Wertschätzung. Paulus spricht in 1. Kor 6, 19–20 von der Pflicht, Gott im Leib zu verherrlichen. „Wisst ihr nicht, dass die Läufer im Stadion zwar alle laufen, aber dass nur einer den Siegespreis gewinnt? Lauft so, dass ihr ihn gewinnt". (1. Kor 9, 24)

Im Mittelalter waren Turnier- und Ritterwettkämpfe ein Privileg des Adels, spielten daher in der Erziehung der Knappen eine wichtige Rolle. In den Klosterschulen trieb man Leibesübungen. Der schweizer Reformator Zwingli verlangte Übungen im Laufen, Springen, Steinstoßen, Fechten und Ringen in der Erziehung. Erst während der Aufklärungszeit im 17. und 18. Jahrhundert beschäftigten sich evangelische Theologen grundsätzlicher mit dem Sport.

Sportliche Tätigkeiten in der freien Natur, wie zum Beispiel Laufen, können nicht nur tiefe Glücksmomente, sondern auch spirituelle Erfahrungen auslösen.

Bischof Johann Amos Comenius (1592 bis 1670) betonte die besondere Bedeutung der Leibesübungen für die Entwicklung des Menschen. Der Puritanismus leistete einen wichtigen Beitrag zur englischen Sportbewegung des 17. Jahrhunderts. Bis zur Mitte des 18. Jahrhunderts wurde planmäßige Körpererziehung nur an den Ritterakademien des Adels und zum Teil auch an den Jesuitenschulen betrieben. Eine Änderung erstrebten die von Humanismus und Aufklärung geprägten Philanthropen. 1793 verfasste Johann Christoph Friedrich GutsMuths (1759–1839) 1793 seine „Gymnastik für die Jugend", das erste Lehrbuch der körperlichen Erziehung. Der Sport sollte zur Erziehung der Menschheit beitragen, der körperlichen Ertüchtigung dienen und den Menschen als Ganzen formen.

Im Katholizismus entstand auf dem Hintergrund der Kolpingbewegung 1920 die „Deutsche Jugendkraft" (DJK), der „Reichsverband für Leibesübungen in katholischen Vereinen". Sie ist Mitglied für besondere Aufgaben im Deutschen Olympischen Sportbund (DOSB). 1927 wurde der „Katholische Reichsverband für weibliche Körperpflege" gegründet und 1911 in Nancy die „Fédération Internationale Catholique d'Education Physique et sportive" (FICEP). Ausgehend von der Botschaft des Evangeliums setzt sich die Organisation für die Pflege menschlichen Miteinanders über alle Grenzen hinweg ein. In der Pädagogik Don Boscos (1815–1888) war Sport seit Beginn wesentlicher Bestandteil. Seit 1990 werden jährlich „Internationale Sportspiele der Salesianer" in unterschiedlichen Metropolen Europas veranstaltet. Die Spiele 2007 fanden in Duisburg statt.

Für beide großen Kirchen Deutschlands ist Sport ein bedeutsames Thema. Katholische Bistümer unterhalten Arbeitskreise für Kirche und Sport, besitzen eigene Referenten. Es gibt Olympiapfarrer und seit der Fußballweltmeisterschaft 2006 einen „WM-Beauftragten der Evangelischen Kirche in Deutschland (EKD)". In den Mit-

Darstellung eines Turnierfestes aus der von Jean Froissart (1337–1405) in Brügge verfassten Cronique de Froissart Harley

gliedsverbänden des ökumenisch ausgerichteten „Christlichen Verein(s) Junger Menschen" (CVJM) sind Sportarbeitskreise eingerichtet. Johannes Paul II. ließ 2004 eine „Arbeitsstelle für Sport innerhalb des Päpstlichen Rates für die Laien" errichten. Die Zusammenarbeit der Kirchen beim Sport ist institutionell weit fortgeschritten. 1990 gaben die Deutsche Bischofskonferenz und die EKD eine gemeinsame Erklärung zum Sport ab: „Sport und christliches Ethos". Dabei wurden der Freizeit- und Breitensport als gesundheitlich sinnvoll betrachtet und auf die Wichtigkeit des sozialen Verhaltens beim Sport hingewiesen.

Der französische Historiker und Pädagoge Pierre de Frédy, Baron de Coubertin (1863–1937), setzte sich ab 1880 für die Wiederaufnahme der Olympischen Spiele ein und gründete 1884 das Internationale Olympische Komitee.

1998 erschien das weltweit erste und einzige Lexikon „Ethik im Sport", herausgegeben von beiden Kirchen wie auch die Broschüre „Mittendrin" (2006) zur seelsorgerlichen Unterstützung der deutschen Olympia- und Paralympics-Teams.

„Als ich einst in den kanadischen Rocky Mountains beim alpinen Skifahren war, blickte ich einmal zum Gipfel des Berges auf, fuhr über den Kamm und glitt in ein dahinterliegendes Becken. Innerhalb von Sekunden entdeckte ich mich gänzlich allein in einem sich weit ausdehnenden Raum mit den zackigen Gipfeln, die sich über mir türmten; kein anderer Skiläufer war zu erblicken und kein Ton zu vernehmen. Während geraumer Zeit stand ich wie versteinert da. Für solche Momente, in denen man mit einem Gespür für das Heilige erlebt, wie das Göttliche durch natürliche Ereignisse durchbricht und sie verklärt, verwendet die Schrift das Wort ‚Theophanie'. (...) Selbst jetzt noch, nach Jahren, kann ich mich an dieses Erlebnis und diese Gefühle mit erstaunlicher Klarheit erinnern. Ich habe dafür kein anderes Wort als ‚mystisch'."
(Thomas Ryan: Auf dem Weg zu einer Spiritualität für Sportler, in: Concilium 25 [1989], S. 441)

Der französische Baron Pierre de Coubertin (1863–1937) rief die Olympischen Spiele der Neuzeit ins Leben, die erstmals 1896 in Athen stattfanden. Dem Baron schwebte der Gedanke vor Augen, männliche Jugendliche für den aktiven Sport zu gewinnen, um diese durch sportliche Betätigung für den Dienst an der Waffe tauglich zu machen. Kriegsertüchtigung angesichts der französischen „Schmach" von 1870/71 gegenüber den Preußen einerseits und religiöse Überhöhung anderseits kennzeichnen das Anliegen des Barons. In moderner Gestalt wollte er die antiken Spiele erneuern, und er verstand sie ausdrücklich religiös. Im Athleten sah er eine „Art Priester der Muskelreligion", der olympische Kult waren die Zeremonien.

Sport und Ethik

Die christliche Ethik beschäftigt sich mit den für den Sport verbindlichen Grundsätzen, Werten und Normen. Dabei ist von ethischer Bedeutung, dass bestimmte Menschenrechte die Unversehrtheit des menschlichen Körpers thematisieren. Die in den Menschenrechten verankerten Rechte auf Leben, das Recht auf Bewegungsfreiheit, körperliche Unversehrtheit, das Verbot der Folter, das Recht auf Nahrung und Gesundheit gelten auch in der christlichen Ethik als verbindlich.

Christliche Ethik befürwortet auch Methoden, den als positiv gewerteten Körper gesund zu erhalten. Abgesehen von sportlicher Betätigung zählen hierzu auch ein gesunder Lebensstil, ausgewogene Ernährung und ausreichende körperliche Erholung. Der Sport trägt somit dazu bei, den Körper gesund zu erhalten.

Da der Mensch ein soziales Wesen ist und Sport auch mit anderen Menschen zusammen betreibt, kann eine christliche Ethik im Hinblick auf den Verein, die Gruppe oder

Der „Vater des deutschen Schulturnens und pädagogischen Spiels" Johann Christoph Friedrich GutsMuths (1759–1839). Mit seinem Hauptwerk „Gymnastik für die Jugend" von 1793 versuchte er, Körperbildung und Sport in die Schule zu bringen.

die Mannschaft Rücksichtnahme, Teamgeist und Fairplay befürworten.

Katholische wie evangelische Sozialethiker vertreten das Anliegen, soziale Ordnung zu gestalten und gerechte Normen in Gesellschaften zu verwirklichen. Das schließt ein Engagement in den Bereichen ein, wo die Sportausübung einen Beitrag zur Gesundheitsförderung leistet und deshalb eine positive gesellschaftliche Komponente besitzt.

Sport als religiöse Erfahrung

Im Unterschied zum religiösen Kultlauf als Bestandteil der Verehrung des Zeus oder anderer Gottheiten sprechen manche Interpreten bei den olympischen Spielen auch dem nicht-direkt kultischen Laufen – ebenso wie anderen Sportarten – einen existentiellen oder religiösen Sinn zu. Der katholische Theologe Thomas Ryan betrachtet sportlichen Übungen als „Disziplinen des geistlichen Lebens“. Sie versehen die eigene Person mit Qualitäten, die auch das geistliche Leben fördern. Existenzphilosophisch gedeutet, enthüllt Sport die menschliche Grundexistenz, führt den Sportler zum „authentischen Sein“, zur „wahren Existenz“. Das Erleben, ganz hingebungsvoll eine Tätigkeit auszuüben, hat der ungarisch-amerikanische Psychologe und Glücksforscher Mihalyi Czikzentmihalyi flow („Fließen“) genannt. Er hat sich gefragt, warum Menschen „viel Energie für eine Aktivität aufwenden, welche nach konventionellen Maßstäben nur minimale Belohnungen mit sich bringt“. Bei Flow-Erlebnissen verschmelzen „Handlung und Bewusstsein“. Es sind Aktivitäten „in einem Bereich jenseits von Langeweile und Angst“, die „verlässliche Flow-Erlebnisse vermitteln“. Eher selten kommt es – beim „intensiven Spiel“ oder beim risikoreichen Klettern im Fels – zum Erleben eines „tiefen flow“, dessen Grenzen zum Religiösen, Ekstatischen, Visionären und Mystischen offen sind. Einige von Czikzentmihalyi präsentierte Gefühlserlebnisse lassen auf solche „numinosen“ Erfahrungen schließen. Beim sportlichen Wettbewerb und Fitnesstraining können transzendente, religiöse, ekstatische Erfahrungen entstehen. In der Literatur von Spitzensportlern, etwa Bergsteigern, wird das „Fließen“ in den Rang einer religiösen Tätigkeit gehoben und generell für den Sport in Anspruch genommen. Der Philosoph Hans Lenk (geb. 1935) hat solche „hochaktiven Trance-Zustände intrinsisch motivierender Art … auch für eine normale Sportart wie das Rudern aus eigenem Erleben beschrieben“.

Bergsteiger an der Eigernordwand in den Schweizer Alpen. Auch Bergsteigen ist eine sportliche Betätigung, bei der sich ein Flow-Erlebnis einstellen kann, ein Gefühl der Selbstvergessenheit, bei dem Handlung und Bewusstsein sozusagen verschmelzen.

Gerade das Laufen – als Dauerlauf oder Jogging – gilt manchen als dazu prädestiniert, die Sinne wach zu halten, bewusst zu werden, ja Gott zu erfahren (Thess 5,17f.).

Die Kirchen bieten spezielle Übungen geistlichen Lebens – Exerzitien – an, die Grundgedanken wie zur Ruhe kommen, über sich selbst und den eigenen Lebensweg nachdenken mit Bewegungselementen verbinden. Sport gilt als probates Medium, um Entspannung, persönliche Belastungsfähigkeit, Konzentration auf sich selbst, Wahrnehmung von Grenzen, kooperatives Miteinander zu erleben. Für besonders günstig gelten Schwimmen, Joggen, Walken, Wandern, Rad- und Kanufahren.

Die Haltung zum Umweltschutz

Biblischer Herrschaftsauftrag und Umweltkrise

Zehntausende von Wasservögeln verendeten, als der Öltanker Exxon Valdez 1989 havarierte und eine riesige Ölpest an der Küste Alaskas verursachte.

Es ist eine Grundaussage des Christentums, dass Gott „Himmel und Erde" geschaffen hat. Der in der alttestamentlichen Schöpfungserzählung formulierte Herrschaftsauftrag des Menschen über die Schöpfung begründet seine Sonderstellung gegenüber der übrigen Natur.

Biblische Schöpfungsaussagen und ihre theologischen Folgen

Der Mensch ist Gottes Ebenbild und von seinem Schöpfer bevollmächtigt, über die Natur zu herrschen und sie für seine Zwecke zu nutzen. In 1. Mose 2,15 ist aber die Rede davon, dass der Mensch sorgsam mit der Natur umgehen, sie bebauen und bewahren soll. Trotzdem hat im christlichen Abendland die Herrschaft des Menschen über seine natürliche Umgebung zum Teil katastrophale Folgen gehabt. In der ökologischen Diskussion der 1970er Jahre haben manche die Transzendenz des Schöpfers und die Sonderstellung des Menschen für die Umweltkrise verantwortlich gemacht.

Anders als einige antike Umweltreligionen sieht die biblische Schöpfungserzählung Gott als von seiner Schöpfung unterschieden und geschieden. Er ist transzendent und thront über der entgöttlichten Schöpfung. Während in der Antike Sonne, Mond und Sterne selber Gottheiten darstellten, sind sie für die Schöpfungserzählung der Bibel nur noch dem Menschen dienende „Lampen" und „Zeitanzeiger". Der Herrschaftsauftrag (dominium terrae) kann sich in gewaltsamer Unterwerfung und rücksichtslosem Ausbeuten äußern, wenn der Mensch sich nicht in eine von Gott geheiligte Schöpfung als Geschöpf unter anderen Geschöpfen eingebunden fühlt.

Im Neuen Testament werden Schöpfer und Schöpfung noch enger zusammengeschlossen. Die unmittelbare Beziehung von Gott und Natur, der nicht nur über, sondern in seiner Schöpfung gegenwärtig ist, liefert eine besondere Begründung, die Natur um Gottes willen zu erhalten. Aufklärungsphilosophen hoben den Menschen aus der übrigen Natur heraus und lehrten, dass dieser auch keinem Gott mehr Re-

Und Gott sprach: Lasset uns Menschen machen nach unserem Bilde, uns ähnlich; die sollen herrschen über die Fische im Meer und die Vögel des Himmels, über das Vieh und alles Wild des Feldes und über alles Kriechende, das auf der Erde sich regt. Und Gott schuf den Menschen nach seinem Bilde, nach dem Bilde Gottes schuf er ihn; als Mann und Weib schuf er sie. Und Gott segnete sie und sprach zu ihnen: Seid fruchtbar und mehret euch und füllet die Erde und machet sie euch untertan, und herrschet über die Fische im Meer und die Vögel des Himmels, über das Vieh und alle Tiere, die auf der Erde sich regen (...) Und Gott sah alles, was er gemacht hatte, und siehe es war sehr gut.
(1. Mose 1,26–28.31)

Der deutsche Arzt, evangelische Missionar, Theologieprofessor und Bach-Forscher Albert Schweitzer (1875–1965) an Bord eines Schiffes während einer Reise nach Afrika.

chenschaft schulde. Für Francis Bacon (1561–1626) und René Descartes (1596 bis 1650) liefert der biblische Herrschaftsauftrag Argumente für die Ausbeutung der Natur. Doch hat der christliche Glaube andererseits die als göttlich verstandene Natur auch vor Ausbeutung bewahrt. Die Entgötterung der Natur und die Herrscherstellung des Menschen führten so lange nicht zur Zerstörung der Umwelt, wie der Mensch sich als ein Gott verantwortliches Wesen verstand. Im Kontext der Umweltkrise setzten sich zahlreiche Theologen mit der Kritik an den ruinösen Folgen des einseitig verstandenen Herrschaftsauftrages auseinander. Die monokausale Ableitung der Umweltkatastrophe aus Texten der Bibel ist kurzschlüssig, übersieht viele andere gesellschaftliche, wirtschaftliche, kulturelle Prägekräfte.

> *Und Gott der Herr nahm den Menschen*
> *und setzte ihn in den Garten Eden,*
> *dass er ihn bebaue und bewahre.*
> (1. Mose 2,15)

Christlich geprägte Umweltethik

Inzwischen bestehen über die Konfessionen hinweg Bemühungen um eine christlich geprägte Umweltethik. Sie äußern sich in theologischen Neuorientierungen, allgemeinen Erklärungen sowie Aktionen und Initiativen der Kirchen.

Angesichts der verheerenden Umweltzerstörung steht fest, dass der Gedanke des „Bebauens und Bewahrens“ der Erde stärker in den Vordergrund treten soll. Die meisten Theologen sind sich heute darin einig, dass die menschliche Herrschaft nicht zerstörerisch sein darf und der Mensch in seiner Rolle als Gottes Ebenbild verantwortlich mit der Natur umzugehen hat. Menschenwürde und Ausbeutung der Schöpfung stehen im Widerspruch zueinander.

Für viele Umweltethiker bildet der Mensch den Mittelpunkt der Schöpfung. Wenn er sich für den Umweltschutz engagiert, schütze sich der Mensch in erster Linie selbst, seine Gesundheit und Lebens-

Plakat des bischöflichen Hilfswerks Misereor, das im Juni 2002 auf einem von Misereor und dem Bund für Umwelt und Naturschutz (BUND) veranstalteten Kongress zu sehen war.

Gebhard Fürst, der Bischof der Diözese Rottenburg-Stuttgart, präsentiert am 17.4.2002 die auf dem Dach des Bischofshauses installierte Photovoltaikanlage.

qualität. Selten werden Tiere und Pflanzen, Luft und Wasser um ihrer selbst willen geschützt und wird der Natur ein Eigenwert zuerkannt. Dies würde nämlich bedeuten, dass sich der Mensch sich nicht mehr als das Maß aller Dinge begreift und die Umwelt zur natürlichen Mitwelt wird.

Für eine gerechtere Verteilung

Verstärkt wird heute die Position vertreten, dass die biblisch begründete Sonderstellung des Menschen nicht nur anthropozentrisch, also auf den Menschen bezogen, auszulegen ist. Der Umwelt wird ein eigenständiger Wert zuerkannt, man betont die Schönheit der außermenschlichen Schöpfung und plädiert für die gerechte Verteilung der Umweltgüter.

Christlich verantwortetes Handeln soll umweltverträglich sein. Diese Forderung beinhaltet sowohl die Sicherung der natürlichen Lebensgrundlagen des Menschen wie auch Schutz und Sorgfalt gegenüber der Natur. Diese Fürsorge soll einen Eigenwert besitzen, der sich nicht auf den Nutzen für den Menschen beschränkt.

Einige Theologen betonen das unmittelbare Leben und Wirken Gottes in der gesamten Schöpfung, die Erlösung der Natur durch Christus und die Botschaft vom Heiligen Geist als Zeugnis einer zukunftsoffenen Schöpfung. Eine Betrachtung der Natur als von Gott geheiligte Schöpfung wird eine Begründung dafür genannt, die Natur um ihrer selbst und um Gottes willen zu erhalten. Nach christlicher Lehre ist Gott der Schöpfer in Jesus Christus selber zum Geschöpf geworden und in der Schöpfung gegenwärtig. Die Natur ist demnach heilig, weil Gott in Jesus in sie eingegangen ist. Wenn Gott als Heiliger Geist in den evolutionären Weltprozessen wirkt, könnte die Schöpfung auch als heilig verstanden werden, ohne das naturwissenschaftliche Weltbild in Frage zu stellen. Die Gegenwart Gottes in der bedrohten Natur verleiht ihr einen göttlichen Wert und macht Zerstörung undenkbar.

Die christliche Umweltethik besinnt sich zunehmend auch auf vorchristliche Wurzeln und eigene vergessene Traditionen, wie zum Beispiel Schöpfungsaussagen in biblischen Weisheitstexten, und auf eine in der Orthodoxie verankerte, auf Harmonie setzende Naturverehrung.

Manche Christen nehmen sich Persönlichkeiten wie Franz von Assisi und Albert Schweitzer zu Vorbildern, die christliche Nächstenliebe nicht auf den Menschen eingeschränkt, sondern auf die gesamte außermenschliche Schöpfung ausgedehnt haben.

Die beiden großen Kirchen setzen sich für eine Umweltpolitik ein, übernehmen vor Ort und weltweit Verantwortung. Seit Mitte der 1970er Jahre werben die Kirchen auch für einen umweltgerechten Lebensstil, Energiesparen zu Hause und in der Gesellschaft sowie für ein umweltgerechtes Konsumverhalten.

Die Haltung zur Tierwelt

Tierfeindliche und -freundliche Traditionen

Geflügelfarm, auf der in großen Hallen Tausende von Tieren gehalten werden

Die Hebräische Bibel, der sich die jüdische und christliche Tradition verpflichtet fühlt, kennt eine Reihe von Tierschutzbestimmungen und gestattet nicht die bedenkenlose Ausbeutung der außermenschlichen Kreatur.

Biblische Aussagen

Die Schöpfungserzählungen in 1. Mose 1 und 2 beschreiben den Menschen als Herrscher über die Tiere, jedoch nicht als brutalen Ausbeuter. Dass Mensch und Tier eine Schicksalsgemeinschaft bilden, zeigt die Überlieferung von der Arche Noah: Ein Weiterleben der Menschheit scheint undenkbar, ohne dass zugleich ein Paar der wichtigsten Tiergattungen gerettet wird. Das Neue Testament enthält nur wenige Aussagen über Tiere (zum Beispiel Jesus in der Wüste bei den Tieren, Mk l.). Jesus erwähnte in seinen Gleichnissen zwar Tiere (Fürsorge Gottes auch für die Sperlinge, Mt. 10,29; die Vögel unter dem Himmel, Mt. 6,26; die Rettung von Ochs und Esel aus der Grube auch am Sabbattag, Lk 14,5), doch sprach er keine besonderen Gebote zur Behandlung von Tieren aus. In einer außerbiblischen Notiz – wahrscheinlich aus Ägypten – kritisierte Jesus einen Maultiertreiber, der sein Tier blutig geschlagen hatte.

Tierfeindliche Traditionen

Der Kirchenvater Augustinus (354–430) gehörte als junger Mann dem äußeren Kreis der asketisch lebenden und die Welt verachtenden Manichäer an. Unter diesem Einfluss trat er für eingeschränkten Fleischgenuss ein. Augustinus blieb neun Jahre lang Auditor (Hörer), dann trennte er sich von den Manichäern. Unter Berufung auf die biblischen Aussagen „Macht euch die Erde untertan!" (1. Mose 1,28) und dass Tiere „unvernünftig" seien, betonte er die besondere Position des Menschen als „Gottes Ebenbild".

Augustinus argumentierte, dass das Leiden der Tiere „den Menschen nicht (tangiert), denn das Tier entbehrt einer vernünftigen Seele und ist deshalb nicht mit uns durch eine gemeinsame Natur verbun-

„Unser Vater
Und gedenke auch unserer älteren Schwestern und Brüder, der Tiere.

Erneuere zu ihrem Schutze mit Nachdruck Dein altes Gebot des sechsten Schöpfungstages, der Mensch solle essen von den Pflanzen des Feldes,

aber nicht von den Tieren (Gen 1, 29–30).

Verbiete dem Menschen, Tiere zu töten, um sie zu essen.

Denn auch sie sind fühlende Wesen, auch in ihnen wohnt die Sehnsucht nach Leben;

unsere Weggefährten sind sie auf dem gemeinsamen Weg zur Unsterblichkeit.

Solange noch Menschen Tiere töten, werden sie auch Kriege führen.

Solange noch Menschen Tiere essen, werden sie ihre unschuldigen Opfer zu Tode quälen:

zu Hunderttausenden in den Labors und Massenzuchtanstalten,

zu Millionen in den Schlachthöfen der Städte,

zu Myriaden in den Weltmeeren.

Ihr Blutstrom darf nicht länger mehr als Nahrung dienen,

ihr Leib nicht länger mehr als Rohstoff,

ihr Leben nicht länger mehr als Lebensmittel für uns Menschen.

Verbiete uns, Herr, das tägliche Fleisch.

Das tägliche Brot gib uns heute."

(„Das Vaterunser" von Eugen Drewermann. In: Christ in der Gegenwart, Nr. 36)

den" (De moribus ecclesiae catholicae 2,12, 54,59). Das Gebot „Du sollst nicht töten" betrifft nicht „die unvernünftige Tierwelt", deren Leben und Sterben „unserem Nutzen angepasst" wird (De Civitate Dei I, 20). Tiere könnten nie den Himmel betreten, Vegetarismus sei „eine gottlose Ketzermeinung" (Vom katechetischen Unterricht 2, 29) und „sich von der Tötung von Tieren und der Zerstörung von Pflanzen zurückzuhalten" sei gar „der Gipfel des Aberglaubens".

Thomas von Aquin (1225–1274) griff diese tierfeindlichen Ideen auf und entwickelte sie weiter. Für ihn war es nicht wichtig, ob man Tiere gut oder schlecht behandelte, da sie ohnehin zum menschlichen Gebrauch und Verzehr bestimmt wären.

Gott bei der Erschaffung der Tiere des Wassers, der Erde und der Luft. Die Darstellung entstammt der in der zweiten Hälfte des 14. Jahrhunderts entstandenen Bible historiaux en françois.

Dieses zwischen 1295 und 1300 entstandene Fresco von Giotto (um 1267–1337) in der San Francesco Kirche von Assisi zeigt den heiligen Franziskus, wie er den Vögeln predigt.

Tierfreundliche Haltung

Es gibt jedoch auch eine andere, tierfreundliche Traditionslinie. Fromme Legenden beschreiben, wie in der Umgebung christlicher Heiliger der Friede zwischen Mensch und Tier wiederhergestellt ist: Wilde Tiere suchen in der Nähe von Eremiten Zuflucht, scheue Vögel erweisen sich als zahm. Franz von Assisi (1181/2–1226) sprach vom „Bruder Tier". Er kaufte Fische, um „Schwester Schleie" in das Wasser zurück zu setzen, predigte den Vögeln und zähmte den reißenden Wolf von Gubbio. Tierfreundliche Geschichten von Heiligen und Mönchsvätern werden aus Irland überliefert, wo es sogar ein kleines Kloster eigens für Tiere gegeben haben soll.

Bericht von Albert Schweitzer

„Langsam krochen wir den Strom hinauf, uns mühsam zwischen den Sandbänken – es war trockene Jahreszeit – hindurchtastend. Geistesabwesend saß ich auf dem Deck des Schleppkahnes, um den elementaren und universellen Begriff des Ethischen ringend, den ich in keiner Philosophie gefunden hatte. Blatt um Blatt beschrieb ich mit unzusammenhängenden Sätzen, nur um auf das Problem konzentriert zu bleiben. Am Abend des dritten Tages, als wir bei Sonnenuntergang gerade durch eine Herde Nilpferde hindurchfuhren, stand urplötzlich, von mir nicht geahnt und nicht gesucht, das Wort ‚Ehrfurcht vor dem Leben' vor mir. Das eiserne Tor hatte nachgegeben; der Pfad im Dickicht war sichtbar geworden".

Die Moderne

Als besonders verhängnisvoll erwies sich zu Beginn des 17. Jahrhunderts die so genannte Automatentheorie des französischen Philosophen René Descartes. Unter anderem wurde die Frage aufgeworfen, ob ein gerechter Gott Tiere unverschuldet leiden lassen könne. Da Gott gerecht ist, kann Leiden bei Tieren nicht Ausdruck einer gequälten Seele sein. Demnach wären die Zuckungen eines gepeinigten Tiers den Reaktionen einer in Bewegung gesetzten Maschine vergleichbar. Von dieser unsinnigen Auffassung ausgehend wären Tierversuche, qualvolle Massentransporte und unwürdige Tierhaltung entschuldbar.

Descartes Theorie blieb allerdings nicht unwidersprochen. Englische Quäker verglichen das Schicksal von misshandelten Tieren mit dem von versklavten Menschen. In den 1820er Jahren gründeten der irische Parlamentsabgeordnete Richard Martin und der englische Jude Lewis Gompertz zusammen mit dem anglikanischen Pfarrer Arthur Broome eine „Gesellschaft zur Verhütung von Grausamkeiten gegen Tiere", den ersten Tierschutzverein der Welt. 1840 übernahm Königin Victoria von England die Schirmherrschaft über diese Gesellschaft. Auch in Deutschland waren vor allem protestantische Pfarrer bei der Gründung der ersten Tierschutzvereine aktiv. Der Stuttgarter Pfarrer Albert Knapp rief 1837 die deutsche Tierschutzbewegung ins Leben. Albert Schweitzer prägte den Begriff der „Ehrfurcht vor dem Leben", die auch die nichtmenschliche Kreatur umfasst. Der Zürcher Theologe Ernst Blanke sprach 1959 von Mitgeschöpflichkeit. Die Neuorientierung christlicher Ethik reicht heute bis zu einem religiös motivierten Vegetarismus.

Einige Theologen prangern die mannigfachen Verstöße der menschlichen Fürsorgepflicht gegenüber dem Tier an. Kritisiert werden Massentierhaltung, unnötige Tierversuche, die Ausrottung gefährdeter Arten, die falsche Behandlung von Haustieren. Theologinnen und Theologen bedauerten 1988 im Glauberger Schuldbekenntnis das Schweigen der Kirchen angesichts des Leidens der Tiere. In neuerer Zeit gibt es Tiergottesdienste, in denen die Versöhnung und Gemeinschaft mit dem Tier gefeiert werden.

In der evangelischen Kirche des hessischen Glauberg feiern der Pfarrer der Gemeinde (links) und ein katholischer Diakon am 15.9.1996 gemeinsam einen Gottesdienst mit Tieren.

Pferdesegnung in Gedenken an den Pferdeheiligen Georg. Dieser Feldgottesdienst findet regelmäßig in dem Burgdorf Kallmuth (Nordeifel) am 1. Mai statt.

Nutzung der Medien im Christentum

Vom Kodex bis zu den modernen Massenmedien

Für das Christentum hatten so genannte „Menschmedien" (W. Faulstich) eine große Bedeutung: Religiöse Spezialisten wie Priester und Mönche benutzten nicht nur Medien, sondern waren selbst das Medium, bedienten sich ihres eigenen Körpers als gestaltendes Instrument. Menschmedien waren Mittler zwischen Gott und Welt, Hüter und Übermittler heiliger Traditionen, Träger der Bildung. Oft genossen sie ein hohes Ansehen und waren politisch einflussreich. Sie lösten Reformen angesichts erstarrter Herrschaft und eines konservativen Kultus aus. Im Mittelalter eröffneten Prediger und Bettelmönche neue Informations- und Kommunikationskanäle zwischen Kloster, Universität und sich entwickelnder Stadt. Die Prediger

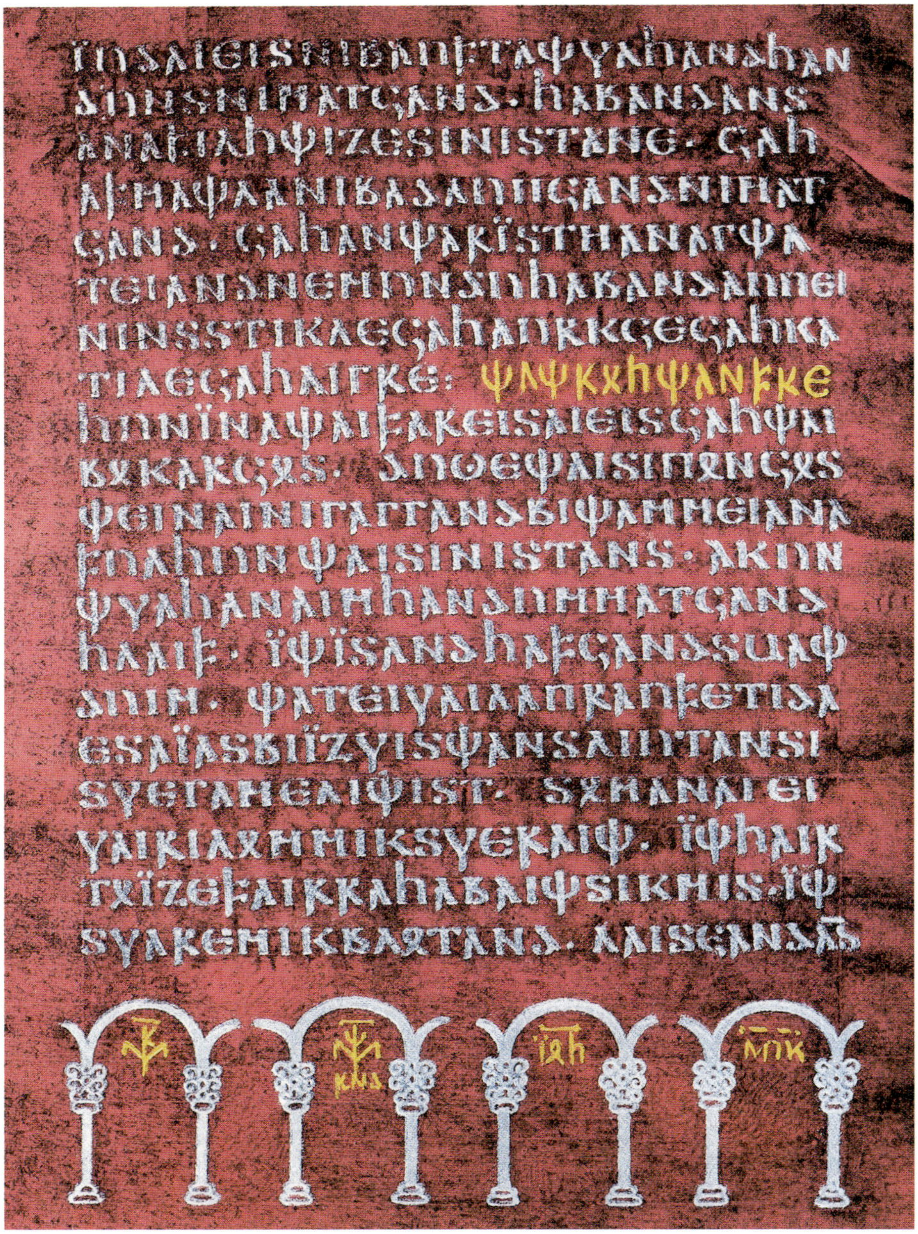

erreichten für ihre religiöse Botschaft durch ihre in der jeweiligen Volkssprache gehaltenen Predigten auf Straßen und Plätzen eine neue Dimension von Öffentlichkeit. Sie benutzten spezifische Gestaltungsmedien, zum Beispiel die Liturgie, Kunst, Bücher, Schauspiel, Prozessionen und Wallfahrten.

Aufschwung von Kodex und Buch

Eine wichtige Rolle im frühen Christentum spielte das Buch in Gestalt des Kodex. Darunter versteht man die (später) durch einen Einband zusammengehaltene Lage fortlaufend beschriebener aufeinander gelegter Pergamentblätter. Spätestens seit dem 4. Jahrhundert hatte sich der Kodex zum dominanten Schreibmedium entwickelt und löste die umfänglichen und schweren Rollen ab. Kodices waren auf Missionsreisen leichter zu handhaben. Zudem grenzten sich durch die Gestalt des Kodex die Briefe und Berichte der christlichen Apostel von den

linke Seite: Seite aus dem so genannten Codex argenteus, eines Evangeliars in gotischer Sprache aus dem Jahr 500. Die vier Evangelien des Kodex sind Abschriften der gotischen Bibelübersetzung (Wulfilabibel). Sie werden heute in der Universitätsbibliothek von Upsala aufbewahrt.

rechte Seite unten: Mönche der französischen Abtei Notre Dame d'Aiguebelle bei ihrer Arbeit im Scriptorium

Mel Gibsons Film „The Passion of the Christ" löste 2004 vor allem in den USA große religiöse Grundsatzdebatten aus; hier eine Szene mit Jesus (rechts, Jim Caviezel) im Gespräch mit Petrus (Francesco de Vito).

Texten der jüdischen Glaubensgemeinschaft ab. Im byzantinischen Bereich übernahm der Kodex spätestens seit dem 7. Jahrhundert die führende Rolle als Medium.

In den Skriptorien, den mittelalterlichen Klosterschreibstuben, und in den Universitätsbibliotheken erlebte das Medium Buch einen ungeheuren Aufschwung. Dieser bereitete seine kulturelle Vorherrschaft als Druckmedium in der zweiten Hälfte des 15. Jahrhunderts in den Städten Europas vor. Als neues „Bildungsmedium" transportierte das Buch auch antike, „heidnische" Inhalte. Gegen Ende des Mittelalters verlagerte sich die Buchproduktion zunehmend in den profanen Bereich. Durch das Druckereiwesen erhielten auch die Laien einen leichteren Zugang zum Buch.

Zur Rolle der Bildmedien

Darüber hinaus vermittelten weitere Gestaltungsmedien christliche Inhalte: Bildmedien, zum Beispiel die Kirchenfenster der mittelalterlichen Kathedralen mit ihren Bibelszenen und Heiligenviten, sowie Ikonen, Skulpturen und Plastiken, Gedenk- und Grabsteine und Kultbauten hatten Öffentlichkeitscharakter. Liturgische Spiele, wie zum Beispiel Passions-, Krippen-, Mirakel- und Legendenspiele, wurden anfangs im Kirchenraum, dann vor dem Haupteingang der Kirchen aufgeführt.

Zunächst taten sich die frühen Christen mit Bildern schwer. Man nahm das Bilderverbot des Alten Testaments („Du sollst dir kein Bild machen"), das im Neuen Testament an keiner Stelle revidiert wurde, ernst. Allmählich setzte sich aber eine bilderfreundliche Tendenz durch, und es entstanden christliche Bilder: anfangs in Form von Symbolen (Fisch, Guter Hirte u.a.), Szenen aus der Bibel und dem Leben der Märtyrer. Seit dem 4. Jahrhundert gewannen die christlichen Bilderfreunde Überhand gegenüber den Kritikern. Es entstanden Christusbilder, die man mit Weihrauch, Kerzen und Niederfallen verehrte.

Szene aus dem Erfolgsmusical „Jesus Christ Superstar" von Andrew Lloyd Webber

Eine christliche Bildpädagogik, wie sie schon Gregor der Große (540–604) und Thomas von Aquin (1226–1274) vertraten, entdeckt die Bilder schließlich als Lernmedien. Im 8. und 9. Jahrhundert erschütterte ein gewaltiger Bilderstreit die griechische Kirche. Die Waldenser bekämpften Bilder und hohe Kirchentürme als Symbole von Reichtum und Macht der mittelalterlichen Kirche. Der italienische dominikanische Bußprediger Savonarola (1452–1498) veranlasste, Kunstwerke zu verbrennen.

Von seinen Anfängen her ist der Protestantismus eine Religion des Wortes. Die Auslegung der Heiligen Schrift, Bekenntnis und Predigt spielen als typisch protestantische Medien die Hauptrolle – nicht aber Bilder. Der Schweizer Reformator Huldrych Zwingli (1484–1534) sah in ihnen eine Verführungsmacht, verbannte sie deshalb aus den Zürcher Kirchen und begründete so in Theorie und Praxis die reformierte Tradition des Bilderverzichts. In reformierten Kirchen gibt es weder Kruzifixe noch Bilder. Der Heidelberger Katechismus von 1563 verbietet jegliche Abbildung Gottes, nicht aber seiner Geschöpfe.

Martin Luthers Einstellung zu Bildern war freundlicher. Er wünschte eine textgemäße Bilderbibel, ließ im Kirchenraum auch Anschauung für die Augen zu. Seine Katechismen zählen das Bilderverbot nicht unter den Zehn Geboten auf.

Der Protestantismus bediente sich der zu seiner Zeit neuesten Medien: Durch den Einsatz der Druckerpresse wurden nicht nur Schriften vervielfältigt. Durch den pädagogischen und polemischen Einsatz von Bildern trieb man das reformatorische Anliegen in den breiten, des Lesens unkundigen Bevölkerungsteilen voran. Die Kirchenmusik, unverzichtbarer Bestandteil des Gottesdienstes, gehört zu den besonders geschätzten Medien im Protestantismus. Die Musik transportierte dogmatische Inhalte ebenso wie religiöse Gefühlsausdrücke.

Am 5. August 2006 gab Papst Benedikt XVI. deutschen Journalisten erstmals ein ausführliches Interview im Fernsehen und beantwortete Fragen zur Haltung der katholischen Kirche zu den Themen Nahostkonflikt, Verhältnis zur evangelischen Kirche, Familie, Aids u.a.

Einstellung zu den modernen Massenmedien

Seit der Aufklärung entwickelte sich das Verhältnis der Kirchen zu den Medien ambivalent. Nachdem die Kirchen ihr Weltdeutungsmonopol allmählich verloren hatten, arbeiteten sie lange den Printmedien (Zeitungen, Zeitschriften) polemisch entgegen. Vor allem die in der Jugendkultur Anklang findenden Medien (Kino, Radio, Pop- und Rockmusik) wurden kritisiert. Im römischen Katholizismus bewirkte das Zweite Vatikanische Konzil (1962–1965) einen radikalen Umschwung gegenüber der oft apologetisch ausgerichteten christlichen Publizistik. Dies führte zu einer größeren Wertschätzung der modernen Massenmedien.

Die Kirchen begleiten heute einerseits kritisch die Massenmedien, anderseits bedienen sie sich ihrer, um die Aufgabe der Berichterstattung (Pressedienste, Fachredaktionen) zu erfüllen und ihren Verkündigungsauftrag durch Rundfunkgottesdienste, Radioevangelisation (wie die adventistische „Stimme der Hoffnung"), das „Wort zum Sonntag" im Fernsehen, Kurzandachten in Hörfunk und TV wahrzunehmen. Zwischen Verkündigung und Berichterstattung sind die Produkte der kirchlichen Printpublizistik angesiedelt, zum Beispiel Kirchenzeitungen, Kirchenblätter sowie die Präsenz im Internet.

> *„Denn was für die Lesenden die Schrift ist, das ist für die Augen der Ungebildeten das Bild, denn auf ihm sehen sogar die Ungebildeten, was sie nachahmen müssen, auf ihm lesen die des Lesens Unkundigen."*
> **(Gregor der Große, Ep 11, 13)**

Insbesondere in den USA sind electronic churches (Fernsehkirchen) entstanden. Fundamentalistische und charismatische Programme konzentrieren sich im so genannten Bible Belt im Süden der USA, Programme der katholischen Kirche im Nordosten, Mittleren Westen und Südwesten. Nachdem der Einfluss der electronic churches mit ihren charismatischen Predigern aufgrund zahlreicher Skandale zurückgegangen ist, nimmt ihre Bedeutung heute wieder in West- und Osteuropa zu. Auch in Literatur, Musik und Film sind christliche Themen sehr präsent, haben oft heftige Kontroversen ausgelöst, zum Beispiel das Musical „Jesus Christ Superstar" oder die inzwischen über 120 Jesusverfilmungen bis zu Mel Gibsons „Die Passion Christi" (2004). Voll von religiösen Botschaften sind auch die bei jugendlichen Medienkonsumenten so beliebten Videoclips.

Die christliche Musik

Lied und Tanz als Ausdruck religiöser Gefühle

Die Anfänge der christlichen Musik standen in einer Verbindung mit der jüdischen Tradition. Tonarten, Gesänge, Rhythmen, Lob- und Dankesworte wie Halleluja („Preist Jahwe“) behielten ihren Stellenwert. Die junge christliche Gemeinde übernahm vom Jerusalemer Tempel die vokale Musik und lehnte den Einsatz von Instrumenten als heidnischen Brauch ab.

Das frühe Christentum

Die neu gegründete christliche Gemeinde verwendete Musik zur Gestaltung ihrer Liturgie und Feste: Paulus schrieb an die Korinther: „Wenn ihr zusammenkommt, so hat jeder ein Lied, er hat eine Lehre, er hat eine Offenbarung, er hat eine Zungenrede, er hat eine Auslegung. Lasst es alles geschehen zur Erbauung.“ (1. Kor 14,26) Die Christen zur Zeit des Paulus sangen zu Hause, nicht aber im Gottesdienst Psalmen, Lobgesänge und geistliche Lieder (Eph 5,19; Kol. 3,16). Das Lukasevangelium enthält drei Lobgesänge: Marias (1,46–55), des Zacharias (1,68–79) und Simeons (2, 29 bis 32). Phil 2,5ff. enthält ein Christuslied.

Ein sehr frühes Beispiel christlicher Musik bietet ein Hymnus aus Oxyrhynchos (Ägypten) vom Ende des 3. Jahrhunderts. Der Bischof von Antiochia, Ignatius Theophoros (um 35 bis ca.117 n. Chr.) – der Überlieferung nach ein Schüler von Petrus, Paulus und Johannes; er starb in Rom im Kolloseum den Märtyrertod, als er den Löwen vorgeworfen wurde – führte die so genannte Antiphonpraxis (griechisch antiphonos: „Gegengesang“) ein, den Wechselgesang von zwei sich gegenüber stehenden Chören. Heutzutage wird diese Gesangstradition nach einer längeren Pause in einigen Kirchen wieder ins Leben zurückgerufen.

Gospelchor der Greater St. Stephens Baptist Church in New Orleans während eines Gottesdienstes

Als nach der Zeit der Verfolgung das Christentum Staatsreligion geworden war, entwickelte die Musik eine große Vielfalt, wobei der Psaltes („Sänger") eine wichtige Rolle spielte. Ab dem 4. Jahrhundert erlebte die christliche Musik eine Blütezeit. Byzanz wurde zum neuen Zentrum der Kunst und Kultur.

Während die Musik der ersten drei Jahrhunderte liturgisch, also gottesdienstlich war, entstand ab dem 4. Jahrhundert eine kunstvolle religiöse Hymnodie, mit der nicht die Gemeinschaft, sondern der Einzelne seine religiösen Gefühle zum Ausdruck brachte. Gleichzeitig blühte die liturgische Hymnodie auf, deren wichtigste Vertreter in der Ostkirche Athanasius der Große (295–374) und Synesios (372–413) waren. Im Westen ist Bischof Ambrosius von Mailand (339–397) hervorzuheben, der die Feier der Vigilien („Nachtwachen") neu ordnete, um sie dem Volk attraktiver zu machen und der Hymnen und Antiphonen einführte. Große Bedeutung für die Theorie und Ästhetik der Musik hatte Augustinus (354–430). Der Bischof von Hippo Regius verfasste wohl als Erster ein Musiktraktat und wird damit zu einem Hauptzeugen der Geschichte frühchristlicher Musik. Seine sechs Bücher De Musica („Die Musik"), verfasst wie die meisten seiner frühen Schriften als Dialog, bestimmen die Musik als Wissen vom rechten Gestalten in Bezug auf die Bewegung des Körpers in Tanz, der Sprache, in der Silbenfolge und der Melodie sowie in der Tonhöhenfolge. Augustin plädiert für den Verzicht auf Instrumente und grenzt sich dadurch sowohl von „heidnischen" Kulten wie auch vom jüdischen Tempelgottesdienst ab.

Musik im Mittelalter

In der westlichen Kirche entwickelte sich der Gregorianische Gesang zu einem wichtigen Bestandteil der Liturgie von Messe und Stundengebet. Seinen Namen verdankt er Papst Gregor I., der um 600 die Liturgie reformierte. Es handelte sich um lateinische Choräle, die von Chören oder Solisten in den Formen von Oration, Lektion, Antiphon, Responsorium, Hymnus und Sequenz gesungen werden. Im Mittelalter sollte die in Kirchen und Klöstern unterrichtete und entwickelte Musik in erster Linie das Wort Gottes verkünden, profane Musik oder Instrumentalmusik in der Kirche galten als verpönt. Eine Ausnahmeerscheinung war die Dichterin, Naturforscherin und Theologin Hildegard von Bingen (1098–1179). Die Äbtissin und Mystikerin setzte wundervolle Gesänge und auch die von der Kirche abgewerteten Instrumente im Gottesdienst ein. Gegen ihre Kritiker

Die Kirchenorgel im Dom St. Stephan in Passau besteht aus fünf Teilorgeln. Bis in die 1990er Jahre war sie die größte Kirchenorgel der Welt.

DER TANZENDE CHRISTUS IN DER MYSTIK

Vor allem gnostische Texte, wie die apokryphen Johannisakten aus dem 3. Jahrhundert, stellten den Himmels-Christus als Gottestänzer dar. Er versammelt seine Freunde kreisförmig um sich herum, lässt sie dann gegenseitig an ihren Händen festhalten. Tanzen ist ein Erkenntnisweg, ein Weg der Gnosis: „Wer nicht tanzt, begreift nicht", spricht Christus. Der seine Hände der tanzenden Seele entgegenstreckende, dabei das Tamburin schlagende, die Pfeife spielende Christus – dieses Bild findet sich auf einer spätmittelalterlichen Miniatur zu dem Gedicht von der „Minnenden Seele". Der Meister-Eckhart-Schüler Heinrich Seuse (ca. 1295/1300–1366) stellte die Bewegung der Seele zu Gott als Tanz dar. Nicht nur Gott oder Christus, auch Maria zusammen mit Gott, übernehmen gelegentlich die Rolle einer Reigenführerin. Die dominikanische Mystikerin Christina Ebner (1277–1356), die mystische Gespräche mit ihrem Seelenbräutigam Christus führte, erschaute in einer Vision, wie Gott und die „seligste Jungfrau" miteinander im Himmel tanzen.

formulierte sie: „Wer den Mund einer das Lob Gottes singenden Gemeinde schließe, diene damit dem Teufel und trage eine furchtbare Verantwortung, denn in der Kirche sei das Gotteslob aufzufassen als ein Widerhall der himmlischen Harmonien." Die mittelalterlichen Minnesänger und Spielleute genossen in der Kirche kein hohes Ansehen. Zu den Chorälen entstanden in karolingischer Zeit Ergänzungen und Modifikationen (Tropus genannt). Im 9. Jahrhundert beginnen die im späten Mittelalter sehr populären Sequenzen, d.h. die Wiederholung eines Motivs auf einer anderen Tonstufe. Prozessionen und geistliche Spiele waren die Orte für volkssprachliche Kirchenlieder, die auf das 9. Jahrhundert zurückgehen und in vorreformatorischer Zeit in Gesangbüchern zusammengestellt wurden.

Reformation und Neuzeit

Die Haltung der Reformatoren zur Musik war geteilt. Ihre Sichtweise beeinflusste Jahrhunderte lang das Verhältnis ihrer Kirchen zur Musik. Puristische Einstellungen vertraten die Schweizer Reformatoren Ulrich Zwingli und Johannes Calvin. Der musikalisch sehr begabte Zwingli (1484–1531) untersagte alle gottesdienstliche Musik. Zwar wird Musik geschätzt, doch gilt sie als weltliche Kunst. Rechte Andacht brauche die Stille.

Für Johannes Calvin (1509–1564) ist Musik eine Schöpfergabe und findet ihren rechten Gebrauch im Lob Gottes. Nur einstimmigen Psalmengesang ließ er aus pädagogisch-psychologischen Gründen zu. Für den Musikliebhaber Luther (1483–1546) war Musik ein Geschenk Gottes, das die Seelen fröhlich macht, den Teufel verjagt, Freude weckt und in der Zeit des Friedens herrscht (Über die Musik, 1530). Luther förderte die gottesdienstliche Musik, setzte sich für ein- und mehrstimmigen Gesang, Orgel und Instrumentalmusik ein: „Gott hat das Evangelium auch durch die Musik gepredigt."

Der einstimmige Gemeindegesang entwickelte sich zu einem wichtigen Bestandteil des reformierten Gottesdienstes. Bis heute wird in evangelischen Kirchen viel gesungen. Seit der Reformationszeit hat das Kirchenlied dazu beigetragen, den Glauben zu festigen und zu verbreiten. Gemeinde- und Chorgesang, Orgel- und Instrumentalspiel, vor allem das Spiel der Bläser, gestalten den evangelischen Gottesdienst. Mit Hilfe des Gesangbuches können die Gottesdienstteilnehmer die an der Liedertafel angeschlagenen Lieder mitsingen. Das Gemeindelied hat sich in allen Konfessionen

Die US-amerikanische Gospelsängerin Mahalia Jackson (1911–1972) erlangte durch ihre beeindruckende Stimme und die Inbrunst ihres Vortrags Weltruhm.

FUNKTION DER GLOCKE

Seit Jahrhunderten sind die Glocken Symbole für Christentum und Kirche. Glocken „rufen" die Gläubigen zu Gottesdienst, Gebet, Totenklage. Sie erklingen zu bestimmten Tageszeiten, schlagen die Stunden und teilen den Alltag ein. Früher war dies besonders wichtig, weil die einfachen Leute keine Uhren besaßen. Einzelglocken unterstreichen den Höhepunkt der Feier, zum Beispiel bei Beerdigungen. Einst warnten die Glocken auch vor Katastrophen wie Feuer, feindlichen Angriffen oder Sturm.

Die Glocke Jesaja, auch Friedensglocke genannt, ist eine der acht Glocken der Dresdner Frauenkirche, die am 7. Juni 2003 nach dem Wiederaufbau erstmals wieder erklangen.

(mit Ausnahme der Orthodoxie) durchgesetzt und prägt die Frömmigkeit kerngemeindlicher Milieus (Evangelisches Gesangbuch; katholisches Gotteslob).

Im 18. Jahrhundert erfreuten sich Oratorien, eine Mischung aus Solo- und Chorgesang, großer Beliebtheit. Zu den bekanntesten gehören Johann Sebastian Bachs Johannes- (1724) und Matthäuspassion (1727 oder 1729), Georg Friedrich Händels Messias (1741) und Haydns „Die Schöpfung" (1798). Sowohl Bibeltexte als auch freie Dichtung wurden in der Form des Oratoriums, der Passion, der Passionsoper, der Passions-Kantate und der Messe verwendet. Hauptthema war die Leidensgeschichte Christi.

Die sechs lateinischen Messen Franz Schuberts (1797–1828) sind wichtige Werke der Romantik, die ihren Höhepunkt in den Oratorien des Felix Mendelssohn-Bartholdy und dem Requiem von Giuseppe Verdi (1813–1901) finden.

Die religiöse Musik der Gegenwart

In den afroamerikanischen Baptistengemeinden der USA entwickelte sich die Gospelmusik. Typisch für Gospel („Evangelium") ist das musikalische Zwiegespräch zwischen Prediger und Gemeinde. Gospels mit ihren kraftvollen Melodien und frohen Gesängen beeinflussten moderne Musikrichtungen wie Soul und Rock. Die Soulsängerin Aretha Franklin (*1942), Tochter eines Predigers und einer Gospelsängerin, zeigt in ihrer stimmgewaltigen und gefühlvollen Popmusik deutlich ihre Wurzeln im Gospel.

Die Rock'n'Roll-Legende Elvis Presley (1935–1977) lernte im Kirchenchor seiner Gemeinde und machte später Plattenaufnahmen von Kirchenliedern. In seiner Musikrichtung verband er Gospel, Rhythm and Blues und Country-Musik zu einer eigenen Musikrichtung.

Große Berühmtheit erlangte das 1971 am Broadway aufgeführte Musical „Jesus Christ Superstar" mit Musik von Andrew Lloyd Webber und Texten von Tim Rice. Sacropop, als Form des so genannten „Neuen Geistlichen Liedes" (zum Beispiel: „Danke für diesen guten Morgen"), ist eine popmusikartige Komposition mit christlichem beziehungsweise religiösem Text. In der römisch-katholischen Kirche ist die Kritik an solchen „geistlichen Schlagern" bis heute nicht verstummt.

Musik und Gesang spielen im Leben der Communauté von Taizé (Burgund) eine große Rolle. Der Gründer der Gemeinschaft, Frère Roger (1915–2005), wies immer wieder darauf hin, wie wichtig Musik und Gesang im Leben der Communauté von Anfang an waren.

Anfang eines gregorianischen Chorals in einer prächtig ausgeschmückten mittelalterlichen Niederschrift. Die schriftliche Überlieferung der liturgischen Gesänge setzte im 10. Jahrhundert ein.

Die Haltung zu Krieg und Frieden

Gibt es einen gerechten Krieg?

Jesus verkündete das Reich Gottes als Friedensreich mit der Aufforderung zur Umkehr als Voraussetzung für Vergebung und Heil. Christliche Friedensethik wird auf das durch den Kreuzestod Christi verwirklichte ewige Heil ausgerichtet. Jesu Liebe zu den Verachteten, Armen und Schwachen gilt als Vorbild für Friedfertigkeit. Ebenso verkündete Jesus das Gebot der Nächstenliebe: „Du sollst den Herrn, deinen Gott lieben, von ganzem Herzen, von ganzer Seele und von ganzem Gemüt und deinen Nächsten wie dich selbst" (Mt 22,37ff., Lk 10,27).

Gründe für einen „gerechten" Krieg

Neben den Weisungen Jesu zu Gewaltverzicht und Feindesliebe in der Bergpredigt (Mt 5,38ff.) kennt die christliche Ethik auch die Aufforderung zur grundsätzlichen Anerkennung der politischen Gewalt (Rö 13,1ff.).

Papst Johannes Paul II. mit Vertretern verschiedener Weltreligionen beim Friedensgebet in Assisi, 2002

Aus dieser Anerkennung ergibt sich das bis in die Gegenwart bestehende zwiespältige Verhältnis des Christentums zum Kriegsdienst. Die Auffassung einer zumindest bedingten Kriegsbejahung führte zu der von Augustinus (354–430) begründeten und später weiter entwickelten Lehre vom gerechten Krieg. Demnach gilt ein Krieg als gerecht, wenn eine legitime Obrigkeit den Krieg führt, ein gerechter Grund und die rechte Absicht vorliegen, Krieg nur das letzte mögliche Mittel darstellt, er Aussicht auf Erfolg hat und die Verhältnismäßigkeit des angerichteten Schadens und des erstrebten Gutes sowie die Anwendung gerechter Mittel vorliegen.

Luther hat die Möglichkeiten eines gerechten Krieges folgendermaßen eingeschränkt: Wer Krieg anfängt, ist im Unrecht; niemand soll Richter in eigener Sache sein. Kriege sind für Luther deshalb nur zu rechtfertigen, wenn sie als Verteidigungs- oder Notmaßnahmen absolut unvermeidbar und notwendig sind. Allerdings ist im Spätwerk Luthers eine Tendenz auszumachen, in bestimmten Fällen einer Kriegführung durchaus zuzustimmen, wie etwa im Kampf gegen die Türken.

Verschiedene Friedensbemühungen

Die Tatsache, dass die christlichen Kirchen in der Vergangenheit häufig Kriege legitimiert und unterstützt haben, wird von heutigen Christen kritisch gesehen. Radikale Kriegsdienstverweigerung aus christlichen Motiven kann argumentativ auf die Reserviertheit der Christen gegenüber Krieg und Militärdienst in der frühen Kirchengeschichte und auf die Kriegsächtung engagierter christlicher Gruppen wie täuferische Christen, Quäker und Mennoniten zurückgreifen. Eine bemerkenswerte Tradition der Kriegsdienstverweigerung besteht in den evangelischen Freikirchen und den reformierten Kirchen.

Pazifistische Strömungen innerhalb der katholischen Kirche nehmen das Friedensengagement des Martin von Tours (um 316 bis 397) zum Vorbild, der mit der Begründung, dass er als Soldat Christi nicht mehr kämpfen dürfe, den Soldatendienst quittierte. Auch orientiert man sich am Heiligen Franz von Assisi (1181–1226), der ausdrücklich das Mitführen einer Waffe durch eine Ordensregel untersagte, sowie an den Aktivitäten des Friedensbunds Deutscher Katholiken zwischen den beiden Weltkriegen.

Die Idee eines gewaltfreien Widerstands als Mittel der politischen Veränderung wurde von dem protestantischen Pastor Martin Luther King jr. (1929–1968) entwickelt und in der schwarzen amerikanischen Bürgerrechtsbewegung erfolgreich umgesetzt.

Auf die weltweite Bedrohung durch ABC-Waffen und Terrorismus sowie die Ungerechtigkeit bezüglich der Verteilung der materiellen Güter reagiert die christliche Friedensethik zwiespältig – einerseits mit der Beteiligung an der atomaren Abschreckun in der Tradition des gerechten Krieges und andererseits mit ökumenischen Bestrebungen und einer Rückbesinnung auf die Bergpredigt.

Initiativen der katholischen Kirche

In der katholischen Kirche wandte sich Johannes XXIII. in seiner Enzyklika „Pacem in terris" (1963) kritisch von der traditionellen Lehre des gerechten Krieges (bellum iustum) ab. Er legte dar, dass es der Vernunft im Atomzeitalter widerstrebe, „den Krieg noch als das geeignete Mittel zur Wiederherstellung verletzter Rechte zu betrachten" (Nr. 127).

Johannes Paul II. ersetzte die Enzyklika durch eine Lehre vom gerechten Frieden (pax iusta). Vor dem Friedensdenkmal in Hiroshima forderte er 1981: „Entscheiden wir uns feierlich, hier und jetzt als Mittel zur Lösung von Streitigkeiten nie mehr Krieg zuzulassen oder gar zu suchen!" Er verurteilte alle Kriege, auch den US-amerikanischen Angriff auf den Irak. Den interreligiösen Aspekt seiner Friedensbemühungen betonte Johannes Paul II. durch sein Engagement beim „Friedensgebet von Assisi" und in der „Weltkonferenz der Religionen für den Frieden". Diese Tradition wird auch von seinem Nachfolger Benedikt XVI. beibehalten.

Trotzdem hält der Katechismus der katholischen Kirche (Weltkatechismus) an der traditionellen Lehre vom gerechten Krieg fest und erlaubt den „staatlichen Behörden", „den Bürgern die zur nationalen Verteidigung notwendigen Verpflichtungen aufzuerlegen".

Heutige Stimmen zum gerechten Krieg

*Hans Küng, schweizerischer katholischer Theologe (*1929), begründete 1993 das „Projekt Weltethos", das zum Dialog der Religionen aufruft.*

Küng: … Doch bin ich als Theologe aus Überzeugung gegen diesen Krieg. Nach klassischer theologischer Lehre müssen sechs Kriterien erfüllt sein, um einen Krieg zu rechtfertigen.

SPIEGEL: Und das sind?

Küng: Das erste Kriterium ist der gerechte Grund. Eine bloß im Entstehen vermutete Bedrohung ist eben kein Kriegsgrund. Ein Präventivkrieg auf Verdacht hin ist völkerrechtswidrig und unmoralisch.

Das zweite Kriterium ist die ehrliche Absicht. Beseitigung der Massenvernichtungswaffen? Nein, jetzt sogar Regimewechsel. In Wirklichkeit wollen sie im Nahen Osten ihr Konzept eines weltweit agierenden US-Imperiums durchsetzen.

Drittes Kriterium ist die Verhältnismäßigkeit. Man kann doch nicht wegen der Beseitigung eines menschenverachtenden Diktators eine humanitäre Katastrophe mit Tausenden Toten und Hunderttausenden Flüchtlingen in Kauf nehmen. Wenn sie schon Saddam Hussein stürzen wollen, dann müssen sie mindestens ebenso gegen Kim Jong Il in Nordkorea vorgehen, der im Grunde viel gefährlicher ist.

SPIEGEL: Und Ihre restlichen drei Kriterien?

Küng: Das vierte ist die bevollmächtigte Instanz. Das ist, nachdem niemand angegriffen wurde und auch keine unmittelbare Bedrohung besteht, allein der Weltsicherheitsrat.

Fünftens muss der Krieg Ultima Ratio sein, das letzte Mittel, um ein Übel zu beseitigen. Es lässt sich aber nicht bestreiten, dass eine Eindämmung Saddams ohne Krieg möglich wäre, mit einem genauen Zeit- und Arbeitsplan für die Uno-Inspektoren und ständiger Überwachung.

Und schließlich Kriterium Nummer sechs: Das internationale Völkerrecht muss eingehalten werden. Nach den Erfahrungen des Afghanistan-Kriegs besteht keine Garantie, dass die Amerikaner die humanitären Regeln achten. Siehe die menschenunwürdige Behandlung der Kriegsgefangenen in Ketten und Käfigen in Guantanamo auf Kuba. Amerikanische Soldaten sollen beim Massenmord an etwa 3000 Kriegsgefangenen durch afghanische Truppen anwesend gewesen sein.

Alle sechs Kriterien müssen erfüllt sein, um einen Krieg zu rechtfertigen. Faktisch ist kein einziges erfüllt. Krieg gegen den Irak ist daher unmoralisch.

Hans Küng in: DER SPIEGEL, Nr. 12/2003, S. 61ff., Auszüge.

Die schon von den Begründern des modernen Völkerrechts entwickelten klassischen Kriterien eines „gerechten Krieges" hat der Politologe Alois Riklin (St. Gallen) schon früh auf den Irak-Krieg angewandt und ihn eindeutig als nicht nur völkerrechtswidrig, sondern auch unmoralisch diagnostiziert. Vgl. A. Riklin, Gerechter Krieg? Die sechs Kriterien einer neutralen Theorie, in: H. Küng/Dieter Senghaas (Hg.), Friedenspolitik. Ethische Grundlagen internationaler Beziehungen, München 2003, S. 279–287.

Der Umgang mit Minderheiten

Die christliche Haltung zu Andersgläubigen

Kampf zwischen Hussiten und Kreuzrittern während der Hussitenkriege (1419–1434). Zeitgenössische Darstellung aus dem so genannten Jenaer Kodex, Nationalmuseum Prag.

Im Bewusstsein, über die einzige Heilswahrheit zu verfügen, hat das Christentum nichtchristliche Minderheiten, auch Abweichler in den eigenen Reihen, Jahrhunderte lang ausgegrenzt. Lange Zeit galt es als gerechtfertigt, Nichtchristen, die mit dem Begriff Heide als falschgläubig, primitiv und unzivilisiert abqualifiziert wurden, zu bekämpfen. Zeugnisse dieser Abweichung vom christlichen Grundgebot der Nächstenliebe sind Hexen- und Ketzerverfolgungen und Judenpogrome. Auch Donatisten, welche die Kirche als Gemeinschaft perfekter Heiliger unter Ausschluss der Sünder sahen, Katharer, von denen sich der Begriff Ketzer ableitet, die vorreformatorische Laienbewegung der Waldenser, die revolutionäre Bewegung des tschechischen Reformators Johan Hus, die Hussiten, Protestanten und Freimaurer wurden von der Katholischen Kirche zeitweilig ausgeschlossen.

Neuere Entwicklung

Seit dem Zweiten Vatikanischen Konzil (1962–1965) hat sich der offizielle Katholizismus deutlich gewandelt. Die Erklärung Dignitatis humanae („Die Würde der menschlichen Person") vom 7. 12. 1965 erkennt „das Recht der Person und der Gemeinschaft auf gesellschaftliche und bürgerliche Freiheit in religiösen Belangen" an. Seit 1964 besteht das von Papst Paul VI. gegründete „Sekretariat für die Nichtchristen", das 1988 in „Päpstlicher Rat für den Interreligiösen Dialog" umbenannt wurde. Im Rahmen dieses Dialogs spielen die Beziehungen zum Islam eine herausragende Rolle. In

WAS IST EIN HEIDE?

Aus kulturanthropologischer Sicht verrät der Begriff Heide eine ethnozentrische Grundhaltung: Alles, was nicht zur Eigenkultur beziehungsweise eigenen Religion gehört, gilt als minderwertig. Das Stereotyp Heide hat seine Grundlage in der Bibel. Der in der Hebräischen Bibel vorkommende Sprachgebrauch reflektiert eine Zweiteilung der Menschheit: Dem Volk Israel stehen – unterschiedslos – die als Gojim bezeichneten Fremdvölker gegenüber. Der Gegensatz ist religiöser Natur; denn die Gojim sind Völker, die Jahwe nicht kennen und „der Lüge hingegeben sind". Auch wenn man diese Gruppe nicht gemeinhin mit Heidentum gleichsetzen darf, so tendiert der Begriff in diese Richtung.

Auch Jesus fällte negative Urteile über die Heiden (Mt 5,47; 6,7; 6,31f.). Seine Einstellung verrät jedoch eine neue Einschätzung der nichtjüdischen Religionen: Das Heil zielt auf *alle* Menschen, macht Unterscheidungen hinfällig (Mt 8,11f., Lk 13,28ff.). Nach Paulus wissen die Heiden von Gott, weil sie ihn aus der Schöpfung erkennen können, doch hätten sie diese Erkenntnisse pervertiert (Röm 1,19 bis 23). Außerdem hat Gott den Heiden das Gesetz, welches er den Juden als geschriebenes überlassen hat, in ihr Herz gegeben, so dass auch sie um die Erfüllung des göttlichen Willens wissen (Röm 2,14f.). Nach Aussagen der Apostelgeschichte (14,16f.) hat sich Gott auch den nicht-christlichen Religionen gegenüber „nicht unbezeugt gelassen".

Darstellung der Vertreibung der Katharer aus Carcassonne durch Kreuzritter unter Simon IV. während des Albigenserkreuzzugs 1209–1229. Französische Buchmalerei aus dem 14. Jahrhundert, London, British Library

der dogmatischen Konstitution Lumen Gentium („Licht der Völker") von 1964 wird dem Islam im 2. Kapitel, Pkt. 16, ein Platz in der Heilsgeschichte zugewiesen: „Der Heilswille umfasst aber auch die, welche den Schöpfer anerkennen, unter ihnen besonders die Muslim (sic), die sich zum Glauben Abrahams bekennen und mit uns den einen Gott anbeten, den barmherzigen, der die Menschen am Jüngsten Tag richten wird." Nostra Aetate („In unserem Zeitalter", 1965) ist eine Erklärung über das Verhältnis der Kirche zu den nichtchristlichen Religionen generell. Mehrere Male hat Johannes Paul II. auf den die drei Religionen verbindenden Patriarchen Abraham hingewiesen. Christen und Muslime als „Knechte Gottes" seien aufgrund ihres Schöpferglaubens wie durch ein „geistiges Band" miteinander verbunden. Darin sah der Papst eine tragfähige Basis, gemeinsam für Frieden und Gerechtigkeit zu arbeiten. Zwischen der griechisch-orthodoxen Kirche und schiitischen Theologen aus Iran kam es Ende 1990 in der Universität Athen zum ersten interreligiösen Dialog.

In seiner „Obrigkeitsschrift" von 1523 verteidigte Luther das Recht auf Glaubensfreiheit und grenzte dabei den legitimen politischen Machtgebrauch ein. Luther forderte einen unverfügbaren Schutzraum jeder einzelnen, sich auf ihr Gewissen berufenden Person. Andererseits äußerte sich Luther in einer scharf antijüdischen Weise, forderte sogar die Zerstörung von Synagogen.

Auch die beiden anderen Reformatoren, Huldrych Zwingli in Zürich und Johannes Calvin in Genf, sind zeitweise gegen andersgläubige Minderheiten vorgegangen. Zwingli verfolgte eine scharfe Politik gegenüber der zum „linken Flügel der Reformation" zählenden Täuferbewegung, und Calvin wirkte indirekt an der Hinrichtung des Theologen Michael Servet 1553 in Genf mit. Vor allem der freikirchliche Protestantismus hat in der Geschichte der Glaubensfreiheit eine führende Rolle gespielt und Glaubensfreiheit als grundlegendes Recht eingefordert.

Im protestantischen Raum gibt es naturgemäß keine einheitliche Stellungnahme zu den Religionen. Eine exklusivistische Theologie schließt andere Religionen vom Heil grundsätzlich aus. Die inklusivistische Linie erkennt an, dass auch andere Religionen heilsbedeutend sein können. Die pluralistische Religionstheologie hält alle Religionen hinsichtlich ihrer Heilsbedeutsamkeit für grundsätzlich gleichwertig und gleich gültig. Seit längerem ist ein verstärktes Bemühen um kritische Offenheit gegenüber dem Islam im Bereich des Protestantismus spürbar geworden.

Ein Obdachloser bei der Entgegennahme seines Essens in der Dresdner Dreikönigskirche. Im dortigen Nachtcafé können Obdachlose von 19 bis 8 Uhr essen und schlafen.

Innerchristliche Minderheiten

Seit dem 19. Jahrhundert hat sich die Ökumenische Bewegung in Dialogen, Annäherungen und Zusammenschlüssen entwickelt. Im 1948 gegründeten „Ökumenischen Rat der Kirchen" sind inzwischen 348 Kirchen vertreten. Doch hegt der Vatikan gegenüber den „Konvergenzerklärungen" des Ökumenischen Rates über Taufe, Eucharistie und Amt (Lima 1982) Bedenken. Die Katholische Kirche pflegt mit nichtkatholischen Minderheiten „ökumenische Brüderlichkeit". Die Toleranz des offiziellen römischen Katholizismus stößt gegenüber Minderheiten in den eigenen Reihen an ihre Grenzen, wenn diese die Autorität des Papstes und die hierarchischen Strukturen der Kirche kritisieren. Distanziert verhält man sich gegenüber Minoritäten, deren Verhalten von den ethischen Normen der Kirche abweichen. So bestehen zum Beispiel Vorbehalte, Homosexuelle zu Priestern zu weihen.

Gesellschaftliche Minderheiten

Die Kirchen setzen sich heute intensiv für Flüchtlinge, Asylbewerber und ihre Familien ein, beziehen Stellung gegen Ausländerfeindlichkeit. Sie fordern Kinder- und Ehegattennachzug für Migranten, Arbeitsmöglichkeiten für Flüchtlinge und eine bessere gesellschaftliche Integration. Pfarrer und Gemeinden scheuen keinen zivilen Ungehorsam, wenn sie Flüchtlingen Kirchenasyl anbieten. Die vom „Päpstlichen Rat der Seelsorge für die Migranten und Menschen unterwegs" 2004 herausgegebene Instruktion Erga migrantes caritas Christi („Die Liebe Christi zu den Migranten") spricht sich für eine multikulturelle Gesellschaft aus. Die Katholische Kirche versteht sich hier als Interessenvertreter der Einwanderer und bemüht sich, ihnen die Integration in die jeweiligen Gesellschaften zu erleichtern. Die Instruktion fordert die Gläubigen auf, den anderen zu achten und eine „Kultur der Solidarität" zu entwickeln.

Auch Bewegungen wie die „Scalabrini-Missionare" engagieren sich für die Eingliederung von Einwandererminderheiten. Der Bischof von Piacenza, Giovanni Battista Scalabrini (1839–1905), wurde von der Kirche zum „Vater der Migranten" ernannt, weil er sich tatkräftig für das Wohl seiner nach Übersee ausgewanderten Landsleute einsetzte. Beide Kirchen engagieren sich für Minderheiten und gesellschaftliche Außenseiter, wie zum Beispiel Obdachlose oder Körperbehinderte, Pflegebedürftige und Aidskranke.

Die Erfurter Pfarrerin Dorothee Müller im Gespräch mit dem kurdischen Ehepaar Seymse und Veysel Sönmez, das bei der Gemeinde am 3.8.2005 um Kirchenasyl gebeten hatte. Der Bitte wurde entsprochen, seitdem kümmern sich zahlreiche Gemeindemitglieder um die Familie.

Menschenrechte und Gleichberechtigung

Bemühungen um Freiheit und Gerechtigkeit

Der moderne Verfassungsstaat westlicher Prägung mit seinen ideellen Grundlagen Volkssouveränität, Menschenrechte und weltanschaulicher Pluralismus wurde früher von der Katholischen Kirche nicht vorbehaltlos gut geheißen. 1885 bezeichnete Papst Leo XIII. die Menschenrechtsideen noch als von der Reformation inspirierte „zügellose Freiheitslehren". Aber bereits in der Enzyklika „Rerum novarum" (1891) setzte er sich für die Arbeiter und ihr Recht auf gerechten Lohn und Freizeit ein und forderte für sie das Recht, sich in Interessenvereinigungen zusammenzuschließen.

Christliches Engagement

Das 2. Vatikanische Konzil (1962–1965) stellte in seinem Staatsverständnis, der Anerkennung der Menschenrechte und Religionsfreiheit einen deutlichen Neuanfang dar. In der neueren Geschichte setzte sich vor allem die Katholische Soziallehre auf der Grundlage von Offenbarung, Naturrecht und kirchlicher Autorität mit politischen und sozialen Fragen auseinander. Leitbegriffe der Soziallehre wurden Solidarität und starkes persönliches gesellschaftliches Engagement mit möglichst geringem staatlichem Eingreifen.

Fastenaktion und Fürbitte für zu Unrecht Inhaftierte in der Ostberliner Gethsemane-Kirche am 9.10.1989

Auch Papst Johannes Paul II. sprach sich wiederholt für die Unteilbarkeit der Menschenrechte aus. So trug die Neujahrsbotschaft 1999 den Titel „In der Achtung der Menschenrechte liegt das Geheimnis des wahren Friedens". Mit deutlichen Worten forderte er ein gerechtes Wirtschafts- und Finanzsystem und kritisierte die Auswirkungen der Globalisierung. Dennoch stehen der Umgang mit Abweichlern von der offiziellen Lehre und die fehlende Teilhabe der Frauen und Laien an Ämtern und Entscheidungen der Kirche im Kreuzfeuer der Kritik. Im lateinamerikanischen Christentum ragen einige mutige Theologen hervor, die die soziale Ungerechtigkeit in ihrem Land beseitigen wollten, wie zum Beispiel Camillo Torres, Dom Helder Camara, Oscar Romero und Ernesto Cardenal. Umstritten ist die Bejahung von Gewalt als „Ultima Ratio der Liebe", die der bedeutende Vertreter der Befreiungstheologie Ernesto Cardenal zur Verwirklichung von Gerechtigkeit, Freiheit und Teilhabe an den ökonomischen und materiellen Ressourcen forderte.

Engagierte Christen protestieren in den USA immer wieder gegen die Todesstrafe; hier Mitglieder der Organisation Connecticut Network.

Protestantische Ethik

Die Staatsethik des Protestantismus ist durch die Weiterentwicklung der Ansätze der Reformation bestimmt worden. Die Lehre Martin Luthers (1483–1546) vom Zusammenwirken Gottes mit den Menschen gegen die Macht des Bösen wurde als ein Gegensatz zwischen dem Reich Gottes und der Welt interpretiert. Diese Auffassung führte einerseits zu einem Bündnis von Thron und Altar und andererseits zu einem Verzicht der Christen, das politische Leben mitzugestalten. Die auf den Reformator Calvin (1509–1546) zurückgehende Vorstellung von der Königsherrschaft Christi schon hier auf Erden relativierte jeden politischen Geltungsanspruch von Politik. In der „Barmer Theologischen Erklärung" vom 31. Mai 1934 (Bekenntnis gegenüber der vom Nationalsozialismus geprägten Verfälschung christlicher Lehren durch die Deutschen Christen) wurde betont, dass weder der Staat „die einzige und totale Ordnung des Lebens" noch die Kirche „zu einem Organ des Staates" werden dürfen.

Unter dem Eindruck des Zweiten Weltkriegs änderten sich die Perspektiven der evangelischen Theologie. Angesichts der Barbarei des Nationalsozialismus gewann der Gedanke der unveräußerlichten Menschenwürde neue Bedeutung. Außerdem setzte sich die Ökumenische Bewegung für Glaubens- und Gewissensfreiheit ein.

Heute sieht die christliche Ethik das Verhältnis von Kirche und Staat zwischen strikter Trennung und vertrauensvoller Zusammenarbeit.

*Der sozial engagierte Theologe und Schriftsteller Ernesto Cardenal (*1925) bei einem Podiumsgespräch in Dortmund*

Kirchen und Todesstrafe

Bis 1969 gab es auch im Vatikan die Todesstrafe. Das letzte Todesurteil im Kirchenstaat war allerdings bereits 1870 vollstreckt worden. 1969 wurde die Todesstrafe per Gesetz abgeschafft, im Februar 2001 sorgte Papst Johannes Paul II. dafür, dass sie auch aus der Verfassung des Vatikans gestrichen wurde. Johannes Paul II. setzte sich auch weltweit für die Abschaffung dieser Strafe ein. So bezeichnete er bei einem USA-Besuch 1999 die Todesstrafe als „grausam und unnötig". „Moderne Gesellschaften können sich schützen, ohne Verbrechern für immer die Chance zur Reue zu verweigern. (...) Die Würde des Menschen darf niemandem genommen werden, auch dann nicht, wenn er schweres Übel begangen hat." Im Jahr 2000 unterstützte der Vatikan eine weltweite Kampagne gegen die Todesstrafe.

Dennoch schließt der neue Weltkatechismus, der die katholische Glaubens- und Morallehre zusammenfasst, die Todesstrafe nicht völlig aus. Laut Paragraph 2267 des lateinischen Katechismus ist die Todesstrafe weiter gerechtfertigt, wenn sie „der einzige mögliche Weg ist, das Leben von Menschen wirksam gegen einen ungerechten Angreifer zu verteidigen".

Der Rat der Evangelischen Kirche in Deutschland (EKD) bezieht klar Stellung

MARTIN LUTHER KING – KÄMPFER FÜR FREIHEIT UND GLEICHBERECHTIGUNG

Martin Luther King war ein farbiger Baptistenprediger und Bürgerrechtler, der 1929 in Atlanta/Georgia geboren wurde. King erfuhr schon früh die Auswüchse der Rassendiskriminierung. Erstes wichtiges Ereignis seines Kampfes gegen die Unterdrückung der Farbigen in den USA war der Busstreik in Montgomery (1.12.1955–21.12.1956). Ausgelöst wurde der Streik, als Mrs. Rosa Parks (1913–2005) sich vollkommen höflich und gewaltlos weigerte, in den hinteren Teil des Busses zu gehen, wie es für Farbige damals üblich war. Ihr Beispiel fand so viele Nachahmer, dass die Stadt sich schließlich gezwungen sah, das System der Rassentrennung im Busverkehr abzuschaffen. Zwei Jahre später beschrieb Martin Luther King in seinem Buch „Stride towards freedom" seine Einstellung zum Prinzip der Gewaltlosigkeit, bei der ihn die Gewaltlosigkeit Gandhis und das Vorbild Jesu beeinflussten.

Tausende kamen zu Kings Versammlungen und Demonstrationen, mit denen er auf die Probleme der schwarzen Bevölkerung aufmerksam machte. Besonders denkwürdig war die Protestkundgebung in Washington am 28.8.1963. Damals marschierte Martin Luther King mit 250 000 Mitstreitern zum Lincoln Memorial Monument. Dort hielt er eine Rede, in welcher der berühmte Satz vorkam: „Ich habe einen Traum …". Am 10.10.1964 erhielt King den Friedensnobelpreis. Damit wurden sein Widerstand gegen die Rassentrennung und sein engagierter Einsatz für Frieden und Gleichheit weltweit bekannt und geehrt.

In ähnlich überzeugter Weise bekämpfte er auch Armut und soziale Ungerechtigkeit. Besonders scharf kritisierte er den Vietnamkrieg. Diese Thematik beschäftigte den Bürgerrechtler bis zu seiner Ermordung in Memphis/Tennessee am 4.4.1968.

gegen die Todesstrafe. In einer Erklärung von 1998 zum 50. Jahrestag der Allgemeinen Erklärung der Menschenrechte heißt es, der Vollzug der Todesstrafe sei eine „besonders drastische und unheilbare Weise, die Menschenrechte zu verachten." Das Thema Todesstrafe war 1999 ein Schwerpunkt in der Menschenrechtsarbeit der EKD. Die Todesstrafe setze ein falsches Zeichen, so der Vorsitzende des Rates der EKD in einer Erklärung zum Tag der Menschenrechte. „Durch ihre Vollstreckung relativiert der Staat selbst den Wert des menschlichen Lebens. Gewalt wird mit Gegengewalt beantwortet."

Martin Luther King winkt der unüberschaubaren Menschenmenge während der Demonstration in Washington im August 1963 zu.

DIE CHRISTLICHE WIRTSCHAFTSETHIK

Von den Anfängen bis zur Globalisierung

Das Christentum erhebt keine grundsätzlichen Einwände gegen Privateigentum, da dieses die bessere Nutzung der Güter im Sinne der Gemeinschaft gewährleistet. Das Einhalten der Sonntagsruhe und der Feiertage soll dazu beitragen, dass das Leben nicht nur von Profitstreben und Arbeit beherrscht wird.

Geschichtlicher Rückblick

Die in Erwartung der nahen Gottesherrschaft entstandene urchristliche Gütergemeinschaft in Jerusalem war später nur noch für Ordensgemeinschaften verbindlich. Thomas von Aquin (1225–1274) modifizierte das biblische Zinsverbot, das schließlich nur noch für Wucherzinsen galt. Der Prophet Amos formulierte mit seinen Wendungen gegen den Wucher der Reichen (Amos 8) vehement eine biblische-alttestamentartische Perspektive, die bis heute leitmotivisch die römisch-katholische, auf Nächstenliebe ausgerichtete Wirtschaftsethik prägt.

Papst Pius XI. (1857–1939) veröffentlichte 1931 eine Enzyklika, in der er sich für gesellschaftliche Reformen einsetzte; undatierte Aufnahme.

Protestantische Wirtschaftsethik

Martin Luther (1483–1546) betrachtete die menschliche Arbeit als weltlichen Gottesdienst und prägte den Begriff des „Berufes" neu. Unter dem Einfluss des Calvinismus und Puritanismus wurden Arbeitsleistung und Arbeitserfolg zu innerweltlichen Zeichen der göttlichen Erwählung. Das protestantische Berufsethos hat wesentlich zum wirtschaftlichen Aufschwung in der Moderne beigetragen. Die protestantische Ethik ließ einen Menschen entstehen, der sich durch Leistungsstreben, Risikobereitschaft und Nutzenkalkulation von wirtschaftlichen Chancen auszeichnete. Zur Untermauerung dieser Ethik diente die Heilige Schrift. Das „Gleichnis von den anvertrauten Talenten" (Mt 25, 14–30) wurde als Rechtfertigung für eine am Nutzen orientierte Lebensführung gesehen. Johannes Calvin (1509–1564) interpretierte die Austeilung der „Zentner" des Herrn an die Knechte folgendermaßen: Wir bringen „Gott selbst Frucht und Gewinn (…), wenn wir unseren Brüdern soviel wie möglich nützen." Diese Sicht floss später in die liberalen ökonomischen Theorien ein. Die vor allem für den angelsächsischen Kapitalismus typische, auf den Einzelnen konzentrierte und leistungsorientierte Lebensführung wurde von der protestantischen Ethik mitverursacht.

Während die protestantische Arbeitsethik sich bis in die Gegenwart auf das kapitalistische Unternehmertum auswirkte, war die Sozialethik Luthers eher von einem paternalistischen Denken geprägt. Dabei galt die Obrigkeit als von Gott eingesetzte Sachwalterin des Gemeinwohls. Gleichzeitig trug die wirtschaftliche Einstellung des Luthertums auch dazu bei, die kapitalistische Wirtschaftsordnung durchzusetzen.

Die katholische Soziallehre

Die seit dem vorigen Jahrhundert entwickelte katholische Soziallehre entwarf eine gerechte Ordnung des menschlichen Zusammenlebens als Voraussetzung für richtiges Handeln. In diesem Zusammenhang geht es auch um Fragen der Wirtschaftsethik. Papst Pius XI. schlug in seinem Sozialrundschreiben von 1931 eine „berufsständische" Ordnung vor, welche die Zusammenarbeit von Arbeitnehmern und Arbeitgebern fördern und so die Klassengegensätze überwinden helfen sollte.

Thomas von Aquin und der Heilige Daniel; Holzmalerei um 1402. Thomas von Aquin war der bedeutendste Theologe und Philosoph des Mittelalters. Auch zu den Themen Wirtschaft, Eigentum, Arbeit, Geld und Zins finden sich zahlreiche Überlegungen in seinen Werken.

Weltläden bieten Produkte an, die fair gehandelt werden. Ziel ist es, die Existenz der Erzeuger in den so genannten Dritte-Welt-Ländern zu sichern. Im Mittelpunkt steht dabei die Idee einer nachhaltigen Entwicklung auf ökologischer Basis.

Die Kirchen angesichts zeitgenössischer wirtschaftlicher Probleme

Katholische und protestantische Wirtschaftsethiker haben die soziale Marktwirtschaft mit begründet und weiterentwickelt. In neuerer Zeit haben die christlichen Großkirchen auf die individuellen und internationalen Gefahren des kapitalistischen Wirtschaftssystems hingewiesen. Bereits 1981 hob Papst Johannes Paul II. in seinem Rundschreiben über die menschliche Arbeit hervor, dass die Interessen der Arbeitenden gegenüber den Kapitalinteressen Vorrang hätten. 1987 prangerte er in seinem Rundschreiben „Über die wahre Entwicklung des Menschen und seiner Gesellschaft“ die Überentwicklung einer sozialen Schicht von „Besitzenden“ in einer verschwenderischen Konsumgesellschaft des „krassen Materialismus“ mit dem Kult des „Habens“ an.

Evangelische Sozialethiker versuchen, biblische und reformatorische Vorstellungen mit modernen Arbeitsstrukturen zu harmonisieren. In ihrer 1991 veröffentlichten Wirtschaftsdenkschrift „Gemeinwohl und Eigennutz“ stellte die Evangelische Kirche in Deutschland (EKD) fest, dass zwischen dem Entstehen moderner Wirtschaftspraktiken und dem Christentum eine „Verantwortungsgemeinschaft“ bestehe und ein Mittelweg zwischen Wirtschaftsliberalismus und christlicher Nächstenliebe gefunden werden müsse: „Wirtschaftliches Handeln wird von Selbsterhaltung, Eigennutz und Gewinnstreben angetrieben. Es ist aber auch auf Maßstäbe des gemeinsamen Lebens angewiesen. Solche Maßstäbe lassen sich in der Perspektive des christlichen Glaubens auf das biblische Gebot der Nächstenliebe zurückführen. Nächstenliebe ist die Antwort auf Gottes zuvorkommende Liebe zu allen Menschen. Sie sucht das, was dem anderen nützt. In der Konsequenz der Nächstenliebe liegt es, Eigennutz in eine Ordnung der Gegenseitigkeit einzubinden.“

1994 entwarf eine ökumenische Redaktionsgruppe einen Entwurf für ein Wort der Kirchen zur wirtschaftlichen und sozialen Lage in Deutschland, der gemeinsam von der (römisch-katholischen) Deutschen Bischofskonferenz und der EKD veröffentlicht wurde. Dieser gab der gemeinsamen Überzeugung Ausdruck, dass die soziale Marktwirtschaft angesichts von Arbeitslosigkeit, Vermarktung der Märkte und internationaler Wirtschaftskriminalität, Benachteiligung von Frauen und auseinander klaffenden Einkommen revidiert werden müsse. Christliche Wirtschaftsethiker heben hervor, dass ökonomische Zwänge nicht alle Lebensbereiche dominieren dürfen, da eine Gesellschaft, in der Verdienst und Gewinn die allein bestimmenden Faktoren sind, auf Dauer Mitmenschlichkeit und gegenseitige Verantwortung einbüßt.

Nach umfangreichen Konsultationen mit verschiedenen gesellschaftlichen Gruppen entstand 1997 das „Wort“ zur wirtschaftlichen und sozialen Lage. Dabei wurden das Leitziel der „Nachhaltigkeit“ und die ethische Notwendigkeit der Partizipationserweiterungen in den Unternehmen formuliert.

Mitglieder des bischöflichen Hilfswerks Misereor demonstrieren am 19.9.1999 in Köln für einen Schuldenerlass der Entwicklungsländer.

Die Herausforderung durch die Globalisierung

In neuester Zeit wird auch christlich motivierte Kritik an der wirtschaftlichen Globalisierung laut. Angesichts der Wohlstandsentwicklung in den Industrieländern ist die Forderung der Länder der südlichen Erdhalbkugel nach Teilnahme an den internationalen Märkten ein dringliches Problem. Wirtschaftethiker diskutieren die Frage, ob internationale politische Regulierungen von Weltwirtschaftsfragen dazu führen können, mehr Gerechtigkeit und einen fairen Welthandel zur verwirklichen.

Die Globalisierung und ihre Folgen sind jedoch kein Phänomen des 20. Jahrhunderts. Seit die Schifffahrtstechnik es ermöglichte, interkontinentale Handlungsbeziehungen aufzubauen, folgte eine Öffnung der Märkte, die schließlich für den großen Wohlstand in Europa und Nordamerika verantwortlich war. Globalisierung selbst ist auch nicht das Problem, denn ohne die Idee einer globalen Freihandelsdoktrin können die Probleme weltweiter Armut und technischer Unterentwicklung nicht gelöst werden. Und Marktzugang ist für die ärmeren Länder oft noch wichtiger als Entwicklungshilfe. Jedoch wären dort soziale Reformen notwendig, damit die ärmeren Länder in der internationalen Marktwirtschaft auch wettbewerbsfähig sein können.

Angesichts der Herausforderungen durch die Globalisierung besteht die Gefahr, dass ausschließlich die Frage der gerechten Verteilung durch den Staat im Mittelpunkt steht und die Realität globaler Produktions- und Beschäftigungsmärkte unberücksichtigt bleiben. Christliche Ethik kann sich hier für eine gerechtere Wirtschaftsordnung durch die Stärkung internationaler Institutionen und den Abbau von Handelshindernissen für Staaten der Dritten Welt einsetzen. Andererseits muss sich vor allem die protestantische Ethik mit ihrer Vergangenheit und der gegenwärtigen neoliberalen Ökonomik auseinandersetzen, um zu erreichen, dass in Familien und Gesellschaften Werte und Überzeugungen entstehen, die eine faire Wirtschaftsordnung ermöglichen.

Auf dem Hauptpodium des 96. Deutschen Katholikentags in Saarbrücken (24.–28.5.2006) wird unter Teilnahme von Ministerpräsident Kurt Beck (3. v. rechts) zum Thema Globalisierung und Partnerschaft diskutiert.

Die christlichen Richtungen

Vielfalt und Einheit des Christentums

Ein anglikanischer Geistlicher zelebriert eine Abendmahlsfeier („The Communion"); Gemälde von Francis Wheatley (1747–1801).

Jesus verkündete das Reich Gottes, gekommen aber ist die Kirche" – so drückte sich der katholische Reformtheologe Alfred Loisy (1857–1940) aus.

Die Geschichte der christlichen Kirche ist eine Geschichte vieler Kirchen. Christentum ist ein Sammelbegriff für rund zwei Milliarden Menschen. Sie gehören verschiedenen Konfessionen, Kirchen und Denominationen mit jeweils spezifischen Milieus an. Über 348 Mitgliedskirchen (mit jeweils mindestens 25 000 Mitgliedern) aus über 120 Ländern sind im Ökumenischen Rat der Kirchen (ÖRK) mit Sitz in Genf zusammengeschlossen und repräsentieren rund 400 Millionen Gläubige. Über die Hälfte stammt aus südlichen Kontinenten. Hinzu kommen noch 29 „angeschlossene Kirchen" (mit jeweils bis 10 000 Mitgliedern). Neben der **römisch-katholischen Kirche** – sie ist kein Mitglied des ÖRK, besitzt aber Beobachterstatus – stehen die reformatorischen und orthodoxen Kirchen. Einheit, durch Jesus Christus gestiftete Heiligkeit, Katholizität (= räumlich-zeitlich universale Sendung), Apostolizität machen die notae ecclesiae, die „Kennzeichen" der (katholischen) Kirche aus. Spaltungen und Zusammenschlüsse prägen das facettenreiche Bild des Weltprotestantismus.

Quäker-Ehepaar in der typischen Kleidung um 1675, Illustration

Die Kirchen der Reformation

Diese Kirchen gehen auf die Reformation des 16. Jahrhunderts und ihre Hauptvertreter Martin Luther (1483–1546), Johannes Calvin (1509–1564) und Huldrych Zwingli (1484–1531) zurück. Die Kirchen der Reformation setzen sich aus 14 „Konfessionsfamilien" zusammen:

Lutherische Kirchen
Reformierte Kirchen
Evangelisch-unierte Kirchen
Anglikanische Kirchen
Mennoniten
Baptisten
Quäker
Brüderunität („Herrnhuter")
Methodistische Kirche
Disciples of Christ (Jünger Christi)
Freie Evangelische Gemeinden
Heilsarmee
Pfingstbewegung
Christliche Unitarier
Siebenten-Tags-Adventisten

Die Anglikanische Kirche

Die Anglikanische Kirche, diese einzigartige Verbindung von Katholizismus und Protestantismus, begreift sich als „via media", als Mittelweg zwischen beiden. Die Anglikanische Kirche entstand 1531 durch die Lossagung des englischen Königs Heinrich VIII. vom Vatikan, da ihm der Papst die Zustimmung zur Scheidung von Katharina von Aragón verweigert hatte. 1534 billigte das englische Parlament die so genannte Suprematsakte, die den König offiziell als „oberstes Haupt der englischen Kirche auf Erden" anerkannte. Die von Heinrich begründete englische Staatskirche orientierte sich zunächst eng am römisch-katholischen Vorbild. Das Blutige Statut von 1539 verpflichtete die Engländer unter Androhung schwerster Strafen auf die römische Abendmahlslehre, bekräftigte den Zölibat der Priester und führte die Ohrenbeichte und Privatmessen wieder ein. Erst nach dem Tod Heinrichs VIII. 1547 kam die Reformation in England substanziell weiter voran. Die katholische Messe wurde abgeschafft, der Zölibat aufgehoben. Die neue reformatorische Liturgie fand im 1549 eingeführten Gebetbuch („Book of Common Prayer") ihren Niederschlag. In diesen Jahren wurde der theologische Einfluss der Lutheraner auf die anglikanische Kirche abgelöst durch den der reformierten Theologen, die sich

Aus Russland übergesiedelte Mennoniten feiern den Ostergottesdienst in der Kapelle des Durchgangslagers Friedland.

an den Reformatoren Zwingli und Calvin orientierten. 1553 kam Maria Tudor an die Macht und führte eine radikale Rekatholisierung Englands ein. Erbarmungslos wurden alle protestantischen Richtungen verfolgt, viele Engländer flohen in die Niederlande. Als 1558 Elisabeth I. den Thron bestieg, errichtete sie von neuem die unabhängige englische Staatskirche so, wie sie in ihrer Grundfassung heute noch existiert. Zwei Parlamentsgesetze von 1559 (Act of Supremacy und Act of Uniformity) gaben der Kirche ihre Selbständigkeit zurück. 1563 erhielt die Kirche in 39 Glaubensartikeln ihre gültige Lehrgrundlage.

ROM-FREIE KATHOLISCHE KIRCHEN

Zur christlichen Vielfalt gehören auch die Rom-freien katholischen Kirchen, die sich von der römisch-katholischen Kirche ge-

Ein griechisch-orthodoxer Mönch vor der Ikonostase (Bilderwand), die den Gebetsraum von dem hinteren Altarraum trennt; Kloster von Khrysorroyiatissa in Panagia/Nordzypern.

trennt haben und in geistlicher wie rechtlicher Hinsicht Selbständigkeit besitzen:

Die Altkatholische Kirche

Diese katholische Reformkirche mit altkirchlicher und ökumenischer Ausrichtung ging aus der Opposition gegen die Erklärung der päpstlichen Unfehlbarkeit durch das Erste Vatikanische Konzil (1870) hervor.

Die orthodoxen Kirchen

Sie verdanken sich dem großen Schisma von 1054. Seitdem sind die (lateinische) Westkirche und die (griechische) Ostkirche offiziell von einander getrennt. Die orthodoxen Kirchen erkennen nur die Beschlüsse der gemeinsamen sieben Konzile zwischen Nicäa im Jahr 325 und Nicäa 787 an. Auf die vier alten Patriarchate Konstantinopel, Alexandrien, Antiochien und Jerusalem folgten durch die Bekehrung der meisten Slawenvölker die Patriarchate Moskau und ganz Russland sowie das serbische (Belgrad), bulgarische (Sofia) und rumänische (Bukarest) Patriarchat. Auch wenn sie in Lehre und Kult weitgehend übereinstimmen, stellen sie sich dennoch als autokephale, „selbständige" Landeskirchen dar.

Die altorientalischen Kirchen

Diese Kirchen entstanden als eigenständige Kirchen im 5. und 6. Jahrhundert dadurch, weil sie sich auf mehreren Konzilien der Alten Kirche weigerten, die – in der Weltkirche verbindliche – Theologie vom „Gottmenschen" Jesus Christus zu akzeptieren. Das Ergebnis war der Bruch mit der Reichskirche sowie Verfolgungen von Seiten des byzantinischen Staates. Zu den altorientalischen Kirchen zählen die Koptische Orthodoxe Kirche, die Syrisch-Orthodoxe Kirche, die Armenische Apostolische Kirche, die Orthodoxe Kirche von Indien und die Äthiopische Orthodoxe Kirche. Einige dieser Kirchen haben sich später wieder mit Rom „uniert". Aus östlichen Gebieten der Türkei stammende Arbeitnehmer sowie Asylsuchende aus Äthiopien, Türkei, Iran haben inzwischen altorientalische Gemeinden auch in Deutschland gegründet.

Ein Prediger der Siebenten-Tags-Adventisten beim Samstagsgottesdienst in einer Kirche in Neuilly, Frankreich

Trotz der unübersehbaren Vielfalt in Gottesdienst, Lehre und Leben in den christlichen Konfessionsfamilien besteht eine unverkennbare Einheit der Welt-Christenheit: Alle christlichen Kirchen berufen sich auf Jesus Christus und die Bibel. Von allen großen Weltreligionen ist das Christentum wohl diejenige, welche sich am stärksten auf eine Person beruft: Jesus Christus.

Das christliche Klosterleben

Gemeinschaft und Motor der inneren Reform

Benedikt von Nursia verteilt seine Ordensregel. Buchmalerei, 15. Jh.

Das Klosterwesen entstand im Mittelalter. Bereits im sechsten Jahrhundert gründete Benedikt von Nursia das Kloster Montecassino und legte damit den Grundstein des abendländischen Mönchswesens. Die Klöster entwickelten sich über die Jahrhunderte zu selbständigen Gemeinschaften mit eigener Kirche, Landwirtschaft, Kornspeichern, Tierställen, handwerklichen Betrieben, Bibliotheken, Spitälern, Schulen, Küchen und Gästehäusern.

Der Begriff Kloster stammt vom lateinischen *claustrum* und bedeutet „verschlossener Raum". Im Kloster führen Mönche oder Nonnen ein von der übrigen Welt abgeschiedenes, einfaches, eheloses, Gott geweihtes Leben. Klöster standen aber auch immer im Spannungsfeld zwischen geistlichen Bedürfnissen und weltlichen Funktionen. So gründeten deutsche Herrscher Klöster an strategisch wichtigen Knotenpunkten, um das oft nur an der Oberfläche christianisierte Land zu kontrollieren. So lange das geltende Recht dem Erstgeborenen das gesamte Erbe zusprach, waren Klöster auch beliebte Anlaufstellen für besitzlose Nachgeborene, oder sie nahmen Töchter aus armen Familien auf, die mangels Mitgift nicht verheiratet werden konnten. Zu Zeiten des Krieges boten Klöster auch Zuflucht für Schutzsuchende. Bis in die Neuzeit hinein besaßen Klöster weltliche Funktionen als Missionsstationen, Forschungsinstitute, Schulen oder landwirtschaftliche Betriebe.

Aus der Klosterregel des Benedikt von Nursia

4. Das sind die Werkzeuge der guten Werke: Den Leib züchtigen, der Sinneslust nicht nachgeben, das Fasten lieben! Arme erquicken, Nackte bekleiden, Kranke besuchen, Tote begraben, in der Trübsal zu Hilfe eilen, Trauernde trösten! (...)

5. Gehorsam ohne Zögern ist der vorzüglichste Grad der Demut. Wer den Oberen gehorcht, gehorcht Gott. (...)

48. Müßiggang ist ein Feind der Seele. Deshalb müssen sich die Brüder zu bestimmten Zeiten der Handarbeit und zu bestimmten Zeiten wiederum der Lesung göttlicher Dinge widmen.

66. Wenn möglich, soll das Kloster so angelegt sein, dass alles Notwendige, das heißt Wasser, Mühle, Garten und Werkstätten (...) sich innerhalb der Klostermauern befindet.

EINIGE WICHTIGE ORDEN

Orden sind Gemeinschaften innerhalb der christlichen Kirchen, in denen Männer und Frauen nach bestimmten Regeln zusammenleben. Die Ordensmitglieder verpflichten sich zu Armut, Gehorsam und Keuschheit. Verschiedene Orden, wie Benediktiner, Dominikaner, Franziskaner, Jesuiten, Kartäuser, Karmeliter, Pallotiner, Trappisten und Zisterzienser, wurden seit dem Mittelalter gegründet.

Benediktiner

Die Benediktiner sind der älteste abendländische katholische Mönchsorden: Ordo Sancti Benedicti (Abkürzung: OSB), gegründet 529. Die Mönche leben nach der Regel des Benedikt von Nursia (um 480–547), welche die stabilitas loci, die „ständige Anwesenheit" im Kloster verlangt. Der Grundsatz des Ordens lautet ora et labora („Bete und arbeite"). Durch die cluniazensische Reform erfuhren die Benediktiner eine Neubelebung. Benediktinermönche sind schwarz gekleidet, meistens mit Kapuze. Neben den Benediktinerinnen gibt es außerdem die „Benediktinerinnen von der Ewigen Anbetung" und die „Benediktiner-Oblatinnen".

Dominikaner

Bei den Dominikanern, dem Ordo Fratrum Praedicatorum (Abkürzung: OP), handelt es sich um einen von dem spanischen Mönch Dominikus (um 1170 bis 1221) gegründeten katholischen Bettelorden. Dieser verbindet meditatives und aktives Leben miteinander. Den Dominikanern wurde seit 1231 vorzugsweise die Inquisition übertragen.

Franziskaner

Franziskaner sind Mitglieder des 1209 von Franz von Assisi (1181/82–1226) gegründeten Ordo Fratrum Minorum (Abkürzung: OFM). Neben den Dominikanern sind die Franziskaner der bedeutendste Bettelorden. Sie lehnen jeglichen Besitz ab, widmen sich bereits seit ihren Anfängen der Seelsorge und der Wissenschaftspflege. Franziskaner tragen braune Kutten mit Kapuzen.

Der zweite Orden der Franziskaner ist der auf Franz und Klara von Assisi zurückgehende Klarissenorden (gegründet 1212). Den dritten Orden bilden die Terziaren.

Jesuiten

Der Jesuitenorden, die Societas Jesu (Abkürzung: SJ), wurde 1534 von Ignatius von Loyola (1491–1556) gegründet. Er spielte eine wichtige Rolle bei der Gegenreformation. Die Jesuiten gewannen großen Einfluss auf Kirche und Staat im 17./18. Jahrhundert. Im 19. und 20. Jahrhundert waren sie in vielen Staaten Anfeindungen ausgesetzt, da man sie der Verschwörung verdächtigte. In Deutschland waren sie im Zeitraum von 1872–1917 verboten (so genanntes Jesuitengesetz).

Der Jesuitenorden ist straff organisiert, die Mitglieder werden streng und sorgfältig ausgewählt und ausgebildet.

Zisterzienser

Als Zisterzienser bezeichnet man Angehörige des von Robert von Molesme (um 1028–1111) und dem heiligen Alberich in Citeaux (gest. 1109) gegründeten Reformordens.

Die Zisterzienser wollten die Ordensregel auf dem geradesten Weg verwirklichen. Das führte zu einer Einfachheit der Liturgie und zu der Schmucklosigkeit ihrer Kirchen. Die Zisterzienser nahmen grundsätzlich nur Erwachsene in ihren Orden auf, um sicher zu gehen, dass es sich beim Klostereintritt um eine eigene freie Entscheidung handelte.

In gemeinsamen Versammlungen beriet man sich über Fragen des Zusammenlebens, die der Abt nicht mehr allein entschied. Um sich stärker von der Welt abzukehren, gründeten die Zisterzienser ihre Klöster dort, wo das Land noch urbar gemacht werden musste.

Reformbestrebungen

Oft waren Klöster auch Ausgangspunkte innerkirchlicher Reformen. So weichten die strengen Klosterregeln, die Benedikt von Nursia im sechsten Jahrhundert noch aufgestellt hatte, mit der Zeit auf. Um 900 waren zahlreiche Klöster von den strengen Regeln der Askese und des Gottesdienstes abgekommen. Viele Mönche missachteten die Fastengebote, trugen kostbare Kleidung, gingen sogar auf die Jagd. Eine neue Spiritualität wurde gesucht, welche die liturgischen Pflichten der Mönche wieder betonte. Aus diesem Reformgedanken heraus gründete Herzog Wilhelm von Aquitanien 909 das Kloster Cluny/Burgund. Im Mittelpunkt standen Chorgebet – das über den Tag verteilte Stundengebet – und Gottesdienst. Später schlossen sich über 1400 Klöster den Idealen dieser strengen Lebensführung an, bis einigen Mönchen selbst das Leben in Cluny nicht mehr bescheiden genug war. 1098 gründete Robert von Molesme das Kloster Citeaux, die Keimzelle des Zisterzienserordens, der sich noch stärker vom Getriebe der Welt abkehren wollte. Diese Lebensform zog viele Menschen an und bereits 1153, dem Todesjahr des wohl berühmtesten Vertreters dieses Ordens, Bernhard von Clairvaux, gehörten 350 Häuser diesem Orden an. Später gab es fast 700 solcher Klostergemeinschaften.

Blick auf die Benediktinerabtei Maria Laach in der Vulkaneifel, die 1093 von Pfalzgraf Heinrich II. von Laach gegründet wurde

DIE FRÜHE KIRCHE
Die Ursprünge des Christentums

Die Apostel Petrus und Paulus auf einer frühchristlichen Steinplatte vom Grab des Knaben Asellus (um 313)

Urheber und zentrale Gestalt des Christentums war Jesus von Nazareth. Die Geschichte der alten Kirche umfasst die Zeit, in der sich das Christentum in der griechisch-römischen Welt ausbreitete. Von Palästina gelangte es zunächst nach Kleinasien, dann über Mazedonien nach Griechenland. Nach dem Tod Jesu versammelte sich eine kleine Schar seiner Anhänger anlässlich des jüdischen Pfingstfestes. Bald darauf begann diese kleine Gemeinschaft – erfüllt von der göttlichen Kraft des Heiligen Geistes – anderen Völkern von Gott und Jesus Christus zu erzählen (Apg 1, 2 bis 11). Dieses Pfingstwunder gilt als „Geburtsstunde“ der urchristlichen Gemeinde. Diese Zeit wird auch „Apostolische Zeit“ genannt, denn die Apostel waren Augenzeugen des Lebens und Wirkens Jesu und leiteten nach seinem Tod die Gemeinde. Von herausragender Bedeutung sind Petrus und Paulus.

Paulus und andere entschieden auf dem Apostelkonzil (48/49), dass den Menschen Gottes Heil auch ohne die vollständige Beachtung der jüdischen Vorschriften zu Teil würde. Diese Entscheidung war der Beginn einer klaren Trennung zwischen Judentum und Christentum. Paulus und andere Apostel begannen, verstärkt Heiden zu missionieren.

Dem Heidenchristentum, das sich ziemlich bald vom Judentum abgelöst hatte, fiel in der Kirche die Führung zu. Der Fall Jerusalems und die Zerstörung des Tempels im Jahre 70 schwächten die „Judenchristen“, die ihren Glauben an Jesus als den Messias mit der Einhaltung des mosaischen Religionsgesetzes verbanden, immer mehr. Die „Judenchristen“ wurden so zu einer religiösen Sondergemeinschaft. Während der jüdischen Erhebung gegen die römische Fremdherrschaft zogen sie sich in das Ostjordanland zurück. Das Judenchristentum wurde vom Mehrheitschristentum als ketzerisch betrachtet. Seit der ersten Hälfte des fünften Jahrhunderts verlieren sich die Spuren des Judenchristentums. Die bedeutendste Wirkung dieser Spielart des Christentums liegt wohl in seinem Einfluss auf den Islam. Das judenchristliche Jesusbild und das Bild von Issa (= Jesus) im Koran weisen Ähnlichkeiten auf: Jesus wird als „Knecht Gottes" gesehen.

Die Zeit des Frühkatholizismus

Auf die Phase des Urchristentums folgte die des Frühkatholizismus. In dieser Zeit wurden die jüngeren neutestamentlichen Schriften und große Teile der Apokryphen verfasst, die sich an jüdische Muster anlehnten. Die Naherwartung, also die baldige Erwartung der Wiederkunft Christi, schwand allmählich. Die Rolle der von Gemeinde zu Gemeinde ziehenden Wanderprediger und Missionare wurde geringer. Nach und nach bildeten sich in der Kirche Ordnungen und Ämter heraus. Kirchenverfassungen regelten die genauen Aufgaben. Es entstand eine Rangfolge (Hierarchie) der geistlichen Ämter: Ein Bischof leitete die Gemeinde. Er wurde dabei von Diakonen und Presbytern (von daher unser Wort „Priester") unterstützt. Zum Klerus (Geistlichkeit) gehörten die führenden Gemeindevertreter. Ihnen standen die Gläubigen gegenüber: die Laien (von griechisch laos „Volk"). Das größte Ansehen genoss von Anfang an die Gemeinde von Rom, weil Petrus und Paulus hier der Überlieferung nach den Märtyrertod starben. Der römische Bischof erhielt allmählich die Vorrangstellung (den „Primat") gegenüber den anderen Bischöfen.

In der ersten Hälfte des zweiten Jahrhunderts entstanden die Schriften der so genannten „Apostolischen Väter". Die Autoren geben vor, die Apostel noch persönlich zu kennen. Ihre Schriften wurden zwar nicht in die Bibel aufgenommen, dienen aber als wichtige Quellen für die frühe Kirchengeschichte. Zu den in den Jahren 90 bis 150 verfassten Schriften zählen der erste und zweite Klemensbrief, die sieben Briefe des Bischofs Ignatius von Antiochien, der Barnabasbrief, die Kirchenordnung Didache („Zwölfapostellehre") sowie der „Hirt des Hermas".

Seit der Zeit Hadrians (76–138) setzten sich die „Apologeten" (zum Beispiel Aristides, Justin [ca. 110– ca. 165], Tertullian [um 150– um 230]) in ihren Schriften mit den Ansichten ihrer heidnischen Umwelt verteidigend auseinander. Sie wandten sich an eine gebildete Öffentlichkeit und wiesen verleumderische Angriffe auf das Christentum zurück.

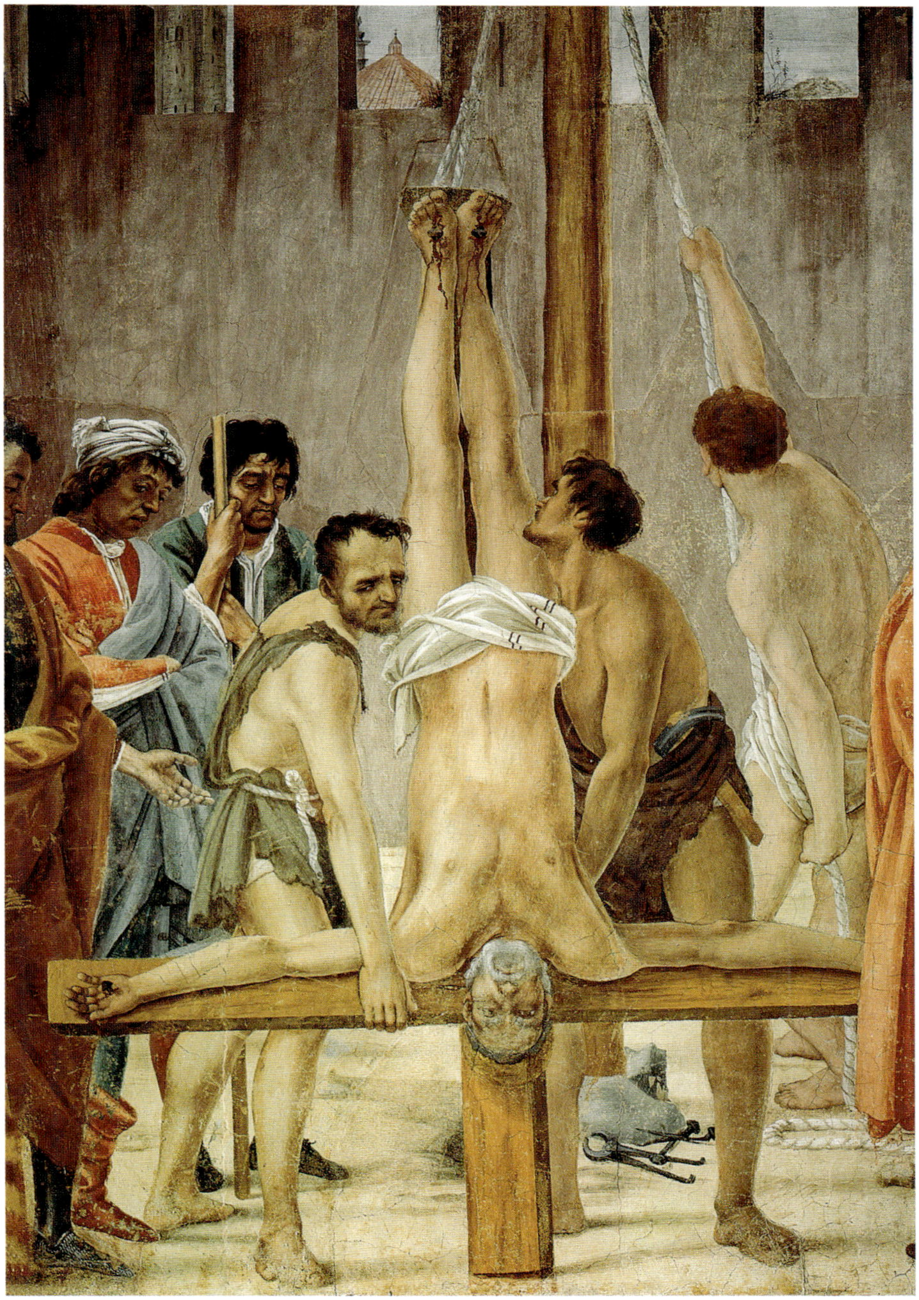

Petrus stirbt in Rom den Märtyrertod; Fresko von Filippino Lippi (um 1457–1504) aus der Brancacci-Kapelle in Santa Maria del Carmine, Florenz um 1481/82.

Die Kirche im Römischen Reich

Von der „unerlaubten Religion“ zur Staatsreligion

Zunächst galt das Christentum im Römischen Reich als religio illicita (unerlaubte Religion). Das Ausüben des christlichen Glaubens wurde von der römischen Oberherrschaft zunehmend als Aufruhr und Bedrohung begriffen, denn die Christen lehnten den seit Augustus (63 v. Chr.–14 n. Chr.) praktizierten Kaiserkult ab, bei dem der römische Herrscher wie ein Gott verehrt wurde. Die Christen jedoch beteten ausschließlich ihren eigenen Gott an. Mit dieser Begründung verweigerten sie den zahlreichen römischen Göttern die Huldigung. Sie lehnten den Tempeldienst ab und feierten ihre eigenen Gottesdienste. Schließlich besaßen die Christen auch eine eigene, an Jesus Christus orientierte Zeitrechnung, während die Römer sich am Gründungsdatum Roms ausrichteten.

Unter den Kaisern Nero (37–68), Decius (249–251), Valerian (253–260) und Diokletian (284–305) kam es zu grausamen Christenverfolgungen. Die spätere Duldung und

Büste des Kaisers Konstantin. Zum Christentum vor der entscheidenden Schlacht an der Milvischen Brücke bekehrt, förderte Konstantin das frühe Christentum.

Kaiser Konstantin erlebt sein Wunder

„Maxentius hielt sich (312) in Rom auf. (…) Konstantin zog daher mit all seinen Truppen nach Rom und schlug vor der Milvischen Brücke am Tiber sein Lager auf. Da sagte ihm, während er schlummerte, eine Stimme, er solle das himmlische Zeichen Gottes auf die Schilde seiner Soldaten malen lassen und so in den Kampf ziehen. Konstantin tat, wie ihm befohlen war. Er ließ (die Abkürzung des Namens) „Christus“ in Form eines schräg gestellten X mit oben kreisförmig umgebogener Spitze auf die Schilde malen. Mit diesem Zeichen bewaffnet, begann sein Heer die Schlacht gegen die Feinde, die aus der Stadt über die Brücke kamen. Maxentius (…) stürzte sich in den Kampf in der Hoffnung, er würde der Sieger sein. Doch die Hand Gottes vernichtete sein Heer. Maxentius (…) stürzte mit seinen flüchtenden Soldaten in den Tiber und ertrank.“

(Laktanz, der Lehrer von Konstantins Sohn, berichtet über den ersten Sieg unter dem Christuszeichen; nach Gerhard Crone: Lactantius)

Frühchristliche Gemeinden im Römischen Reich

Anerkennung der Christen wurde durch das „Toleranzedikt“ des Kaisers Galerius (311) vorbereitet. Zwei Jahre später (313) erließ Kaiser Konstantin der Große (285 bis 337) das Abkommen von Mailand. Dadurch wurde das Christentum zur religio licita (erlaubten Religion). Den Christen wurde die uneingeschränkte Religionsfreiheit für das ganze Römische Reich gewährt. Konstantin ließ Kirchen bauen, erklärte den Sonntag zum Feiertag und gestattete den Bischöfen richterliche Aufgaben. Als Gegenleistung verlangte er eine Kirche, die überall die gleiche Lehre verkündete und die in der gleichen Weise wie das übrige Reich verwaltet wurde. Konstantin duldete aber auch die alten Religionen weiter und ließ sich erst auf dem Totenbett taufen.

Die „Konstantinische Wende“ brachte es mit sich, dass sich die Christen missionarisch ausbreiten konnten. Auf Synoden und Konzilien durften sie ihre Lehrstreitigkeiten austragen und allgemein verbindliche Lehrsätze formulieren. Die Teilnehmer der frühen Synoden (2./3. Jahrhundert) waren nicht nur Bischöfe, sondern auch Diakone und Presbyter, und die Synodenbeschlüsse hatten mehr oder weniger lokale Bedeutung, auch wenn sie den Anspruch erhoben, für die gesamte Christenheit zu sprechen.

391 erkannte Kaiser Theodosius I. das Christentum offiziell als Staatsreligion an. Er sicherte den Christen auch die Rückgabe ihres Eigentums zu, das sie während der Verfolgung unter Kaiser Diokletian verloren hatten. Das Christentum entwickelte sich zu einer Häretiker, Juden und Heiden unterdrückenden Staatsreligion.

In den ersten Jahrhunderten lag das Schwergewicht des Christentums im Osten. Dort blühte die Theologie auf, und dort wurden die großen Dogmenkämpfe des vierten und fünften Jahrhunderts ausgetragen.

Eine Ausnahme bildete das Werk des bedeutendsten aller lateinischen Kirchenväter, Augustinus (354–430). In seiner Person entwickelte das Abendland seinen Sa-

Der römische Statthalter Plinius über sein Vorgehen gegen Christen

„Gegen diejenigen, die angezeigt wurden, Christen zu sein, bin ich so vorgegangen: Ich fragte sie, ob sie Christen seien. Gaben sie es zu, habe ich sie ein zweites und drittes Mal gefragt und die Todesstrafe angedroht. Blieben sie dann immer noch dabei, habe ich sie hinrichten lassen. Denn egal, was sie zu gestehen hatten, ich bezweifelte nicht, dass so eine Starrköpfigkeit und so ein Trotz bestraft werden mussten. (…) Einige stritten ab, Christen zu sein oder gewesen zu sein. Ihnen sprach ich Gebete zu den Göttern und deinem Standbild vor, das ich zusammen mit Götterbildern hatte aufstellen lassen. Wenn sie sie nachsprachen, dabei Weihrauch und Wein opferten und Christus verfluchten, dann ließ ich sie anschließend frei. Denn man weiß ja, dass echte Christen das nicht tun würden. Genauso habe ich es mit denen gemacht, die zugaben, früher einmal Christen gewesen zu sein, jetzt aber nicht mehr.“

(Aus dem Bericht des Plinius an Kaiser Trajan, etwa 112; nach Günther Scheda: Plinius der Jüngere. 1997)

kraments- und Kirchenbegriff. Im Zusammenhang des Streites zwischen Augustinus und dem britannischen Mönch und Kirchenschriftsteller Pelagius (*384– nach 418 oder 422) entwickelte sich der Pelagianismus mit seinen Anschauungen zur Sünden-, Gnaden- und Prädestinationslehre. Pelagius' Auffassung über eine Sünde Adams, Taufe und Freiheit des Menschen stießen auf heftigen Widerstand. Der Osten war zur selben Zeit ganz von der christologischen Debatte geprägt, das heißt von der Frage nach dem Verhältnis der Gottheit und Menschheit in Jesus Christus.

395 wurde das Römische Reich geteilt. Das Oströmische Reich (Byzanz) existierte bis 1453. Das Weströmische Reich mit Rom als Hauptstadt ging bereits 476 unter. Das Schwinden der kaiserlichen Macht im Westen begünstigte die Ausbildung des Papsttums, das durch Leo I. (440–461) seine Wesensbestimmung und theologische Begründung erfuhr. Im Osten verschmolzen Kaisertum und Kirche immer mehr.

Bereits im 2. Jahrhundert begannen die Christen den Brauch, ihre Toten in den römischen Katakomben zu bestatten. „Die Märtyrer in den Katakomben"; Gemälde (1855) von Jules Eugène Lenepveu; Paris, Museé d'Orsay

Die Kirche im Mittelalter

Christianisierung und Stärkung der päpstlichen Macht

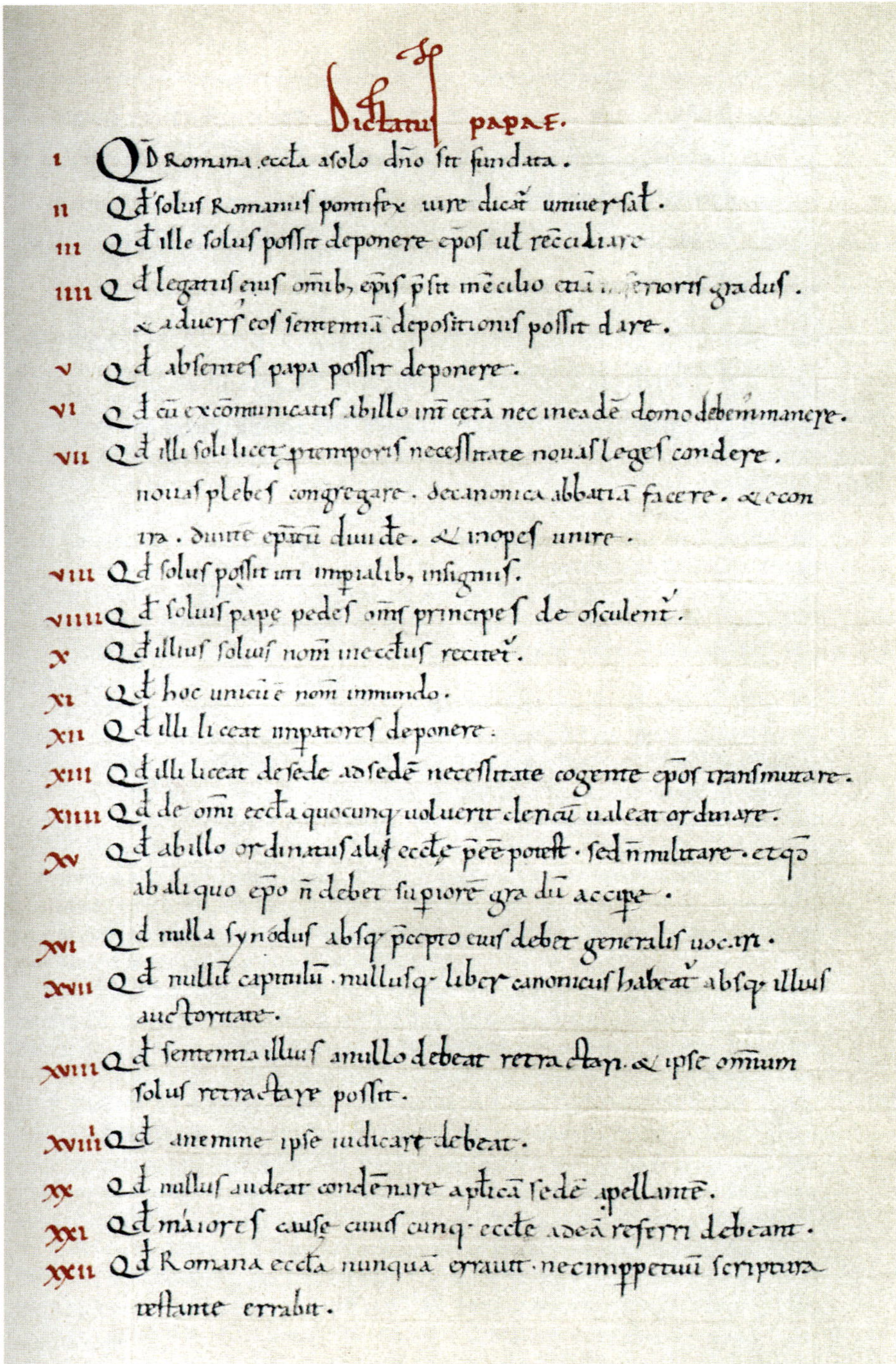

Ausschnitt aus dem Dictatus Papae, 27 kurze Leitsätze Gregors VII. aus dem Jahr 1075, in denen er sein kirchenpolitisches Glaubensbekenntnis formuliert.

Die Christianisierung der germanischen, romanischen und slawischen Völker leitete eine entscheidende Phase der Christentumsgeschichte ein. Das Zentrum des Christentums verlagerte sich nun in den Westen.

Die Christianisierung der Germanen erstreckte sich über einen Zeitraum von rund 1000 Jahren (2.–12. Jahrhundert), die der Slawen erfolgte zwischen 600 und 1400. Nilaufwärts bis nach Äthiopien entfalteten die ägyptischen Monophysiten ihre Wirksamkeit. Sie waren Anhänger der Lehre, dass Christus nicht zwei, sondern nur „eine Natur" habe, nämlich die göttliche. Die Nestorianer (benannt nach Nestorius, dessen Lehre 431 auf dem Konzil von Ephesus verurteilt wurde) trennten sich 483 endgültig von der Reichskirche. Sie brachten das Christentum nach Indien, in das Innere Asiens und im 7. Jahrhundert bis nach China. Die katholischen Missionare, die im 13. Jahrhundert nach China kamen, trafen dort noch auf Überreste des nestorianischen Glaubens.

Ausbreitung des Christentums nördlich der Alpen

Im Zuge der Christianisierung der germanischen Stämme nördlich der Alpen konnte sich die (römisch)-katholische Kirche zunehmend entfalten. Der Frankenkönig Chlodwig I. (466–511) ließ sich 498 katholisch taufen. Ein fränkisches Einheitsreich erstreckte sich über die einstigen römischen Provinzen Germaniens. Auf der Synode von Orléans (538) wurde die katholische Kirche zur Staats- und Reichskirche bestimmt. Die Päpste in Rom gewannen auch aufgrund ihres politischen Verhandlungsgeschicks mit den germanischen Eroberern an Ansehen. Gregor I. setzte sich außerdem für eine Ausbreitung des katholischen Christentums ein, indem er 40 Benediktinermönche um das Jahr 600 als Missionare nach Britannien zu den Angelsachsen entsandte. Hier ging die Missionierung nur zäh voran, denn die vorherrschende katholische Kirche konnte auf eine lange Tradition zurückblicken. Erst gegen Ende des 7. Jahrhunderts wuchs eine Generation von Kirchenfürsten heran, die sich mit der päpstlichen Mission verständigen wollte.

Ein wichtiger historischer Einschnitt war das Auftreten des Islam als geschichtsbestimmende Macht. Der Islam stieß bei seiner Expansion (ab 633) neben der griechischen Reichskirche auf eine Reihe nationaler Sonderkirchen (Äthiopische Kirche, Koptische Kirche, Jakobiten in Syrien, Nestorianer in Persien, Armenische Kirche), die den Islam zunächst als Befreiung erfuhren, da die Katholiken versucht hatten, den Sonderkirchen ihren „rechten" Glauben aufzuzwingen.

Während der Amtszeiten der Päpste Gregor II. (715–731) und Gregor III. (731 bis 741) wurde die Christianisierung der Germanen vor allem durch Bonifatius (652/5–754), dem „Apostel der Deutschen" weitergeführt. Unterstützt von Karl Martell war Bonifatius sehr erfolgreich. Er gründete ein halbes Dutzend Klöster und schuf neun neue Bistümer. 732 wurde er von Papst Gregor III. zum Erzbischof und päpstlichen Vikar für das gesamte deutsche Missionsgebiet bestellt.

Während in der Alten Kirche der römische Kaiser auch kirchliche Entscheidungen traf und den Befugnisbereich der Kirche bestimmte, änderte sich dies im Mittelalter entscheidend, als der Papst in Rom als Folge der „Pippinischen Schenkung" durch die Gründung eines eigenen Kirchenstaats auch zu einem weltlichen Herrscher wurde. Folglich gab es immer mehr Kompetenzstreitigkeiten zwischen Papst und Kaiser, zwischen geistlicher und weltlicher Macht. Die Spannungen zwischen Kirche und Staat nahmen in der Karolingerzeit noch zu. Doch erlebte das Kaiser-

Heinrich IV. in Canossa. Durch den Bußgang erreichte Heinrich IV. die Lösung des Kirchenbanns. Historisierendes Gemälde von Eduard Schwoiser, 1862, München, Stiftung Maximilianeum

tum unter Karl dem Großen (747–814) beachtlichen Machtzuwachs. Karl wurde König der Franken und Langobarden und 800 in Rom zum Kaiser gekrönt.

Mit dem Ende des Karolingerreiches endete auch die Vorherrschaft des Kaisertums über das Papsttum. Erstarkt durch innerkirchliche Reformkräfte baute das Papsttum seine Vormachtstellung gegenüber der weltlichen Macht aus. Zur Machtprobe kam es schließlich beim so genannten Investiturstreit: Könige konnten Bischöfen Bistümer als Lehen verleihen und ihnen als äußeres Zeichen der Macht Ring und Stab übergeben. Dadurch entstand der Eindruck, dass die weltlichen Herrscher den Bischöfen auch geistliche Gewalt (Investitur) verliehen. Gregor VII. (1073–1085) verbot die Investitur durch weltliche Herrscher (Laieninvestitur) und drohte Kaiser Heinrich IV. (1056–1106) mit dem Bann, dem Ausschluss aus der Kirche. Heinrich IV. gab nach und bat den Papst 1077 beim Bußgang nach Canossa um Verzeihung. Im „Wormser Konkordat“ wurde 1122 festgelegt, dass der weltliche Herrscher auf die Investitur mit Ring und Stab verzichtet. Außerdem sollte die Kirche alle während des Streits zwischen Papst und Kaiser einbehaltenen Kirchengüter zurückbekommen. In Deutschland durfte der bei der Bischofswahl anwesende König jedoch bei Streitfragen entscheiden.

Investiturstreit: Gregor VII, Kaiser Heinrich IV. und Gegenpapst Klemens III. Befreiung des in der Engelsburg eingeschlossenen Papstes Gregor durch den Normannen Robert Guiscard, Mai 1084. Holzstich 2. Hälfte 12. Jahrhundert

Petrus überreicht Karl dem Großen die Fahne von Rom und Leo III. die Stola, Zeichen der weltlichen und geistlichen Herrschaft.

Aufstieg der römisch-katholischen Kirche im Mittelalter

Nach der Kirchenspaltung 1054 bildete sich eine griechischsprachige christliche Kultur in Osteuropa und eine lateinischsprachige in Westeuropa. Letztere entwickelte die Scholastik, eine Wissenschaft, in deren Mittelpunkt die Theologie stand. Zu ihren Hauptvertretern zählten Johannes Scotus Eriugena (9. Jahrhundert), Anselm von Canterbury (1033/34–1109), Peter Abälard (1079–1142), Albertus Magnus (um 1200–1280), Thomas von Aquin (um 1225–1274), Johannes Duns Scotus (1265 bis 1308) sowie Wilhelm von Ockham (1284– ca. 1348). Es kam zu einer Vereinheitlichung des geistigen Lebens, so dass das Christentum zur alleinigen Weltanschauung des Mittelalters wurde. 1215 forderte das vierte Laterankonzil, alle verurteilten Ketzer, die vom Christentum abweichende Lehren vertraten, an die weltliche Macht auszuliefern. 1231/32 wurde die Inquisition (lateinisch: „gerichtliche Untersuchung“) als päpstliche Behörde von Papst Gregor IX. eingerichtet. Ihr Ziel war, die Kirche vor so genannten Ketzern zu schützen und Abweichler aufzuspüren und zu bestrafen. Die Inquisition fand erst mit der Aufklärung in der Neuzeit ihr Ende und gehört zu den finstersten Kapiteln in der Geschichte des Christentums.

In der mittelalterlichen Gesellschaft bildete sich ein Feudalsystem heraus – eine Wirtschafts-, Gesellschafts- und Staatsordnung mit Grund-, Leib- und Gerichtsherrschaft und Übertragung landesherrlicher Rechte an Feudalherren. An der Herrschaftsspitze standen in jener Zeit Kaiser und Papst.

Als Reaktion auf die Macht und zunehmende Dekadenz der römisch-katholischen Kirche entstand die Armutsbewegung, deren Leitbild der „arme Christus" war. Zu ihr gehörten die im 13. Jahrhundert von der Kirche zugelassenen Bettelorden, zum Beispiel die Franziskaner und Dominikaner. Die ausschließlich christlich geprägte mittelalterliche Kunst entstand in Klöstern und entwickelte sich im Zusammenhang mit dem Bau von Kirchen.

Im Mittelalter bildete sich ein seitens der Klöster organisiertes Erziehungssystem heraus; seit dem zwölften Jahrhundert kamen zu den Klosterschulen die Domschulen hinzu, deren Zusammenschluss mit den privaten Gelehrtenschulen zur Gründung der ersten Universitäten führte. Die Kirche gewann größeren Einfluss auf weltliche Bereiche. Der Papst wurde gewissermaßen zum Herrn der Welt und betrachtete die Fürsten und Bischöfe als seine Untergebenen. Allerdings traten auch Verfallserscheinungen auf, die den Ruf nach einer Reformation an „Haupt und Gliedern" laut werden ließen.

Von 1309 bis 1376, zur Zeit der Gegenpäpste, diente der am Ufer der Rhône gelegene Papstpalast in Avignon als päpstliche Residenz.

Die Kreuzzüge

200 Jahre Kampf um die heiligen Stätten

Als Kreuzzüge gelten die im Mittelalter von der katholischen Kirche propagierten oder unterstützten Kriege gegen „Heiden“ oder „Häretiker“, vor allem aber die vom Ende des elften bis zum Ende des 13. Jahrhunderts unternommenen Züge zur Befreiung der heiligen Stätten von islamischer Herrschaft. Dabei vermischten sich Wallfahrtsgewohnheiten mit Interpretationen von Augustinus' „gerechtem Krieg“. Politische und wirtschaftliche Motive wa-

ren gleichermaßen ausschlaggebend. Als Zeichen, dass ihr Krieg von der Kirche gutgeheißen wurde, trugen die Kreuzfahrer ein Kreuz auf ihrem Mantel.

Das für Juden, Christen und Muslime heilige Jerusalem befand sich seit dem 7. Jahrhundert unter der Herrschaft der Araber. Im Grunde stellte diese Situation keine Bedrohung für die Christen dar, denn die Muslime hatten den christlichen Pilgern gestattet, die Stadt zu besuchen und ihren Kult auszuüben. Erst als die Seldschuken Jerusalem 1076 eroberten und dem byzantinischen Heer eine Niederlage beibrachten, änderte sich die Situation. In Europa verbreiteten sich Gerüchte dahingehend, dass die christlichen Pilger unterdrückt würden.

Die Eroberung Jerusalems

„Die Franken wandten sich also gegen Jerusalem und hielten es nach ihrer Ankunft mehr als 40 Tage eingeschlossen. Die Franken nahmen die Stadt am Freitag, dem 22. Saaban 492 (15. Juli 1099). Die Einwohner wurden ans Schwert geliefert, und die Franken blieben eine Woche in der Stadt, während sie die Einwohner mordeten. Eine Gruppe von diesen suchte Schutz in Davids Bethaus und leistete einige Tage Widerstand. Nachdem die Franken ihnen das Leben zugesichert hatten, ergaben sie sich: die Franken hielten den Vertrag.

In der al-Aqsa-Moschee dagegen töteten sie 70 000 Muslime, unter ihnen viele Imame, Religionsgelehrte, Fromme, die das Land verlassen hatten, um in frommer Zurückgezogenheit an diesem heiligen Ort zu leben.“

(Der arabische Historiker Ibn al-Athir, in F. Gabrieli: Die Kreuzzüge aus arabischer Sicht, 1973)

Der erste Kreuzzug (1096–1099) begann nach dem durch den Hilferuf aus Byzanz gegen die Seldschuken veranlassten Kreuzzugsaufruf von Papst Urban II. Ein Gesuch um Truppenhilfe war nicht sehr ungewöhnlich. Schon früher hatten Europäer im byzantinischen Heer gedient, doch der kurz darauf folgende Kreuzzugsaufruf Papst Urbans II. auf der Synode von Clermont 1095 sowie die daraus entstandene Begeisterung der Menschen übertrafen alle Erwartungen.

Die Kreuzzugsprediger versprachen den Teilnehmern, ihre kirchlichen Bußstrafen, ja sogar ihre Sündenschuld zu erlassen. Da infolge des starken Bevölkerungswachstums die wirtschaftlichen Verhältnisse der niederen Ritter und Bauern nicht sehr gut waren, fand die Botschaft des Papstes gerade hier großen Zuspruch. Die adligen Kreuzzugsteilnehmer waren im Wesentlichen durch die Einführung des Erstgeburtsrechts verarmte Zweitgeborene, die in der Unternehmung die willkommene Möglichkeit sahen, sich eine neue Lebensgrundlage zu schaffen.

Viele glaubten auch, sie würden im Heiligen Land das himmlische Jerusalem vorfinden und dort die ewige Seligkeit erlangen. Papst Urban II. plante kaum, eine Massenbewegung in Gang zu setzen oder in Palästina neue Staaten zu gründen. Vielleicht wollte er das Hilfegesuch ausnutzen, um die Spaltung zwischen der römisch-katholischen Kirche und der griechisch-orthodoxen Kirche in Byzanz zu mildern.

Die Karte zeigt den Verlauf der verschiedenen Kreuzzüge, die zur Eroberung der heiligen Stätten unternommen wurden.

Zweikampf zwischen einem Muslim und einem Kreuzritter; auch gedeutet als Duell zwischen Sultan Salah ad-Din (Saladin) und Richard I. Löwenherz; Illustration aus dem Luttrell-Psalter, British Library

Bernhard von Clairvaux an Papst Eugen III.:

„Moses hatte den Juden versprochen, sie in das Land Kanaan zu führen. Sie folgten ihm und sahen doch das Land nicht. Habe ich bei diesem Werk leichtsinnig oder vermessen gehandelt? Nein, ich habe mit vollkommenem Vertrauen deinem Befehl gehorcht oder vielmehr dem Befehl Gottes."

Der erste Kreuzzug war unter der Führung von Wanderpredigern wie Peter von Amiens vor allem ein Volkskreuzzug, in dessen Verlauf es zu zahlreichen Judenpogromen kam. An die Spitze der regulären Heere traten Fürsten aus Frankreich und Süditalien, Gottfried von Bouillon, Raimund von Toulouse und Bohemund von Tarent. Das Kalifat von Bagdad hatte dem schwer gepanzerten Heer zunächst nichts entgegenzusetzen. Balduin, der Bruder Gottfrieds, gründete den ersten Kreuzfahrerstaat, die Grafschaft Edessa. Seinem Beispiel folgte 1098 Bohemund mit der Gründung des Fürstentums Antiochia. 1099 wurde schließlich Jerusalem erobert und die gesamte Bevölkerung hingemetzelt.

Der zweite Kreuzzug (1147–1149), ausgelöst durch die islamische Rückeroberung Edessas und den Aufruf des Bernhard von Clairvaux (1090–1153), endete für die meisten Kreuzfahrer bereits in Kleinasien und wurde zum Desaster. Kein anderer Mönch hatte zu der Zeit so großen religiösen und politischen Einfluss wie Bernhard von Clairvaux. Er wirkte als Berater von Bischöfen, Königen und Päpsten und war darüber hinaus Mystiker, Mönch, Politiker, Klostergründer und Kreuzzugsprediger.

Der erste Kreuzzug (1096–1099), Eroberung und Plünderung von Jerusalem 1099; Miniatur um 1450

Nach der Rückeroberung Jerusalems durch Sultan Salah ad-Din (Saladin) 1187 kam es zum dritten Kreuzzug, an dem Philipp von Frankreich (1165–1223) und Richard Löwenherz (1157–1199) sowie der deutsche Kaiser Friedrich I. (1122 bis 1190) teilnahmen. Friedrich I., genannt Barbarossa, erreichte aber nie sein Ziel. Er ertrank bei einem Bad im Fluss Salef in Kleinasien.

Der dritte Kreuzzug konnte nur einen kleinen Küstenstreifen des heutigen Libanon christianisieren. Er endete mit der Einnahme Akkons durch Richard Löwenherz. Jerusalem blieb in islamischer Hand. Sultan Saladin zeigte sich als großzügiger Sieger: Christen konnten sich gegen Lösegeld freikaufen, andere wurden mit der Sorge um die Kirchen betraut. Außerdem erteilte Saladin den Christen die Erlaubnis, ohne Waffen zu ihren heiligen Stätten zu wallfahren. Auch der Zuzug von Juden nach Jerusalem wurde gefördert. In der abendländischen Literatur (Dante, Boccaccio, Lessing) wurde Saladin zum Vorbild für den weisen und toleranten Herrscher.

Die in den Orient gezogenen Europäer passten sich den Gegebenheiten an. Die Bewohner stammten aus verschiedenen Teilen Europas, überwanden aber bald sprachliche und kulturelle Unterschiede und heirateten untereinander. Ihren Lebensunterhalt verdankten sie der Landwirtschaft und den Wallfahrern. Von ihren Küstenstädten aus trieben sie regen Handel mit den oberitalienischen Handelsrepubliken Pisa, Genua und vor allem Venedig. Die Kreuzfahrer gestatteten ihnen als Dank Steuerfreiheit, zollfreien Handel und Marktrecht in allen Städten des Königreichs Jerusalem. Die Beziehung der Kreuzfahrer zu den Muslimen vor Ort war meist freundschaftlich. Viele Bewohner der Kreuzfahrerstaaten übernahmen im Laufe der Zeit orientalische Gewohnheiten und lernten von der überlegenen Kultur der Araber und Byzantiner.

Der vierte Kreuzzug (1202–1204) beschränkte sich auf die Eroberung und Plünderung Konstantinopels. Die Kreuzfahrer errichteten ein kurzlebiges und armes „Lateinisches Kaiserreich" (bis 1261).

Radulfus Niger, ein englischer Geistlicher, zum bewaffneten Glaubenskampf, 1188

„Darf man Sarazenen (Muslime) hinmorden? Etwa weil ihnen Gott Palästina gegeben hat? Gott hat gesagt: Ich will nicht den Tod des Sünders. (Muslime) sind Menschen von derselben natürlichen Beschaffenheit wie wir.

Sie müssen auf jeden Fall von unserem Land zurückgeworfen werden, weil alle Rechte es erlauben, Gewalt mit Gewalt zu vergelten, aber mit der Mäßigung der gerechten Verteidigung (…). Jedenfalls müssen sie mit dem Wort Gottes überzeugt werden, so dass sie freiwillig und ohne Zwang zum rechten Glauben kommen. Denn Gott hasst Zwang.

Wer immer also den Glauben mit Gewalt zu verbreiten sucht, verlässt den Weg Gottes (…). Der Papst, der Stellvertreter Gottes auf Erden, ruft geistliche und weltliche Personen zum Kreuzzug auf und gewährt ihnen die Vergebung all ihrer Sünden."
(Nach George Tate: Die Kreuzritter, 1993.)

Papst Urban II. (1095–1099) ruft beim Konzil von Clairmont (1095) zum zweiten Kreuzzug auf.

Der Kreuzzug Friedrichs II. (1229) führte schließlich zur Rückgabe Jerusalems ohne die heiligen Stätten des Islam. Das christliche Königreich hatte aber nur bis zur islamischen Wiedergewinnung (1244) Bestand. Der Kreuzzug Ludwigs des Heiligen (1226–1270) scheiterte an den Mamluken, die im Verlauf des 13. Jahrhunderts die letzten christlichen Festungen zurückeroberten.

Außerdem fand ein Kinderkreuzzug statt, dessen Teilnehmer größtenteils umkamen oder in die Sklaverei gerieten. Die Geschichte der Kreuzzüge endete 1291 mit der Rückeroberung Akkons durch die Muslime.

Vom Grundgedanken des Evangeliums her sind Kreuzzüge eine ungeheuere Provokation des christlichen Gewissens. Während man früher oft stolz auf die Kreuzzüge zurückblickte, gelten sie heute als umstrittene Unternehmen, bei dem gegen viele christliche Gebote verstoßen wurde und Machtinteressen im Vordergrund standen. Aber die Kreuzzüge führten auch zu einem Kulturaustausch, bei dem das Abendland vieles von den Muslimen übernahm. Der Aufstieg der italienischen Handelsmächte wurde durch die Kreuzzüge beschleunigt und damit das Ende des Mittelalters vorbereitet.

Reformation und Gegenreformation

Das Zeitalter der Glaubenskämpfe

Huldrych Zwingli, Reformator der deutschen Schweiz. Porträtgemälde von Hans Asper, 1531

Das 15. und 16. Jahrhundert war eine Zeit des Umbruchs, der vor allem durch neue Entdeckungen und Erfindungen ausgelöst wurde. So stellte Nikolaus Kopernikus (1473–1543) das gesamte bisherige Weltbild in Frage, als er erkannte, dass sich die Erde um die Sonne dreht. Bis dahin hatte die Anschauung des ägyptischen Astronomen Ptolemaeus (um 85–160) gegolten, wonach die Erde der Mittelpunkt der Welt war. Christoph Kolumbus (1451 bis 1506) stieß 1492 bei der Erforschung eines neuen Seewegs in Richtung Indien auf einen bis dahin unbekannten Kontinent. 1507 wurde dieser nach seinem Landsmann Amerigo Vespucci „Amerika" genannt. Damit hatte Kolumbus auch indirekt nachgewiesen, dass die Erde eine Kugel und keine Scheibe ist. Um 1450 entwickelte Johannes Gutenberg (um 1397–1468) bewegliche, aus Metall gegossene Lettern, die den Druckvorgang entscheidend beschleunigten und so zu einer wesentlich schnelleren Verbreitung von Schriften beitrugen.

Die Reformation wurde durch eine Reihe von Vorgängen vorbereitet: die geistesgeschichtlichen Spannungen des Spätmittelalters; die in der Renaissance einsetzende historische Kritik auch an den Einrichtungen der Kirche; die durch die Erfindung der Buchdruckerkunst allgemein zugänglich gemachten Schriften der Bibel und der Kirchenväter; das Streben der Fürsten und weltlichen Machthaber, das landesherrliche Kirchenregiment weiter auszubauen; die sozialen Gegensätze in den Städten; die inneren Verfallserscheinungen der Kirche; die anwachsende Bedeutung der Laien und ihr Streben nach religiöser Erneuerung. Im Gefolge der Reformation entstanden in den einzelnen deutschen Territorien voneinander unabhängige Landeskirchen, die dem landesherrlichen Kirchenregiment unterstanden. Diese Landeskirchen legten auf dem Reichstag zu Augsburg (1530) ein erstes grundlegendes Bekenntnis ab: das „Augsburger Bekenntnis“ (Confessio Augustana). Reichsrechtlich wurden die evangelischen – nicht die reformierten – Stände 1555 im „Augsburger Religionsfrieden“ anerkannt, womit die Spaltung in katholische und evangelische Gebiete endgültig festgelegt wurde. Das Prinzip „cuius regio, eius religio“ (wessen Land, dessen Glaube), nach dem die Reichsfürsten die Religion ihrer Untertanen bestimmen konnten, löste jedoch nicht den Glaubenszwist, sondern nahm ihn hin und versuchte, ihn in den Griff zu bekommen.

Das 1580 veröffentlichte „Konkordienbuch“ ist die maßgebliche Sammlung der lutherischen Bekenntnisschriften. Der „Heidelberger Katechismus“ von 1563 stellt die am weitesten verbreitete Bekenntnisschrift der reformierten Kirchen (Schweiz, Schottland, Teile Deutschlands, Frankreich, Ungarn, USA: Presbyterianer) dar.

MARTIN LUTHER – EIN UNNACHGIEBIGER REFORMATOR

Der 1483 in Eisleben geborene Bergmannssohn studierte ab 1501 Philosophie in Erfurt. Die Magisterprüfung legte er 1505 ab, danach begann er ein Jurastudium. Im selben Jahr trat er in das Kloster der Augustiner-Eremiten ein. 1507 wurde er zum Priester geweiht. 1512 wurde Luther in Wittenberg zum Doktor der Theologie promoviert, hielt Vorlesungen über den Römer-, Galater- und Hebräerbrief (1513–1518). Am 31.10.1517 soll er die 95 Thesen an die Schlosskirche von Wittenberg angeschlagen haben, um zu einer Disputation über den Ablass herauszufordern. Bereits 1518 erhoben der Erzbischof von Mainz und die Dominikaner gegen Luther Anklage in Rom. Bei einem Verhör durch den Kardinallegaten Cajetan de Vio (Oktober 1518) widerrief Luther nicht. Und auf der Leipziger Disputation zwischen Eck und Karlstadt, in die Luther eingriff, lehnte er die Irrtumslosigkeit der allgemeinen Konzilien ab. Die päpstliche Bulle „Exsurge Domine“ (15.6.1520) verurteilte 41 Sätze aus Luthers Schriften. Als Antwort publizierte Luther 1520 seine drei berühmten Frühschriften „An den christlichen Adel deutscher Nation von des christlichen Standes Besserung“, „Von der babylonischen Gefangenschaft der Kirche“, „Von der Freiheit eines Christenmenschen“ und übergab die Bulle mit dem kirchlichen Rechtsbuch am 10.12.1520 der Verbrennung. Am

Doppelporträt von Martin Luther und Philipp Melanchthon (1497–1560). Beide Reformatoren arbeiteten u. a. zusammen an der Übersetzung des Neuen Testaments 1521; Gemälde von Lucas Cranach d. J.

3.1.1521 wurde Luther für rechtlos erklärt („Acht und Bann“).

Luthers Reformvorschläge fanden breite Akzeptanz in der Öffentlichkeit. Bei seinem Tode (1546) hatte die Ausbreitung der Reformation noch kein Ende gefunden. Zentrales Thema der Theologie Luthers ist der rechtfertigende Gott und der Mensch als Sünder. Bedeutsam ist der Unterschied von „Gesetz und Evangelium“: Der Mensch kann sich Gottes Annahme nicht durch Leistung und fromme Werke verdienen. Gott nimmt vielmehr den Unannehmbaren an. Die theologische Grundfigur von „Gesetz und Evangelium“ ist schon von Luther selbst auf die anderen, ihm bekannten Religionen angewendet worden: „Heiden“, „Türken“ (so nennt Luther die Muslime) und „Papisten“ (römische Katholiken) sind angeblich Vertreter einer verabscheuungswürdigen Gesetzesreligion. Sie wollen sich ihr Heil verdienen, statt auf die durch Christus geschehene Gnadentat Gottes zu vertrauen. Diese theologische Konstruktion beeinflusst bis heute das Verhältnis protestantischer Theologen zu anderen Religionen, in denen Gnade und Glaube keineswegs unbekannt sind.

Luther als Vorbild

Von Zürich aus unternahm Huldrych Zwingli (1484–1531) und von Genf aus Johannes Calvin (1509–1564) die Reformation in der deutschen beziehungsweise französischen Schweiz. Zwischen beiden Reformatoren kam es wegen ihrer unterschiedlichen Abendmahlsauffassungen zu keiner Einigung. Während nach Zwingli Christus in den geweihten Hostien nur symbolisch anwesend ist, sprach Calvin sowohl von einer symbolischen, als auch von einer geistigen Gegenwart beim Abendmahl. Luther lehrte die tatsächliche Anwesenheit Christi „in, mit und unter" Brot und Wein. Der Zwinglianismus verbreitete sich im Bodenseegebiet, der Calvinismus zunächst in Teilen des lutherischen Deutschlands und in Frankreich.

In Frankreich gerieten die um Anerkennung ihres Glaubens ringenden Protestanten, die Hugenotten, bald in Konflikt mit der Krone. Es kam zu insgesamt acht Kriegen, die in der Bartholomäusnacht am 23./24. August 1572, der so genannten Pariser Bluthochzeit, in der über 30 000 Protestanten ermordet wurden, einen traurigen Höhepunkt erlebten. Erst 1598, im Toleranzedikt von Nantes, garantierte König Heinrich IV. den Hugenotten weitgehende Gleichberechtigung. Knapp 100 Jahre später, 1685, wurde das Edikt von Nantes allerdings durch Ludwig XIV. wieder aufgehoben – erneut mussten damals viele Hugenotten aus Frankreich fliehen.

Die Gegenreformation

Das in der norditalienischen Stadt Trient abgehaltene Konzil (1545–1563) gilt als der programmatische Beginn der Gegenreformation. Seine lange, verwickelte Geschichte – je nach politischer Lage wurde es verschleppt, vertagt, unterbrochen – stand im Zeichen des Gegensatzes von Papst und

Die Teilnehmer des Trienter Konzils tagen unter dem Vorsitz von Papst Pius IV. Die Beendigung dieses Konzils markierte den eigentlichen Beginn der Gegenreformation.

JOHANNES CALVIN – EIN MANN MIT WELTWEITEM SENDUNGSBEWUSSTSEIN

Der Reformator aus der französischen Schweiz war der größte Systematiker der christlichen Kirchenlehre im 16. Jahrhundert. Calvin schuf in Genf eine neue kirchliche Ordnung und Verfassung. Mit großer Strenge und Härte wachte er über die Einhaltung der Kirchenzucht. Auf Calvins Betreiben wurde Michael Servet, der die Trinitätslehre ablehnte, 1553 verbrannt. Im Jahre 1549 kam es zur Einigung mit dem Zürcher Protestantismus. Die daraus neu entstandene Form des Protestantismus bezeichnet man als reformiert. Johannes Calvins Hauptwerk *Institutio religionis christianae* („Unterricht in der christlichen Religion", 1536; 1539, 1543, 1550 und 1559 neu bearbeitet) lehrt die Allmacht Gottes und – daraus folgend – die „doppelte Vorherbestimmung" zu Heil und Verderben.

Von Genf aus fasste der Calvinismus ab 1541 in Frankreich Fuß. In den Niederlanden verdrängte er Lutheraner und Täufer, wobei er sich, im Gegensatz zum Luthertum, weniger auf die Landesfürsten als auf das Bürgertum stützte. Sehr früh gelangte er auch nach England und insbesondere nach Schottland, doch gewann unter Elisabeth I. die anglikanische Kirche wieder die Oberhand und drängte den Calvinismus in die Opposition. In Deutschland verbreitete sich der Calvinismus hauptsächlich in der Kurpfalz, in Ostfriesland, in Lippe und am Niederrhein. In Ungarn war die calvinistische Kirche weit verbreitet, aus Polen wurde sie von der Gegenreformation verdrängt. Der vielgestaltige Calvinismus ist eine wirkmächtige Kraft innerhalb des Protestantismus, die die Gesellschaft und Kultur nachhaltig prägte.

Kaiser. Die katholische Kirche reagierte mit dem Konzil einerseits auf die Bewegung der Reformation, andererseits kamen nun auch endlich Reformansätze innerhalb der katholischen Kirche zum Tragen. So wurden offene dogmatische Fragen geklärt, ein Katechismus erarbeitet und notwendige Reformen in den Bereichen Priesterausbildung und Seelsorge eingeleitet. 1564 wurde das Tridentinische Glaubensbekenntnis veröffentlicht, auf das sich die Kleriker eidlich verpflichteten. Die katholische Kirche schuf mit der von Paul III. 1542 gegründeten „Heiligen Römischen und Universalen Inquisition" und der „Indexkongregation" (Behörde für die Bücherverbote) mächtige Institutionen der Wissenssteuerung und Medienpolitik. Mit dem Mittel der Zensur wurde in ihnen nach geregeltem Verfahren eine totale Kontrolle über den Buchmarkt ausgeübt. Die Hauptaufgabe dieses „Heiligen Kirchenamts" bestand darin, die protestantische Häresie zu bekämpfen und ihr Hauptmedium Buch zu überwachen. 1571

In Leder gebundene Lutherbibel mit dem Porträt Martin Luthers, gedruckt 1588 von Zacharias Lehmann in Wittenberg.

wurde die „Indexkongregation" gegründet, die sich hauptsächlich mit der totalen Überwachung des explodierenden Buchmarktes beschäftigte. Sie setzte die auf dem Konzil von Trient 1562 eingesetzte Zensurkommission in institutionalisierter Form fort. Erst 1967 wurde der römische „Index der verbotenen Bücher" durch Paul VI. aufgehoben. Erst 1998 wurden die Archive für Forschungszwecke geöffnet.

Vorkämpfer der Gegenreformation war der Orden der Jesuiten. Mit großem Erfolg widmete sich der 1534 von Ignatius von Loyola (1491–1556) gegründete Orden der Verbreitung der katholischen Lehre. Mit dem Ziel, Ketzer und Heiden zu bekehren, wirkten sie in Europa und fast überall auf der Welt. Streng organisiert hatten sie schnell große Erfolge. Vor allem in Mittel- und Südamerika folgten die Jesuiten als Missionare den gewalttätigen Eroberern, um auch dort ihre Ideologie vom Orbis catholicus, der katholischen Welt, zu verwirklichen.

Das Christentum in der Neuzeit

Machtverlust der Kirche, doch Ausbreitung des Glaubens

Giuseppe Garibaldi (1807–1882) war einer der populärsten Anführer des „Risorgimento", der italienischen Einigungsbewegung.

Die Epochen von Absolutismus und Aufklärung hatten einen erheblichen Bedeutungsverlust von Religion und Glaube zur Folge. Begründet lag dies in den erbittert geführten Glaubenskämpfen und Religionskriegen. Das Zusammenleben unterschiedlich denkender und glaubender Menschen konnte nur unter Beschränkung religiöser und konfessioneller Absolutheitsansprüche gesichert werden. Diese neue Gesamtsituation drückte sich für die Kirchengeschichte dadurch aus, dass nunmehr Leitbegriffe an Bedeutung gewannen, die nicht mehr aus dem kirchlich-theologischen, sondern politisch-geistesgeschichtlichen Bereich stammten. Die Geschichte der Kirche(n) wird unter Überschriften wie „Im Zeitalter der Aufklärung", „Zur Zeit des Absolutismus", „Bis zur Französischen Revolution" behandelt. Charakteristisch für die neue Epoche sind das Staatskirchentum und das Ringen der Landeskirchen um Eigenständigkeit.

Zurückdrängen der kirchlichen Macht

Die Entwicklung der anglikanischen Kirche bestimmte weitgehend das entstehende Kirchenwesen in Nordamerika. Die französische Kirche war bestrebt, gegen den päpstlichen Zentralismus ihre Rechte durch den Gallikanismus zu wahren. Durch dieses kirchenrechtliche System versuchte man, unabhängig von Rom zu werden. Bei den „gallikanischen Freiheiten" ging es im Wesentlichen darum, die weltliche Macht des Papstes zu minimieren und seine Position dem nationalen Konzil der Bischöfe unterzuordnen. Das Staatskirchentum in Österreich wurde nach Kaiser Joseph II. Josephinismus genannt.

Zwei epochale Ereignisse zeigen die Vorherrschaft von Nation und Politik gegenüber Religion und Kirche: die Französische Revolution und die Eroberung Roms 1870 durch die Truppen der italienischen Einheitsbestrebungen des Risorgimento („Wiedererstehung"): eine Epoche und eine weltanschaulich heterogene politische und soziale Bewegung zwischen 1815 und 1870. Sie versuchte, einen gesamtitalienischen Nationalstaat zu erreichen und bedeutete das Ende des Kirchenstaates.

Zu den Folgen der Französischen Revolution gehörte auch die Säkularisation (= Übergang des Kirchenbesitzes in weltliches Eigentum) in Deutschland. Der Reichsdeputationshauptschluss (1803) ordnete die Enteignung und Säkularisierung von 22 Erzbistümern und Bistümern, 80

Darstellung des Missionars Franz Xavier (links) als Heiliger; Allegorie auf die Missionierung in Asien; Gemälde aus dem 17. Jahrhundert

Abteien und über 200 Klöstern an. Die Entmachtung und gleichzeitige Verarmung der katholischen Kirche bereiteten den Weg für die Bildung der Volkskirche des 19. Jahrhunderts und für die Herausbildung des typisch deutschen Konfessionalismus. Dieser bewirkte, dass sich Katholiken und Protestanten im Gegeneinander zu profilieren versuchten. Für den Protestantismus und seine Kirchenordnung erfolgte ein vergleichbarer Bruch mit der Abschaffung der Monarchie nach dem Ersten Weltkrieg. Sie bedeutete das Ende des Bündnisses von Thron und Altar.

Christentum und Kolonialismus

Die Ausbreitung des Christentums in der Neuzeit steht im Zusammenhang mit der politischen Expansion der europäischen Mächte. Auf die spanisch-portugiesische Periode, die von der „Entdeckung" Amerikas 1492 bis zum Tode Philipps II. (1598) reichte, folgte die englisch-französische Periode. Sie dauerte von 1688 bis zur Unabhängigkeitserklärung der USA (4.7.1776). Danach begann die erste Entkolonialisierungsepoche bis zur selbständigen Entwicklung der USA und der politischen Unabhängigkeit vieler lateinamerikanischer Staaten. Dem Zeitalter des Imperialismus

„Schlacht von Calatafini"; Detail eines Gemäldes von R. Legat (19. Jh.); Rom wurde von den Truppen des „Risorgimento" 1870 eingenommen, womit das Ende der weltlichen Herrschaft des Papsttums besiegelt war.

Napoleon Bonaparte und Papst Pius VII. unterzeichnen das Konkordat zwischen Frankreich und der Katholischen Kirche am 15. 7. 1801; allegorische Darstellung.

(1870–1914/18) folgten der Abbau der europäischen Vorherrschaft (1919–1945) und die seit dem Ende des Zweiten Weltkriegs einsetzende zweite Entkolonialisierungsepoche.

Das Verhältnis von Christentum und Kolonialismus war zwiespältig. Einerseits kam es zur religiösen Legitimierung des Kolonialismus, andererseits gab es durchaus Kritiker einer Identifizierung beziehungsweise allzu engen Verbindung mit den Kolonialmächten. Durch den Aufbau von Schulen und Missionsstationen in vielen Ländern schuf man zwar die Voraussetzung zur Unabhängigkeit und zum Aufbau einheimischer Eliten. Doch zu einem positiven Einsatz zugunsten der politischen Unabhängigkeit der Kolonien kam es nicht.

Vor allem die Jesuiten sandten seit den geographischen Entdeckungen des 15. und 16. Jahrhunderts (Amerika, Seeweg nach Indien, Afrika, China) ihre Missionare bis nach Indien und China. Ein bedeutender Pionier war der bis Japan gelangte Jesuit Franz Xavier (1506–1552). Die von ihm entwickelte missionarische Methode der Akkommodation („Anpassung") an die Kulturen und Menschen in Fernost war überaus erfolgreich, wurde seinen Nachfolgern aber schließlich vom Papst untersagt.

Die organisierte protestantische Mission setzte erst mit der Entsendung (1705) des Missionars Bartholomäus Ziegenbalg (1682 bis 1719) nach Indien ein. Der Pietismus (Herrnhuter Brüdergemeine, Württemberger Pietisten) war sehr stark missionarisch engagiert. Zahlreiche Missionsgesellschaften engagieren sich bis heute in vielen Teilen der Welt.

Christentum heute

Die Kirchen und das Christentum haben im 21. Jahrhundert eher eine Randposition eingenommen. Weder haben sie die großen Themen der Geschichte bestimmt, noch die großen Katastrophen verhindert. Ein herausragendes Ereignis für die römisch-katholische Kirche – mit Wirkungen weit über den kirchlichen und katholischen Bereich hinaus – war das von Papst Johannes XXIII. einberufene Zweite Vatikanische Konzil (1962–1965). Einen Akzent mit hohem Symbolwert setzte Papst Johannes Paul II. mit seinem im Rahmen eines Gottesdienstes am 12. März 2000 abgelegten Schuldbekenntnis der Kirche. Die Ereignisse im Zusammenhang

Jesuitenmission San Ignacio in Paraguay. Mit diesen Reduktionen (Schutzgebieten) versuchten die Jesuiten, die Guarani-Indianer zu christianisieren und sesshaft zu machen, boten ihnen Unterkünfte, Kirchen und Schulen.

Der tote Papst Johannes Paul II. wird am 8. April 2005 über den Petersplatz in den Petersdom getragen. Nie zuvor hatten so viele Christen Anteil an der Begräbniszeremonie eines Papstes genommen.

mit seinem Tod (2005) und der Wahl des neuen „deutschen" Papstes Benedikt XVI. bzw. dem XX. Weltjugendtag in Köln 2005 haben in den Medien großen Widerhall gefunden. Ob sie zu nachhaltigen religiösen Aufbrüchen führen, ist ungewiss.

Eine völlig neue Situation ergab sich nach Jahrzehnten der Unterdrückung und Verfolgung für die orthodoxen Kirchen in den ehemals kommunistischen Staaten. Neue Perspektiven eröffnete auch die Einsicht in die Beschränktheit des kirchlichen und christlichen Eurozentrismus.

Die wesentliche Herausforderung für die westlichen Kulturen und Kirchen ist nach der Analyse des Religionssoziologen Peter L. Berger (geb. 1929) nicht nur die Säkularisierung, sondern der Pluralismus. Moderne Gesellschaften zeichnen sich nicht nur durch Verstädterung und Säkularisierung aus. Damit ist eine fortschreitende Verdiesseitigung des Lebens gemeint, die weitgehend auf alltagsrelevante religiöse Orientierungen verzichtet. Modernisierung hat vor allem Pluralismus mit einer dafür typischen Konkurrenzsituation im weltanschaulichen und religiösen Bereich im Gefolge. Reaktion auf den säkularen Humanismus sind zum Beispiel anti-moderne fundamentalistische Bewegungen, die sich dem drohenden Relativismus entgegenstemmen. Außerdem ist das Phänomen „vagabundierender Religiosität" verbreitet – praktiziert von Menschen, die sich ihre individuelle Religion aus unterschiedlichen Religionselementen zusammenbasteln. Sie organisieren sich nicht in festen Gruppen, sondern netzwerkartig in lockerer Weise.

Das Christentum in Lateinamerika

Von der Kolonialzeit bis zur Befreiungstheologie

Lateinamerika ist die Bezeichnung für die Gesamtheit der amerikanischen Staaten, deren Bevölkerung aufgrund historischer Entwicklungen mehrheitlich eine aus dem Lateinischen stammende Sprache, d. h. Spanisch oder Portugiesisch (Brasilien), in geringem Ausmaß auch Französisch (Haiti) spricht. Als Folge 300-jähriger Kolonialzeit und der Missionierungsbemühungen Spaniens und Portugals seit der europäischen Entdeckung des Kontinents durch Kolumbus (1492) ist Lateinamerika heute weitgehend vom Katholizismus (fast 90 Prozent) geprägt. Damit stellt allein Lateinamerika etwa 44 Prozent der katholischen Weltkirche. Der mit gut fünf Prozent vertretene Protestantismus ist in viele Konfessionen zersplittert: Die größte Kirche europäischer Tradition ist die „Evangelische Kirche Lutherischen Bekenntnisses in Brasilien“ mit fast einer Million Mitgliedern. Außerdem gibt es zahlreiche evangelikale Gruppierungen, meist aus Nordamerika. Die orthodoxen Kirchen bilden eine kleine Minderheit (etwa 500 000) mit Schwerpunkten in Argentinien, Brasilien und Mexiko. Insbesondere in Brasilien sind afrobrasilianische Neureligionen (Umbanda, Condomblé) entstanden, deren Anhänger oft gleichzeitig Mitglieder der christlichen Kirchen sind.

Der spanische Dominikaner Bartolomé de Las Casas (1474–1566) setzte sich als „Apostel der Indianer“ für die Rechte der Menschen in der eroberten Neuen Welt ein.

Während einer Veranstaltung zur Ökumenischen Dekade „Solidarität der Kirchen mit den Frauen“ der achten Vollversammlung des Ökumenischen Rats der Kirchen trägt Pfarrerin Luzmaria Campos Garcia aus Brasilien am 7.12.1998 in Harare (Simbabwe) einen Krug Wasser zur Bühne.

Bevölkerungszusammensetzung

Vom Standpunkt der Geographie, des Klimas und der Geschichte aus gesehen, kann man Lateinamerika in fünf Großräume aufteilen, die ihrerseits wiederum unterteilt sind: Mittelamerika (Mexiko und zentralamerikanische Staaten), Karibik, Andenländer (Bolivien, Peru, Ecuador, Kolumbien und Venezuela), Brasilien und der „Südkegel“ (Cono Sur) mit Argentinien, Chile, Paraguay und Uruguay. Die Bevölkerung ist ungleichmäßig verteilt. Die Hälfte der Gesamtbevölkerung lebt in Brasilien und Mexiko. Ungefähr elf Prozent gehören zu den indianischen Kulturen, die vor allem in Mexiko, Guatemala und den Andenländern Bolivien, Peru und Ecuador verbreitet sind und zum Teil ihre alten Sprachen (im Andenraum etwa Quechua und Aymara) sowie Elemente ihrer alten Religionen erhalten haben.

Infolge der jahrhundertelang eingeführten westafrikanischen Sklaven gehören ca. 20 Prozent der Bevölkerung zur afroamerikanischen Kultur. Sie haben ihre Religion teilweise bewahrt und mit indianischen und christlichen Vorstellungen verbunden. Rund 70 Prozent der Bevölkerung sind Nachfahren der europäischen Kolonialherren und Siedler. Diese Schicht der Weißen und der breiten Mischlingsbevölkerung ist durch Vermischung mit der einheimischen indianischen Bevölkerung (Mestizen) beziehungsweise mit Schwarzafrikanern (Mulatten) entstanden. In den Andenstaaten Bolivien und Peru dagegen sind die Indios als Mehrheit vertreten, werden aber politisch, kulturell und religiös benachteiligt. Argentinien und Uruguay besitzen eine fast ausschließlich weiße Bevölkerung. In Mexiko ist die überwiegende Mehrheit der Bevölkerung mestizisch. In Brasilien ist – abgesehen von einem kleinen indianischen und japanischen Bevölkerungsanteil – über die Hälfte der Bevölkerung portugiesischer, aber auch italienischer und deutscher Abstammung, während es sich bei ungefähr 40 Prozent um Menschen afrikanischer Abstammung oder Mulatten handelt.

Die Kolonialzeit

Zu Beginn des 16. Jahrhunderts hatten brutale Konquistadoren hochentwickelte Kulturen in Süd- und Mittelamerika erobern und zerstören lassen. Sie misshandelten und ermordeten die dort lebenden Indios, um ihre Gier nach Reichtum zu befriedigen. Durch die von ihnen organisierten Expeditionen wurden die indianischen Reiche in das spanische Herrschaftsgebiet

Der Inkaherrscher Atahualpa versucht, mit dem spanischen Eroberer Pizarro zu verhandeln. 1532 wird er gefangen genommen und ein Jahr später hingerichtet.

eingegliedert. Die bekanntesten Konquistadoren waren Hernán Cortés (1485–1547), der das Aztekenreich eroberte, und Francisco Pizarro (1475–1541), der das Inkareich unterwarf.

Durch die Zerstörung der Kulturen lebten die Religionen der Hochkulturen nur in Restbeständen weiter (zum Beispiel im Kult der Erdmutter Pachamama in den Anden, der Verehrung Unserer Lieben Frau von Guadalupe in Mexiko). Auf die systematische Eroberung und Kolonisierung folgte eine planmäßige Missionierung. Diese unterstand aufgrund weitgehender päpstlicher Konzessionen den portugiesischen und spanischen Königen. Während des Aufbaus der Kolonialherrschaft war die Christianisierung eng mit der religiös-sozialen Institution der Encomienda („Auftrag") verbunden. Dabei wurde den spanischen Siedlern eine bestimmte Anzahl von Indianern als Arbeitskräfte „anvertraut" mit dem Auftrag, sie zu „zivilisieren" und zu christianisieren. Zu den Schattenseiten der Mission gehört, dass systematisch die Entmachtung der einheimischen Eliten, der Herrscher, Priester und Zauberer stattfand. Negativ zu bewerten ist auch die Tatsache, dass die Mission vor allem im 16. Jahrhundert die Versklavung der Indianer nicht immer verhinderte. Die Verbindung von Arbeitszwang und Missionierung, führte zu Misshandlungen, Infektionskrankheiten und Kulturschock. Verheerend schließlich war die Entscheidung gegen die Priesterweihe der Indianer.

Zu den positiven Merkmalen gehört u. a. der Kampf indiophiler Missionare für den Schutz der Menschenwürde der Indianer, die franziskanische Mission in den Jesuiten-Reduktionen, den Reservaten für die Indianer. Im 17. Jahrhundert ereignete sich ein

Der Spanier Fernando Pizarro (1475–1541) eroberte Peru und zerstörte dabei vollständig die Kultur der Inka.

Hernán Cortés (1485–1547) betritt das Reich der Azteken, die er in der Folge mit wenigen hundert Mann unterwerfen wird. Unterwürfig begrüßen die Azteken den Eroberer. Miniatur, 16. Jahrhundert.

kultureller Umschwung, der zu einer indianischen Rezeption des Christentums und zur Entstehung einer bis heute wirkungsvollen Volksreligiosität geführt hat

Es war der Historiker und Priester Bartolomé de Las Casas (1484–1566), der 1541 in einer Pfingstpredigt auf Kuba die Misshandlungen der Indios öffentlich anprangerte. Er setzte sich für den Schutz der auf Plantagen und in Bergwerken ausgebeuteten Indios ein. Las Casas wurde zum „Prokurator der Indios in Westindien" ernannt mit der Aufgabe, zwischen Kolonisatoren und Indios zu vermitteln. 1520 erreichte Las Casas während einer Audienz bei Karl V. (1500 bis 1558), dass der Kaiser das bisherige Vorgehen der Konquistadoren für ungesetzlich erklärte. 1541 verfasste er für Karl V. den „Kurzgefassten Bericht". Die daraufhin erlassenen „Neuen Gesetze" untersagten allen Institutionen, Indios zu versklaven. Doch unter dem Druck der Spanier in Übersee musste Karl V. die Gesetze 1545 widerrufen. Las Casas wurde 1543 Bischof von Chiapas. Seine Reformversuche scheiterten letztlich an der Bürokratie und Habgier der Kolonialisten.

In der Folgezeit orientierte sich die Mission mit friedlichen Mitteln neu. Besonders hervorzuheben sind die Reduktionen (Schutzgebiete) der Jesuiten im heutigen Grenzgebiet von Argentinien, Brasilien und Paraguay. Dieser Jesuitenstaat bestand seit seiner Gründung 1631 über 130 Jahre und umfasste in der Blütezeit 30 Städte mit etwa 140 000 Einwohnern. Er zeichnete sich aus durch Anknüpfung an die indianische Kultur der Guaraní, strikte Anwendung der spanischen Gesetze und Vertrauen in die Kraft der christlichen Botschaft.

Die spanische Krone baute neben der staatlichen Verwaltung auch die kirchliche Organisation auf, was sich in der Gründung von fünf Kirchenprovinzen (Santo Domingo, Mexiko, Lima, Bogotá und Charcas (heute Sucre) und 35 Diözesen bis zum Jahr 1620 bemerkbar machte. Dazu kamen Gründungen von Universitäten, Hospitälern und Kollegien, Druckereien und karitativen Einrichtungen. In der Folgezeit begann eine neue, bedachtere Epoche der Verbreitung des Christentums. Sie äußerte sich in einer paternalistischen Einstellung zum indianischen Menschen und einer beschränkten Zulassung von Indios, Mestizen und Mulatten zu den Orden oder kirchlichen Ämtern. Ideen der Aufklärung und die Reformprogramme des aufgeklärten Absolutismus der Bourbonen führten im 18. Jahrhundert zu einer Beschränkung der kirchlichen Machtstellung und 1767 zur Vertreibung der Jesuiten aus Amerika.

Porträt des spanischen Eroberers Hernán Cortés (1485–1547), der 1519 an der mexikanischen Ostküste landete, von wo aus er seinen Eroberungsmarsch auf die aztekische Hauptstadt Tenochtitlán begann.

Die Zeit nach der Unabhängigkeit

Als Spätfolge der Französischen Revolution und des napoleonischen Einbruchs in Spanien sowie der Unabhängigkeitsbewegungen erhielten die spanischen und portugiesischen Kolonien zu Beginn des 18. Jahrhunderts die politische Unabhängigkeit. Die Kirche verlor bei diesem Prozess Einfluss, Rechte, Macht und Besitz. 1955 schlossen sich die nationalen Bischofskonferenzen im „Lateinamerikanischen Bischofsrat" (CELAM) mit Sitz in Bogotá und 1959 die religiösen Orden in einem eigenen „Verband der lateinamerikanischen Ordensleute" (CLAR) zusammen.

Die katholische Kirche in Lateinamerika nahm die sich zuspitzende Sozialproblematik Lateinamerikas (ökonomische Krisen, Landflucht, Elendsviertel, Korruption, Gewalt/Guerrilla, epidemische Krankheiten, eine sich vertiefende Kluft zwischen Reich und Arm) verstärkt wahr. Als Folge des Zweiten Vatikanischen Konzils (1962 bis 1965) und der päpstlichen Sozialenzyklika Populorum progressio („Die Entwicklung der Völker", 1967) entwickelte sich eine Theologie der Befreiung. In enger Verbindung mit sozialen Volksbewegungen entstanden kleinere Gruppen von Christen aus dem Volk (pueblo, povo), die sich selbst organisierten und nach größerer Gerechtigkeit strebten. Der „Lateinamerikanische Bi-

Im brasilianischen São Paulo nehmen Mitglieder der Internationalen Vereinigung Päpstlichen Rechts am 25.6.2005 in der Basílica do Carmo an einer Priesterweihe teil.

schofsrat" unterstützte diese Bemühungen durch die Beschlüsse seiner Versammlungen in Medellín (Kolumbien) 1968 und in Puebla (Mexiko) 1979. Sie kritisierten die unmenschliche Armut und bezeichneten die Basisgemeinden als „Motoren der Befreiung und Entwicklung". Persönlichkeiten wie der ermordete Erzbischof von San Salvador, Oscar Romero (1917–1980) wurden zu Symbolfiguren dieses Aufbruchs.

Protestantismus im 19. und 20. Jahrhundert

In dieser Zeit des politischen Wandels begann auch der lateinamerikanische Protestantismus zunehmend an Einfluss zu gewinnen. Dabei handelte es sich um die Kirchen (Lutheraner, Anglikaner), denen die europäischen Einwanderer angehörten, um Denominationen als Ergebnis nordamerikanischer Missionsbemühungen (Episkopale, Presbyterianer, Methodisten) und um Freikirchen (Baptisten, Quäker, Heilsarmee, Adventisten). Dazu kamen vor allem seit Beginn des 20. Jahrhunderts evangelikale Bewegungen nordamerikanischen Ursprungs, wie etwa überkonfessionelle Missionsgesellschaften (faith missions) und die charismatischen Pfingstkirchen, die hauptsächlich bei den ärmeren Bevölkerungsschichten Zuspruch fanden.

Nach dem Scheitern mehrerer Einigungsversuche wurde 1982 aufgrund der Beschlüsse der Konferenz von Oaxtepec/Mexiko (1978) ein „Lateinamerikanischer Rat der Kirchen" (CLAI) mit Sitz in Quito gegründet. Dieser sollte eine Zusammenarbeit unter den Protestanten erreichen und gegenüber der katholischen Kirche ökumenisch offen sein.

Aus dem evangelikalen Protestantismus Nordamerikas entwickelten sich die beiden Strömungen des Fundamentalismus und Pentekostalismus (Pfingstkirchen), die seit den 1960er Jahren in Lateinamerika immer einflussreicher wurden. Diese evangelikal-fundamentalistisch orientierten freien religiösen Bewegungen schufen sich 1982 in der „Evangelisch Lateinamerikanischen

*Der Brasilianer Leonardo Boff (*1938) begrüßt Brasiliens Umweltministerin Marina Silva, als sie auf dem Weltsozialforum 2003 in Porto Alegre erscheint. Boff gilt als einer der Hauptvertreter der Befreiungstheologie.*

Bruderschaft" (CONELA) eine eigene Organisation. Sie steht dem ökumenischen Protestantismus und der katholischen Kirche distanziert oder ablehnend gegenüber. Die Verbreitung kleinerer Religionsgemeinschaften – aus der Sicht der Großkirchen meist „Sekten" genannt – wird durch die schwierigen wirtschaftlichen Lebensbedingungen, aber auch durch fehlendes Personal in der katholischen Kirche und finanzielle und politische Unterstützung aus Nordamerika begünstigt.

Theologie der Befreiung

Eingebettet in diesen Aufbruch entfaltete sich die wichtigste theologische Strömung Lateinamerikas im 20. und 21. Jahrhundert. In seiner Abhandlung „Teología de la liberación" (1971) formulierte der peruanische Theologe Gustavo Gutierrez (geb. 1928) Ansätze einer „Theologie der Befreiung". Diese bezog sich sowohl auf soziale und wirtschaftliche Realitäten (Abhängigkeit), als auch auf historische und politische Entwicklungen sowie auf theologische Sachverhalte (Stichwort: Sünde). Einige Grundideen wurden schon 1968 von der Bischofsversammlung in Medellín aufgegriffen und prägten auch die Beschlüsse von Puebla (1979) sowie ein maßgebliches päpstliches Dokument zur Evangelisierung (Evangelii nuntiandi: „Die Verkündigung des Evangeliums", 1975). Im Lauf der Jahre ist die Befreiungstheologie von vielen Theologen, darunter Leonardo Boff (geb. 1938) und sein Bruder Clodovis Boff, Jon Sobrino (geb. 1938), Juan Luis Segundo (1925–1996) u. a. weiterentwickelt worden. Sie stellt inzwischen einen breiten Strom mit vielen Nebenarmen dar. Heftige Kritik erfuhr sie sowohl in Lateinamerika als auch in Europa, zum Beispiel durch zwei römische Instruktionen (1984 und 1986), die vor theologischen Verkürzungen warnten, Anleihen beim Marxismus verurteilten und das lateinamerikanische Befreiungsthema mit dem europäischen Freiheitsdenken zu verbinden suchten.

Typisch für die Befreiungstheologie ist ihre Perspektive „von den Armen her", ihr methodischer Dreischritt „Sehen – Urteilen – Handeln", der auf ein „befreiendes" Handeln (Bekehrung, soziale Gerechtigkeit, Liebe) abzielt. Ihr spirituelles Herzstück liegt darin, dass sie die Begegnung mit den Armen als Begegnung mit Christus ansieht, der sich nach dem Neuen Testament (Mt 25, 31–46) mit den Hungernden, Dürstenden und Gefangenen identifiziert hat. Die Fruchtbarkeit dieser neuen Theologie zeigt sich insbesondere an der Überwindung konfessioneller Grenzen und der Impulskraft für die Ausbildung von „Theologien der Dritten Welt", deren zentrales Thema die Rede von einem liebenden Gott im Kontext unmenschlicher Armut ist.

Christen in den USA
Geschichte und heutige Entwicklungen

Die St. Patrick's Kathedrale in New York ist die größte katholische Kathedrale in den USA.

Die meisten Amerikaner (etwa 89 Prozent) sind Christen. Umfragen Anfang der 1990er Jahre haben ergeben, dass sich ungefähr 57 Prozent der Amerikaner als Protestanten, 28 Prozent als Katholiken, zwei Prozent als Russisch-Orthodoxe betrachten. Ungefähr 31 Prozent aller Amerikaner bezeichnen sich als evangelikale Christen. Oft bedeutet dies, dass sie eine für sie wichtige Bekehrungserfahrung erlebt haben. Ungefähr acht Prozent bezeichnen sich als Pfingstler, Neo-Pfingstler oder charismatische Christen.

Entstehung der Kirchen

Seit seinen Anfängen im 17. Jahrhundert war das amerikanische Christentum vorwiegend protestantisch geprägt. Der englische Puritanismus übte beträchtlichen Einfluss auf die einzelnen protestantischen Kirchen im Amerika des 17. Jahrhunderts aus, zum Beispiel auf Kongregationalisten, Presbyterianer, Anglikaner, Baptisten und Quäker. Eine kleine Minderheit englischer Katholiken ließ sich um 1630 in Maryland nieder.

Das „Great Awakening" (1730–1740), eine umfangreiche Wiederbelebung des Protestantismus, machte die persönliche Bekehrung zum Christentum zur Grundvoraussetzung für die Zugehörigkeit zu Kirche und Priesteramt. Obwohl das emotionale Erweckungserlebnis alle Konfessionen betraf, führte es doch zu einer Spaltung in evangelikale und rationale protestantische Christen. Nach dem amerikanischen Unabhängigkeitskrieg (1775–1783) und der Verabschiedung der amerikanischen Verfassung und der Bill of Rights (1791) entstand in den Folgejahren eine politische Atmosphäre, die schließlich zu Religionsfreiheit und zur Trennung von Kirche und Staat führte. Allen religiösen Richtungen wurde schließlich Gleichheit vor dem Gesetz ga-

Eine Sängerin des Prestonwood Baptistenchors preist Jesus während der Billy Graham Crusade im Flushing Meadows Corona Park.

rantiert. Auch die Strukturen innerhalb der Kirchen wurden demokratisiert.

Im späten 19. Jahrhundert teilte sich das amerikanische Christentum in zwei Gruppierungen: Die liberal Evangelicals, Modernisten und Catholic Americans einerseits wollten die christliche Lehre an die neuen wissenschaftlichen Erkenntnisse und die Anforderungen der neuen Wirtschaftsordnung anpassen. Die Fundamentalisten und konservativen Katholiken andererseits lehnten Evolutionslehre und Wissenschaft ab, forderten eine wörtliche Auslegung der Heiligen Schrift sowie die Unantastbarkeit der kirchlichen Autorität.

Aufspaltung in verschiedene Richtungen

Zur Zeit der Wirtschaftsdepression in den 1930er Jahren teilte sich das amerikanische Christentum in vier bis heute bedeutsame Richtungen: dem fundamentalistischen, liberalen und neo-orthodoxen Protestantismus und Katholizismus. Die liberalen oder modernen Protestanten beeinflussten lange Zeit die wichtigsten Universitäten und religiösen Hochschulen, prägten auch die größten protestantischen Kirchen. Innerhalb des liberalen Protestantismus entstand eine allgemein neo-orthodox genannte Bewegung. Diese kritisierte den Optimismus und Anpassungswillen der Liberalen und forderte stattdessen eine Rückkehr zu orthodoxen protestantischen Grundsätzen.

Die Neo-Orthodoxen gewannen in den 1930er Jahren viele Anhänger. Bis in die 1940er und 1950er Jahre bekleideten viele von ihnen wichtige Posten in den Kirchen und den führenden theologischen Fakultäten wie zum Beispiel Harvard, Princeton, University of Chicago, Union Theological Seminary in New York. Auch die Katholiken nahmen allmählich Einfluss auf Rechtswesen, Wirtschaft und Politik.

Umbruch in den 1960er Jahren

Zwischen 1960 und 1975 stellten die schwarze Bürgerrechtsbewegung, die Frauenbewegung, die Revolutionierung der Sexualmoral sowie die Anti-Vietnamkrieg-Bewegung viele traditionelle kulturelle Institutionen und Werte in Frage. Diese Entwicklung förderte den Rückgang der kirchlichen Mitgliederzahlen und führte innerhalb der Glaubensgemeinschaften zu einer Spaltung in konservative und liberale Strömungen.

Um 1975 begann eine Wiederbelebung der protestantisch-evangelikalen Tradition in der Politik. Beispiele für diese Entwicklung stellen die Präsidentschaften von Jimmy Carter 1977–1981 und Ronald Reagan 1981–1989 dar. Gleichzeitig vergrößerte sich die Zahl der Mitglieder in den konservativen evangelikal-protestantischen Kirchen.

Die katholische Kirche konnte ihre Mitgliederzahlen halten, obwohl hier die Auswirkungen der Revolution der 1960er Jahre am stärksten zu spüren waren. Seit dieser Zeit musste die katholische Kirche starke Verluste hinnehmen: Viele legten das Priesteramt nieder, Frauenvereine verloren Mitglieder, Schulen mussten geschlossen werden. Außerdem stimmten zahlreiche Katholiken in vielen Bereichen nicht mehr mit den Lehren der Kirche überein: Ehe-

Andächtig lauschen die Kinder dem lutherischen Pfarrer während des Gottesdienstes in Newark.

Sänger bei einer Take-over-Veranstaltung der Baptisten für Jugendliche

scheidung und Wiederverheiratung (von 69 Prozent der Katholiken abgelehnt), Verhütung (73 Prozent), Sexualität vor der Ehe (58 Prozent), Ordination von Frauen (47 Prozent) und Abtreibung (44 Prozent).

Die Baptisten sind mit 20 Prozent die zweitgrößte Religionsgemeinschaft in den Vereinigten Staaten. Sie unterscheiden sich in ihren theologischen und religiösen Ansichten, sind kongregationalistisch organisiert, sowohl im Norden als auch im Süden der USA verbreitet. Zu ihren Anhängern gehören Afro-Amerikaner und Weiße, Bewohner der Innenstädte, Vorstädte und der ländlichen Gebiete. Baptisten sind vornehmlich evangelikal ausgerichtet und vertreten in Bezug auf Sexualität, Moral, Familie und Religion konservative Wertvorstellungen.

Die Methodisten (9 Prozent) sind die drittgrößte Religionsgemeinschaft in den USA. Seit dem frühen 19. Jahrhundert betrachten sie die Bekehrung des Einzelnen, die religiöse Erweckung und die Vermittlung religiöser Erfahrungen als zentral. Ungefähr 32 Prozent aller Methodisten bezeichnen sich als evangelikal. Die Methodisten engagierten sich seit dem Ende des 19. Jahrhunderts bei sozialen Reformbewegungen. In den letzten Jahrzehnten gingen ihre Mitgliederzahlen zurück.

Die Mitglieder der viertgrößten Glaubensgemeinschaft, die Lutheraner (5 Prozent), sind zum großen Teil Einwanderer, deren Anzahl im 19. Jahrhundert stark zunahm. Während des 19. Jahrhunderts und bis in das 20. Jahrhundert hinein waren die Lutheraner in Synoden organisiert, die sich gewöhnlich nach der deutschen oder skandinavischen Herkunft ihrer Mitglieder richteten. 1988 verbanden sich die größeren Synoden (American Lutheran Church, Lutheran Church of America, American Evangelical Lutheran Church) zur Evangelical Lutheran Church of America (ECLA). Die zweitgrößte Organisation von Christen lutherischen

Glaubens in den USA ist die Missouri Synod. Sie ist konservativer als die ECLA.

Episkopale, Presbyterianer, United Church of Christ, Disciples of Christ, Mormonen (die als „neue Religion“ nicht mehr zum Christentum zählen) und die russisch-orthodoxe Kirche vertreten ungefähr 12 Prozent der amerikanischen Bevölkerung.

Seit der Regentschaft von George W. Bush (*1946) spielt die christliche Religion evangelikaler und fundamentalistischer Prägung eine stärkere Rolle in der politischen Argumentation. Bush nimmt oft auf die Bibel Bezug, spricht von seinem persönlichen Bekehrungserlebnis. Seine Rhetorik ist voller religiöser Anspielungen („Kreuzzug gegen den Terror“, „Achse des Bösen“). Er schließt seine Reden grundsätzlich mit „Gott schütze Amerika“.

Die Crystal Kathedrale in Garden Grove, Kalifornien, wurde speziell als eine Art großes Studio geplant, um im Fernsehen einen christlichen Gottesdienst übertragen zu können.

Das Christentum in islamischen Ländern

Die Lage als Minderheitenreligion – ein Überblick

Blick auf das Kloster Deir-es-Surjan („Kloster der Syrer“) in der ägyptischen Senke Wadi al Natrun; wahrscheinlich im 7. Jahrhundert n. Chr. erbaut, war es immer wieder heftigen Angriffen feindlicher Wüstenstämme ausgesetzt.

Mitglieder der etwa 10 Prozent der ägyptischen Bevölkerung umfassenden Gemeinde koptischer Christen begehen die weihnachtliche Mitternachtsmesse in der Kathedrale von Kairo.

Der Nahe Osten und Nordafrika waren einst das Zentrum der Kirchen. Von Palästina aus verbreitete sich das Christentum rasch im Nahen Osten und in Nordafrika. Aus den christologischen Auseinandersetzungen des 3.–7. Jahrhunderts gingen verschiedene Kirchen hervor: die koptische (orthodoxe), griechische (orthodoxe), maronitische, armenische, nestorianische (heute assyrische Kirche) sowie die syrisch-orthodoxe.

Als die Muslime weite Teile des byzantinischen Reiches, Persiens und Nordafrikas eroberten, fanden sie eine Vielzahl sich bekämpfender Kirchen vor. Da viele orientalische Christen (Nestorianer und Monophysiten) sich von der in der oströmischen Kirche gültigen Lehrmeinung getrennt hatten und deshalb verfolgt wurden, empfanden sie die Muslime oft geradezu als Befreier. Christen und Juden wurden als Buchbesitzer geachtet, und man verlieh ihnen den Dhimmi-Status. Im Allgemeinen bestand zur Omajjadenzeit kein großes Interesse an der Bekehrung der Nichtmuslime, da diese neben der auch von den Muslimen geforderten Bodensteuer eine so genannte Kopfsteuer entrichten mussten, die eine wichtige Einnahmequelle der Staatskasse darstellte. Infolge der schnellen und weiten Ausdehnung des Reiches wurde der Verwaltungsapparat der eroberten Gebiete übernommen, und viele Nichtmuslime – in erster Linie Juden und Christen – wurden mit hohen Regierungsämtern betraut. Im Osmanischen Reich behandelte man die Christen im Rahmen des Millet-Systems als selbständige Gemeinschaft. Die Tatsache, dass sich die europäischen Mächte zugunsten der Christen in die Innenpolitik einmischten, führte zu größerem Einfluss und einer Sonderstellung der Christen. Andererseits galten sie aber auch als Verbündete der Kolonialmächte. Der aufkommende arabische Nationalismus betrachtete im Gegensatz zum Panislamismus die Christen in einem zukünftigen Nationalstaat als gleichberechtigte Bürger.

ÄGYPTEN

Obwohl die Kopten in Ägypten eine Minderheit darstellen, bezeichnen sie sich stolz als die wahren Nachfahren der alten Ägypter, da das Wort „Kopte" sich von dem altägyptischen Wort „Aigyptos" ableitet. Der koptische Papst Kyrill VI. (reg. 1959 bis 1971) begann, die koptisch-orthodoxe Kirche in Ägypten zu erneuern. Die Wiederbelebung des Mönchtums hatte zur Folge, dass alte Klosteranlagen neu besiedelt und vergrößert wurden. Die von Kyrillos in den Sonntagsschulen eingeführte Jugendkatechese bildete die Grundlage für das heutige Mönchtum und den Klerus. Daher konnte sich eine koptische Kirche entwickeln, die über eine große Anzahl von Priestern und zahlreiche Laienmitarbeiter verfügte. Sein Nachfolger Schenuda III. (*1923) führte wieder das Amt der Diakonissen ein, die im Dienste der Diözesen stehen. Er entwickelte zudem beachtlichen religiösen und politischen Einfluss. 1977 verordnete er ein fünftägiges Fasten, um die Gefahr einer Anwendung des islamischen Rechts zu verhindern. 1980 verbot er den Gläubigen, das Osterfest zu begehen – ein Protest gegen die Unfähigkeit der Regierung, Attentate zu verhindern. Nach den Unruhen im Juni 1981 enthob Präsident Sadat am 5. September 1981 Schenuda III. seiner Funktionen. Nach dem Regierungsantritt Präsident Mubaraks am 31. Dezember 1984 konnte Schenuda III. jedoch sein Amt wieder übernehmen.

Schwierige Lage der Kopten

Extremisten auf beiden Seiten haben das Verhältnis zwischen Kopten und Muslimen immer. Viele Kopten wurden 1992 bis 2000 bei Terroranschlägen getötet. Als positiven Schritt wurde der Beschluss der ägyptischen Regierung gewertet, das orthodoxe Weihnachtsfest am 7. Januar 2003 zum nationalen Feiertag zu erklären. Seit dem erheblichen Stimmengewinn der Muslimbrüder bei den Parlamentswahlen 2005 fürchten viele Kopten um ihre Rechte. Andererseits findet ein Dialog zwischen beiden Religionen statt. So werden seit 1941 in der Association des Frères sincères (Ikhwan al-safa), später unter dem Namen Fraternité réligieuse (al-Ikhwan al-dini), Gespräche veranstaltet. 1965 eröffnete Kardinal Franz König (1905–2004) auf Einladung des Rektors der al-Azhar-Universität das Gespräch zwischen dem Vatikan und der Universität. Die ökumenische Zusammenarbeit wurde 1958 mit dem Comité Oecuménique des Églises d' Alexandrie begründet. Im Mai 1973 besuchte Schenuda III. Papst Paul VI.

Die Kopten bilden rund zehn Prozent der 74 Millionen Bürger Ägyptens. Trotzdem wurde nur einer ihrer Kandidaten, der Finanzminister Yusuf Boutros Ghali, direkt

Das Oberhaupt der koptischen Christen, der orthodoxe Papst Schenuda III., während einer aus Anlass der Weihe der ersten koptischen Kirche in der Schweiz abgehaltenen Messe in Meyrin bei Genf

in das Parlament gewählt. Im Januar 2006 wurde allerdings ein Kopte zum Provinzgouverneur ernannt. Ungeachtet ihrer geringen Anzahl sind 25 Prozent der Kopten Akademiker und als Ärzte, Apotheker, Journalisten und Rechtsanwälte tätig.

LIBANON

Der 1943 zwischen den wichtigsten Religionsgemeinschaften ausgehandelte „Nationalpakt" sah eine Aufteilung der politischen Ämter im Proporz zur Bedeutung der Gemeinschaften vor. Seit dem schwarzen September 1970 kamen viele Palästinenser in den Libanon und operierten von hier aus gegen Israel. Dies führte unter anderem in den Bürgerkrieg (1970–1990). Durch die Niederlage der Maroniten im Bürgerkrieg, der mit der militärischen Besetzung durch die Syrer endete, verschlechterte sich die Lage der Christen. Viele kamen um oder verschwanden spurlos. Das Abkommen von Taif (1989) und die Forderung der Hizbollah nach einem islamischen Staat berücksichtigten nicht den historischen Beitrag der Christen zum Aufbau des Landes. Ihnen wurde vorgeworfen, Agenten Israels zu sein. Sprengstoffattentate wurden auf christliche Kirchen verübt, und zahlreiche christenfeindliche Aktionen fanden statt. Das bis zum Bürgerkrieg funktionierende Modell einer pluralistischen Gesellschaft, das den Libanon als „Schweiz des Orients" pries, war gescheitert.

In den 1960er und 1970er Jahren engagierten sich die Kirchen sehr stark auf sozialem und politischem Gebiet und setzten sich für Alphabetisierung und medizinische Vorsorge ein. Die wissenschaftlichen Einrichtungen und theologischen Ausbildungsstätten des Libanon sowie eine Vielzahl von Veröffentlichungen wirkten über die Landesgrenze. Seit Beginn der 1970er Jahre wird lebhaft darüber diskutiert, wie der Libanon gestaltet werden soll, welche Aufgabe die Kirchen haben und welches die Identität der libanesischen Christen ist. Biblische, liturgische, patristische, historische, pastorale, vor allem jedoch spirituelle Bewegungen entstanden. Als Institution ökumenischer Zusammenarbeit wurde 1974 der Conseil Oecuménique des Églises du Moyen-Orient/Middle East Council of Churches gegründet. Vereinzelt gibt es Bemühungen, eine politische Theologie zu formulieren, die sich an den Problemen der libanesischen Gesellschaft orientiert und den Konfessionalismus überwinden will. Der Papst hatte die zur römischen Kirche gehörenden Patriarchen und Bischöfe zu einer Libanesischen Synode eingeladen, um das Anliegen der Kirche bei der Neugestaltung des Landes festzulegen. Seit der Wahl von Emile Lahoud (*1936) zum Präsidenten der Republik hoffen die maronitischen Bischöfe auf eine Erneuerung des Landes und nationale Versöhnung.

Blick in den Empfangssaal des Patriarchen im Maronitenkloster Ed Dimane im Wadi Qadisha in Nordlibanon. In den Bergen Nordlibanons fanden die Maroniten Schutz vor Verfolgung durch die syrischen Muslime.

Der Libanon hat ca. 3,6 Millionen Einwohner. 56 Prozent sind Muslime, 39 Prozent Christen und 4 Prozent Drusen. Das Staatsoberhaupt muss maronitischer Christ sein, der Regierungschef sunnitischer, der Parlamentspräsident schiitischer Muslim und der Oberbefehlshaber der Armee Christ. Das Parlament hat 128 Sitze und besteht zur Hälfte aus Muslimen und Christen.

PALÄSTINA / ISRAEL / JORDANIEN

Die einzelnen Kirchen hüten die alten großen Pilgerstätten des Landes und beargwöhnen sich gegenseitig, dass ihre Privilegien und Rechte erhalten bleiben. In den 1980er Jahren entstand eine neue palästinensische Theologie, welche die Existenz des Staates Israel und die Besetzung Palästinas nicht mehr ausschließlich als völkerrechtliches, sondern auch als religiöses Problem wahrnimmt. Dabei geht es um das im Alten Testament von Gott gegebene Versprechen, das Land seinem Volk Israel zu geben und die Philister, die Vorfahren der Palästinenser, zu vertreiben. Die neue palästinensische Theologie reflektiert das richtige Verständnis der alttestamentlichen Verheißungen in der heutigen Zeit. Die palästinensischen Theologen nehmen an den Gesprächen zwischen Christen und Juden teil, fordern zu einer starken Ökumene der Kirchen im Kampf um das Recht der Christen auf. Einige fühlen sich mit den Muslimen im Kampf um die gemeinsame Befreiung Palästinas verbunden.

Das jordanische Königshaus versichert den Christen, sie als Bürger zu schätzen. Von ca. 11 Prozent (230 000 Gläubige) christlicher Bevölkerung sind 4,1 Prozent aramäische Christen, 2,9 Prozent Assyrer und je 2 Prozent orthodoxe Christen und Armenier. Im Abgeordnetenhaus sind neun Sitze für Christen reserviert. Diskriminierung aus religiösen Gründen ist nach der Verfassung unzulässig. Ordensgemeinschaften dürfen eigene Schulen unterhalten. Missionstätigkeit jedoch ist nicht gestattet. 1996 erklärte die Regierung das Weihnachtsfest zum nationalen Feiertag. Die Königliche Akademie organisiert seit 1984 Dialoge zwischen Muslimen und Christen, Dialoge auf lokaler Ebene und ökumenische Zusammenarbeit sind jedoch noch nicht recht in Gang gekommen. Die kirchlichen Aktivitäten beschränken sich auf die Pastoral (Seelsorge) und den Schuldienst. Trotz staatlicher Zusicherungen fühlen sich manche Christen vom militanten Islam bedroht und wandern aus.

Christlich-orthodoxe Araber feiern das Osterfest in Bethlehem. Die hohen Würdenträger versammeln sich zu Beginn auf dem Vorplatz der Geburtskirche.

SYRIEN

In Syrien besteht eine alte Form des Christentums, das sich auf die direkte Nachfolge der Apostel Petrus und Paulus zurückführt. Die Zahl der Christen beträgt etwa 1–2 Millionen. Davon sind 1–1,5 Millionen griechisch-orthodox, 200 000–300 000 syrisch-orthodox sowie 80 000 Anhänger griechisch-katholisch.

Patriarchatssitz der griechisch-orthodoxen Kirche von Antiochia ist Damaskus, die Kirchensprache Arabisch, teilweise Griechisch. Gemeinden bestehen außer in Syrien im Libanon, Jordanien, Israel, in Palästina, in der Türkei, im Irak, in Afrika, Amerika, Australien und Europa. Seit 1979 ist Ignatius Hazim Patriarch. Die Zusammenarbeit mit den Muslimen war meistens harmonisch, wenn auch durch die zunehmende Re-Islamisierung in neuerer Zeit eine Verschlechterung eingetreten ist.

Michel Aflaq (1910–1989), einer der Gründer der Baath-Partei, gehörte der griechisch-orthodoxen Kirche an. Einige Parteimitglieder waren Minister, Provinzgouverneure und in anderen Führungspositionen. Auch in der Wirtschaft spielen Griechisch-Orthodoxe eine bedeutende Rolle. Ihre Zentren liegen hauptsächlich in Damaskus (Bab Tuma), in Mittelsyrien bei Hama, im Raum Aleppo und in den Küstenstädten. Bis heute sind einige Wallfahrtsklöster erhalten. Patriarch Hazim bemüht sich um die Einheit der Kirchen im Orient, besonders im Middle East Council of Churches, und um gute Beziehungen zu anderen orthodoxen Kirchen. Eine wichtige Kraft der geistigen Erneuerung macht sich in der orthodoxen Jugendbewegung bemerkbar.

Trotz ihrer relativ günstigen Situation in Syrien beklagt die griechisch-orthodoxe Kirche die Auswanderung ihrer Mitglieder hauptsächlich aus wirtschaftlichen Gründen. Auch wird in der engen Anbindung an das gegenwärtige Regime eine Gefahr gesehen.

Die Anhänger der syrisch-orthodoxen Kirche von Antiochia leben vor allem in Damaskus, in der Gegend von Homs, in Aleppo und in der Gezira bei Hassake und Kamischli. Kirchensprache ist Syrisch-Aramäisch. Gemeinden bestehen außerdem im Libanon, in Jordanien, im Irak, in der Türkei, in Europa, Amerika und Australien. Die im Abendland unter der Bezeichnung westsyrisch-monophysitisch/jakobitisch bekannte Kirche wurde wegen theologischer Unstimmigkeiten 451 auf dem Konzil von Chalcedon verurteilt. Sie führte seitdem ein von der übrigen Christenheit getrenntes eigenes Leben, doch hält sie inzwischen zur Ökumene gute Beziehungen aufrecht.

Die griechisch-katholische Kirche/Melkiten entstammt einer Union mit Rom. Melkiten leben außer in Syrien hauptsächlich im Libanon, in Jordanien, Palästina, Amerika und Australien. Die Melkiten haben sich besondere Verdienste im Dialog mit dem Islam erworben und engagierten sich besonders bei den Reformen des Zweiten Vatikanischen Konzils.

Die syrischen Katholiken, deren Patriarch in Beirut residiert, trennten sich im 18. Jahrhundert von der syrisch-orthodoxen Kirche, bildeten eine Union mit der römisch-katholischen Kirche. Sie behielten jedoch ihre Kirchenordnung, Liturgie und Kirchensprache bei. Von insgesamt 100 000 in der Welt verstreuten Anhängern leben etwa 30 000 in Syrien.

Die in Syrien heute nicht mehr sehr bedeutende Heilige Apostolische Katholische Assyrische Kirche des Ostens gehört zum ostsyrischen Kulturkreis und führt sich auf den Apostel Thomas sowie auf die Heiligen Thaddäus, Mari und Aggai zurück. Von den weltweit etwa 150 000 Anhängern in Irak, Iran, Libanon, Nord-Amerika und Australien leben zurzeit etwa 12 000 in Syrien, hauptsächlich im Nordosten bei Hassake und Kamischli. Unter der Bezeichnung Nestorianische, Ostsyrische, Apostolische Kirche des Ostens seit dem frühen Mittelalter bekannt, war diese Kirche einst die größte Missionskirche von Zypern bis nach Indien und China.

Die chaldäische Kirche ging im 19. Jahrhundert aus der nestorianischen Kirche durch eine Union mit Rom hervor. Von insgesamt einer Million Anhängern leben ca. 5000 in Syrien, wo sie allerdings relativ unbedeutend sind.

Zur Armenisch-Apostolischen Kirche (orthodoxe, gregorianische) bekennen sich etwa 200 000 Anhänger, hauptsächlich in Damaskus, Aleppo und in der Jezire (Kamischli, Hassake). Sie gehören zum Katholikat von Edschmiadzin. Im Ersten Weltkrieg flüchteten sie aus ihrem Ursprungsgebiet in der Süd-Türkei. Ihre Lage in Syrien ist zufriedenstellend; besonders im Wirtschaftsleben sind sie erfolgreich.

Die Armenisch-katholische Kirche zählt etwa 25 000 Anhänger in den gleichen Regionen. Diese Kirche schloss sich im 19. Jahrhundert in einer Union an die katholische Kirche an. Die orthodoxen und katholischen Armenier führen sich auf den Apostel Thomas und die Heiligen Thaddäus und Boromäus zurück. Als Kirchengründer verehren sie Gregor den Erleuchter (3./4. Jahrhundert). 301 beziehungsweise 303 führte nach traditioneller Ansicht (historisch: 315)

Der griechisch-katholische Patriarch Gregor III. von Antiochien. Er steht der so genannten melkitischen Kirche vor, die in Syrien, Jordanien, Israel und dem Libanon etwa drei Millionen Mitglieder besitzt.

König Tiridates III. das Christentum in Armenien als Staatsreligion ein. Im 5. Jahrhundert schuf der Mönch Mesrop das auch bei den Armeniern in Syrien neben dem arabischen verwendete armenische Alphabet. Seit dem 5. Jahrhundert, dem Zusammenbruch des vorläufig letzten armenischen Staates, gelten die armenischen Kirchen als die einzigen Vertreter des armenischen Volkes.

Verschiedene abendländische Kirchen sandten ihre Missionare zu Beginn des 19. Jahrhunderts in den Orient: Anglikaner, Lutheraner, Baptisten, Presbyterianer, Reformierte und andere. In Syrien leben heute etwa 3000 Protestanten verschiedener

Zahlreiche Mitglieder der im Iran etwa 150 000 Menschen umfassenden Gemeinde armenischer Christen feiern im Juli 2000 in Dasht-E-Chalran in Anwesenheit hoher Würdenträger.

Kirchenzugehörigkeit. Insgesamt gehören in Syrien und im Libanon 25 000 Christen der Nationalen Synode von Syrien und dem Libanon an. Ihre Zentren liegen in Aleppo und Beirut.

Die herrschende Baath-Partei in Syrien verfolgt eine laizistische areligiöse Politik. Es besteht Religionsfreiheit, doch werden alle Aktivitäten der Kirchen und anderen Religionsgemeinschaften streng überwacht. 1967 wurden alle privaten Schulen der Religionsgemeinschaften nationalisiert. Auf Protest der katholischen Kirche hin wurde 1974 der private Charakter aller von den verschiedenen Religionsgemeinschaften betriebenen Schulen erneut anerkannt. Nach der Schließung der Schulen allerdings hatten sich die Kirchen zusammengetan und einen gemeinsamen Katechismus erarbeitet. 1984 unterzeichneten der Papst und der syrisch-orthodoxe Patriarch eine Übereinkunft über gegenseitige Hilfe in der Pastoral und gegenseitige Anerkennung der Sakramente. Der interreligiöse Dialog ist noch sehr unterentwickelt. Zwar leben Christen und Muslime friedlich nebeneinander, und es gibt Orte gemeinsamer Gebete von Christen und Muslimen, das griechisch-orthodoxe Kloster Saydnaya (Marienwallfahrtsort) und die Omajjaden-Moschee in Damaskus. Ein offizieller theologischer Dialog zwischen den beiden Religionsgemeinschaften findet jedoch nicht statt.

IRAK

Der Irak ist die Heimat des ostsyrisch/aramäischen/assyrischen Christentums. Heute leben im Irak etwa eine Million Christen: Mitglieder der chaldäischen (ca. 700 000; Patriarchatssitz Bagdad), der apostolischen, katholischen assyrischen Kirche des Ostens (ca. 80 000, Patriarchatssitze Chicago und Bagdad), syrisch-orthodoxen (ca. 60 000), syrisch-katholischen (ca. 50 000) und armenisch-orthodoxen (ca. 20 000) Kirchen. Die ersten christlichen Gemeinden sind im ersten Jahrhundert in Nord-Mesopotamien bezeugt. In den ersten Jahrhunderten wuchs ihre Zahl rasch an, gleichzeitig erlitten sie schwere Verfolgungen unter persischer Herrschaft. Erst nach ihrer Trennung von der übrigen Christenheit auf dem Konzil von Ephesus (431) nahm die Kirche einen großen, auch in der islamischen Zeit fortdauernden Aufschwung. Der Sturm durch Timur Lenk/Tamerlan um 1400 verursachte ihren Niedergang, der sich auch in Spaltungen äußerte. Trotzdem hielt sich ein lebendiges Christentum mit ostaramäischer Kirchensprache, die aber in den Großstädten oft vom Arabischen abgelöst wird, bis heute im Nord-Irak (Mosul), in den Ölindustriestädten, in Bagdad und Basrah. Nach dem Ersten Weltkrieg erlebten die Christen im Irak unter der englischen Mandatsherrschaft einen Aufschwung, der wegen ihrer Bedeutung als Fachkräfte in Ölindustrie, Handel, Verkehr, Kultur und Wissenschaft auch unter der Monarchie und Herrschaft der Baath-Partei bis heute anhält. Im Nord-Irak litten die Christen dagegen schon seit 1000 Jahren unter dem Druck kurdischer Stämme, die sie aus ihren Heimatgebieten weitgehend verdrängten. Durch Auswanderung vieler irakischer Christen nach Amerika und Australien ist der Einfluss der Kirche geschwächt worden.

Der Patriarch der chaldäischen römisch-katholischen Christen im Irak, Emmanuel Delly, vor der Bagdader Sankt Peter und Paul Kathedrale

Eine Christin in assyrischer Tracht nimmt am 6.2.2005 an einer Demonstration der Demokratiebewegung assyrischer Christen in Bagdad teil, um gegen Unstimmigkeiten der Wahlvorgänge in Mosul zu protestieren.

IRAN

In Iran leben heute etwa 280 000 Christen. Die größte Gruppe bilden die etwa 100 000 vorwiegend der orthodoxen/gregorianischen Kirche angehörenden Armenier. Ihre Heimat liegt im Nord-Iran an der türkischen und der ehemals sowjetischen Grenze. Im 16. Jahrhundert wurden mehrere zehntausend Armenier unter Schah Abbas dem Großen zwangsweise in den mitteliranischen Raum um Isfahan umgesiedelt. Dort leben heute noch einige Armenier, die meisten jedoch in Teheran und in den Ölindustriestädten Abadan und Ahwaz sowie im Raum Täbriz und Urmia im Norden. Die armenisch-orthodoxe Kirche Irans erkennt die Jurisdiktion des Katholikats von Antelias/Libanon an. Armenier spielen im Wirtschafts- und Kulturleben Irans eine gewisse Rolle. Im Parlament werden sie durch einen Abgeordneten vertreten. Auch behielten sie – mit Einschränkungen – ihre Schulen, Clubs und Krankenhäuser. Armenisch wird vom Staat zugunsten des Persischen in ihren Schulen zurückgedrängt. Sonst gelten sie als gleichberechtigte Staatsbürger und genießen Religionsfreiheit.

Die Heilige Apostolische Katholische Assyrische Kirche des Ostens, bis zum 14./15. Jahrhundert eine der bedeutendsten Kirchen der Welt, zählt heute in Iran kaum 50 000 Anhänger. Zusammen mit den noch etwa 15 000 katholischen Chaldäern und protestantischen Assyrern stellt sie einen Abgeordneten im Parlament. Die Anhänger dieser Kirche bezeichnen sich in Iran meist als „Assyrer“. Sie leben hauptsächlich in Teheran, am Urmia-See, in Abadan und Ahwaz. Als älteste christliche Gruppe dürfen sie in Iran ihre eigene Sprache sprechen, unterhalten eigene Schulen und Clubs.

Die wenigen (5000) iranischen Protestanten gehören noch dazu verschiedenen Kirchen an (assyrisch-presbyterianische, Adventisten, Baptisten), die unter den assyrischen Christen missionierten. Die amerikanischen Missionskirchen schlossen nach dem Ersten Weltkrieg ein Abkommen, das den 34. Breitengrad als Grenze zwischen den Aktivitäten der Kirchen festlegt. So entstand das anglikanische Bistum von Isfahan, dessen Anhänger aus Armeniern und muslimischen Konvertiten bestehen. Wegen ihrer Beziehungen zu den ausländischen Mutterkirchen werden die Anhänger der „Persischen Kirche“ seit der Revolution verfolgt und existieren fast nicht mehr. Das gilt auch für die Mitglieder der römisch-katholischen Kirche. Probleme bestehen vor allem bei Glaubensübertritten und Mischehen. Ehen zwischen Muslimen und Nichtmuslimen sind nach islamischem Recht ungültig. Übertritte vom Islam zum Christentum werden bestraft.

TÜRKEI

Die Zahl der Christen in der Türkei wird auf 100 000 bis 150 000 geschätzt. Die größte christliche Bevölkerungsgruppe bilden die 70 000 Armenier. Hinzu kommen 32 000 Katholiken, 20 000 Protestanten und 16 000 orthodoxe Christen. Die Verfassung garantiert das Recht auf freie Religionsausübung. Doch beklagen Kirchenvertreter, dass die religiös orientierte Regierung von Premier Recep Tayyip Erdogan aufgrund ihrer Orientierung am sunnitischen Islam in der Praxis gegen den Gleichheitsgrundsatz und religiöse Neutralität des Staates verstößt. Die Kirchen sind bisher keine Körperschaften des öffentlichen Rechts, die Schulen, Krankenhäuser und Seminare betreiben können.

Viele treten aus Angst, sozial geächtet zu werden, heimlich zum Christentum über, zumal die Religionszugehörigkeit im Personalausweis vermerkt wird. Im Prinzip dürfen Glocken geläutet oder Kreuze als religiöses Symbol getragen werden. Doch ist das religiöse Leben oft auf den Gottesdienst beschränkt. Vertreter christlicher Kirchen haben sich an den Menschenrechtsausschuss der türkischen Nationalversammlung gewandt, damit die Kirchen das Recht erhalten, Immobilien zu erwerben. Auch wird verlangt, den Kirchen Gebetsstätten und Gebäude zurückzugeben, über die sie aus unterschiedlichen Gründen nicht mehr verfügen. Der türkische Staat hat wegen des gewünschten EU-Beitritts der Türkei inzwischen christlichen Kirchen ein Baurecht eingeräumt.

DAS CHRISTENTUM IN JAPAN

Einst verfolgte, heute tolerierte kleine Minderheit

Lehrer und Schüler einer von der Heilsarmee betriebenen Schule; Aufnahme aus dem Jahr 1900

Die Gesamtzahl der Christen in Japan beträgt über eine Million, was knapp einem Prozent der gesamten Bevölkerung entspricht. Etwa 650 000 Japaner gehören protestantischen Kirchen an; rund 450 000 sind römisch-katholisch. Die im 19. Jahrhundert gegründete japanisch-orthodoxe Kirche hat 30 000 Mitglieder.

Geschichtlicher Rückblick

Nachdem der Jesuit Franz Xaver 1549 als erster christlicher Missionar Japan erreicht und von einem Fürsten in Kyushu (Südjapan) die Erlaubnis zur Mission erhalten hatte, kamen außer den Jesuiten vor allem Dominikaner, Franziskaner und andere nach Japan. Sie missionierten so erfolgreich, dass die Zeit zwischen der zweiten Hälfte des 16. Jahrhunderts und der Zeit zwischen der zweiten Hälfte des 17. Jahrhunderts als christliches Jahrhundert gilt. Da jedoch befürchtet wurde, die Christen könnten die militärische Eroberung Japans durch westliche Mächte unterstützen, wurde das Christentum seit Ende des 16. Jahrhunderts vielfach öffentlich verboten. Verfolgungen führten dazu, dass die Christen Ende des 17. Jahrhunderts aus Japan fast verschwunden waren, sieht man von den so genannten „Verborgenen Christen" (Kakure Kirishitan) auf einigen entlegenen Inseln von Kyushu ab.

Erst Mitte des 19. Jahrhunderts kamen evangelische Missionare nach Japan. Auch Katholiken versuchten vereinzelt, wieder zu missionieren. Nachdem die Religionsfreiheit in Japan 1867 zugelassen war, kamen evangelische Missionare aus den USA, gründeten Missionsstationen in Großstädten wie Kumamoto, Kobe, Yokohama, Sendai und Sapporo. Die evangelischen Christen Japans waren zuerst noch nicht in Konfessionen zerteilt. Als später eine konfessionelle Zersplitterung begann, kam es 1941 unter dem Druck der Regierung, welche die Religionen unter die Kontrolle

Eine im 19. Jahrhundert gefertigte Kopie einer um 1650 entstandenen Gipsform mit Madonnendarstellung. Formen dieser Art spielten bei der japanischen Christenverfolgung eine Rolle, da sich Katholiken weigerten, die Form zu zertreten.

Mitglieder der rund ein Prozent der japanischen Bevölkerung umfassenden christlichen Gemeinde. Sie beten während einer zum Gedenken an die Opfer des Atombombenabwurfs gefeierten Messe in der Uragami-Kathedrale von Nagasaki.

des Staates stellen wollte, zu einer Vereinigung. So entstand die größte Union der evangelischen Christen in Japan (The United Church of Christ in Japan). Daneben gibt es Lutheraner, Anglikaner und Baptisten. Die evangelischen Christen Japans besitzen etwa 6000 Kirchen, 11 000 Pastoren, zwei theologische Hochschulen, zahlreiche Schulen und Verlage. An den ca. 35 Universitäten gibt es sechs Fakultäten und Abteilungen für evangelische Theologie.

Nach 1889 setzte eine intensive katholische Missionstätigkeit ein. Verschiedene Gebiete wurden Jesuiten, Dominikanern, Franziskanern usw. zugeteilt. Heute bestehen 16 Diözesen, darunter drei Großstadt-Erzbistümer (Tokyo, Osaka und Nagasaki). Bisher wurden drei aus Japan stammende Kardinäle ernannt. Die japanischen Katholiken verfügen über ca. 1000 Kirchen, 10 000 Priester und 15 Universitäten, darunter drei theologische Fakultäten.

Beachtenswert ist die evangelische Erneuerungsbewegung Mukyokai-shugi („Nicht-Kirche-Bewegung"). Ihr Gründer Kanzo Uchimura (1861–1930) wurde auch bekannt, weil er der kaiserlichen Unterschrift unter das Imperial Rescript On Education (Erziehungsedikt) von 1890 verweigerte. Er musste darauf die berühmte höhere Schule verlassen, an der er als Lehrer tätig war. Uchimura wandte sich als Pazifist gegen den russisch-japanischen Krieg (1904 bis 1905), trat bereits 1901 gegen die durch ein Bergwerk verursachte Umweltzerstörung ein. Er vertrat den evangelischen Grundsatz „allein aus Glauben" so konsequent, dass er nicht nur die Taufe und die Teilnahme am Abendmahl, sondern auch die Zugehörigkeit zur Kirche als für das Christsein nicht unbedingt notwendig erklärte.

Er übte auch auf nichtchristliche Intellektuelle großen Einfluss aus. Seine Schüler – unter ihnen einige höchst bedeutende Persönlichkeiten – bildeten eine eigene Gruppe, deren Mitglieder heute auf Tausende geschätzt werden.

Während des Zweiten Weltkriegs wurde das Christentum zwar nicht verboten, doch betrachtete man es prinzipiell als traditionsfeindlich. Vereinzelt sind Christenverfolgungen zu beklagen: Einige Anhänger der „Holiness Church" wurden verhaftet, weil sie die baldige Wiederkunft und Herrschaft Christi verkündet hatten, was als Ablehnung und Verneinung des Kaisertums angesehen wurde. Nach dem Zweiten Weltkrieg wurde das Christentum für viele Japaner attraktiv. Doch blieben die Christen weiterhin eine kleine Minderheit, obgleich sie kulturell und religiös eine bedeutende Rolle spielen. Ungeachtet ihrer geringen Anzahl betreiben japanische Christen einen hohen Anteil an Schulen und Bildungseinrichtungen.

Kulturelle Bedeutung

Aufgrund der seit Jahrhunderten bestehenden Pluralität der Religionen in Japan (Shintoismus, Buddhismus, Konfuzianismus, neuere Religionen verschiedener Herkunft) ist es kein grundsätzliches Problem, christliche Mission zu betreiben. Religionskriege gab es in Japan nur äußerst selten. Die Christen galten als Träger westlicher Kultur und westlichen Lebensstils. Schon die Katholiken im 16. Jahrhundert brachten Latein, Musik, Logik usw. mit, gründeten Schulen und Krankenhäuser.

Zwischen der Mitte des letzten Jahrhunderts und dem Zweiten Weltkrieg waren Aktivitäten von Christen von großer Bedeutung für die japanische Kultur und Gesellschaft. Die Christen gründeten eigene christliche Schulen. Die ersten höheren Schulen und Hochschulen für Mädchen in Japan sind christlichen Ursprungs. Christen stellten außerdem die führenden Köpfe der Arbeiterbewegung. Auch setzten sie sich für Armenmission und Armenpflege ein, wie zum Beispiel Toyohiko Kagawa (1888 bis 1960). Christen gründeten die Anti-Alkohol-Bewegung und die Anti-Prostitutions-Bewegung und trugen zum gesetzlichen Verbot des Bordellbetriebs (1956) bei. Christliche Japaner machten durch Übersetzungen Literatur wie zum Beispiel Dantes Göttliche Komödie und Miltons Paradise Lost zugänglich. Auch die Kirchenmusik vor allem Johann Sebastian Bachs, die heute in Japan allgemein hohes Ansehen genießt, wurde nach 1945 zunächst durch Christen bekannt gemacht.

Viele evangelische Christen Japans engagierten sich für das „Yasukuni-Problem“. Yasukuni-Jinja ist der den Kriegsgefallenen geweihte shintoistische Schrein, in dem diese als Kami („Götter“) verehrt werden. Trotz der nach dem Zweiten Weltkrieg vorgenommenen verfassungsmäßigen Trennung zwischen Staat und Religion bestehen viele Kriegshinterbliebene und mit ihnen auch einige Abgeordnete auf der staatlichen Finanzierung des Yasukuni-Jinja. Die Christen lehnen sie dagegen ab, da sie eine Wiederherstellung des staatlichen Shintoismus befürchten.

Die japanische Theologie war zunächst nach Westen hin orientiert, und in den 1930er sowie 1950er und 1960er Jahren beherrschte vor allem die Theologie Karl Barths (1886–1968) die theologische Szene. Nach dem Zweiten Weltkrieg jedoch entwarfen Japaner originäre theologische Konzeptionen. Der interreligiöse Dialog zwischen Christen und Buddhisten wurden vor allem von Katsumi Takizawa (1909 bis 1984), Seiichi Yagi (*1932), Kazoh Kitamori (*1916) und Takeshi Yasui geführt.

Die Oura-Kirche in Nagasaki wurde 1864 erbaut und ist die älteste christliche Kirche Japans.

Das Christentum in Griechenland

Zwischen kirchlichen Kräften und Laizismus

„Die Predigt des Heiligen Paulus in Ephesos"; Ölgemälde von Eustache Le Sueur, 1649

Die Christen in Griechenland sind vor allem Orthodoxe (97,6 Prozent). Daneben gibt es 0,4 Prozent Katholiken, 0,1 Prozent Protestanten, 1,5 Prozent Muslime sowie 0,3 Prozent Nichtgläubige und Atheisten.

Kleinere Gruppierungen

1923 hatten sich die „Altkalendarier" von der Kirche von Griechenland getrennt. Obwohl sie untereinander zerstritten sind, haben sie einen gewissen Rückhalt bei konservativen Bevölkerungsteilen. Diese Gruppe, die sich bei der Einführung des gregorianischen Kalenders abspaltete und noch am julianischen festhält, hat ungefähr 1,5 Millionen Gläubige und bemüht sich auch um Anhänger im Ausland.

Zur katholischen Kirche gehören ungefähr 41 000 Gläubige des lateinischen Ritus (exemtes Erzbistum Athen seit 1875, Kirchenprovinz Korfu und Naxos, Bistum Candia und Apostolisches Vikariat Thessaloniki seit 1926). Ferner gibt es in Athen einen Apostolischen Exarchen für die unierten Griechen, die ungefähr 2000 Anhänger und zwei Gemeinden in Athen und Jannina haben. Außerdem leben in Griechenland rund 600 unierte Armenier und ca. 20 000 evangelische Christen. Schließlich kommt noch eine Gruppe von aktiven Zeugen Jehovas hinzu.

Zur Geschichte

Das Christentum kam bereits durch den Apostel Paulus auf seiner zweiten und dritten Missionsreise in die griechischen Städte Philippi, Thessaloniki, Athen und Korinth und breitete sich in der Folgezeit aus. Kirchenrechtlich gehörte die Kirche von Griechenland als Teilgebiet der Präfektur des östlichen Illyricum zum weströmischen Patriarchat, obwohl es sich um einen Teil der östlichen Reichshälfte handelte. Erst 732/33 unterstellte Leo III. sie zusammen mit dem byzantinisch-griechisch bewohnten Süditalien dem Patriarchat von Konstantinopel. Die Slawen, die vom 6. bis zum 10. Jahrhundert in den griechischen Kulturraum eindrangen, wurden ebenso wie später die albanischen und walachischen Einwanderer hellenisiert. Die fränkischen Kreuzfahrerstaaten, welche die griechischen Christen von 1204 an einer katholischen lateinischen Oberhoheit unterstellen wollten, schafften es ebensowenig wie die ihnen 1503 nachfolgenden Osmanen, die Bindung der Gläubigen an die Orthodoxie zu beeinträchtigen.

Erst im griechischen Unabhängigkeitskrieg wurde 1833 die Selbständigkeit der Kirche von Griechenland erklärt, die das Ökumenische Patriarchat schließlich 1850 anerkannte. Die Verfassung der damaligen Kirche Griechenlands ähnelte der russischen. Bis 1881 wurden die für Griechenland erworbenen Gebiete (die Ionischen In-

Teilansicht des Ortes Oia auf der Kykladeninsel Santorin; im Vordergrund eine orthodoxe Kirche

Ins Gebet versunken: Ein Mönch mit Gebetsschnur auf dem heiligen Berg Athos

seln und Thessalien, 37 Diözesen) vom Ökumenischen Patriarchat gelöst und eingegliedert, während die später angegliederten „neuen Länder" (Makedonien, Epiros, Kreta und die Dodekanes-Inseln, 33 Diözesen) ihm weiter formell unterstehen, aber den anderen griechischen Diözesen gleichgestellt sind.

Zur gegenwärtigen Situation

1923 wurde unter Erzbischof Chrysostomos I. eine freiere Kirchenverfassung durchgesetzt, die 1939 leicht verändert wurde und bis heute gilt. Die oberste Kirchenleitung liegt bei der alljährlichen Synode der Hierarchie. Sonst versieht die ständige Synode von sechs Metropoliten (Titel der Diözesanbischöfe) und dem Erzbischof von Athen und ganz Griechenland die Verwaltungsgeschäfte. Es gibt heutzutage 82 Diözesen (Metropolien). In Athen und Thessaloniki befinden sich theologische Fakultäten. Weiterhin bestehen sieben Priesterseminare und zahlreiche diakonische Einrichtungen.

Das früher bedeutende Mönchtum ist beträchtlich zurückgegangen. In der heutigen griechischen Theologie wird vor allem die Tradition der Patristik wiederbelebt. Die kirchliche Hilfsorganisation „Apostolike Diakonia" und die umstrittenen Erweckungsbewegungen „Zoe" (Leben) und „Soter" (Retter, Heiland) bemühen sich durch Zeitschriften, Religionskurse und Sonntagsschulen um eine Förderung des geistigen Lebens.

Die griechischen Auslandsgemeinden – so auch die ca. 300 000 Gläubige umfassende Metropolie von Deutschland – unterstehen zwar dem Ökumenischen Patriarchat, haben aber eine starke Bindung an Griechenland. Die Zugehörigkeit zur Orthodoxen Kirche ist bis heute ein nationales Identifikationsmerkmal der griechischen Gesellschaft. Andererseits hat die Orthodoxie in mancher Hinsicht den Charakter einer Staatskirche verloren. So wurde unter der sozialistischen Regierung des Ministerpräsidenten Papandreu 1982 die Zivilehe eingeführt. Als Kompromiss zwischen laizistischen und kirchlichen Kräften erwies sich 1988 die Lösung, dass nur die Liegenschaften der Klöster, nicht aber der Pfarr- und Wohlfahrtskirchen verstaatlicht wurden.

Das Christentum in Deutschland

Das Schwinden der Kirchlichkeit

Die zahlenmäßig größte christliche Religionsgemeinschaft in Deutschland ist die römisch-katholische Kirche mit 25,9 Millionen Mitgliedern. Sie ist in sieben Erzbistümer und 20 Bistümer organisiert. Auf Bundesebene arbeiten die Bischöfe in der Deutschen Bischofskonferenz (DBK) zusammen. Hier werden landesweite Beschlüsse gefasst und die offiziellen Verlautbarungen der Katholischen Kirche in Deutschland herausgegeben.

Papst Benedikt XVI. grüßt von einem Schiff auf dem Rhein die Besucher des Weltjugendtags 2005 am Ufer in Köln.

Protestantische Kirchen

Zahlenmäßig nur wenig kleiner als die Katholische Kirche ist der Protestantismus (25,6 Millionen). Der deutsche Protestantismus ist ein facettenreiches Gebilde: Neben der Evangelischen Kirche in Deutschland (EKD), den konfessionellen Kirchenbünden – Vereinigte Evangelisch-Lutherische Kirche Deutschlands (VELKD), Evangelische Kirche der Union (EKU), Arnoldshainer Konferenz, Reformierter Bund – sowie den Landeskirchen gibt es die überwiegend evangelikal geprägten Freikirchen. Von den Freikirchen sind so genannte Sondergemeinschaften zu unterscheiden. Auch diese entspringen dem Gesamtstrom des Protestantismus, haben sich aber aufgrund von abweichenden Anschauungen in kultischer, theologischer beziehungsweise ethischer Hinsicht zu selbständigen Organisationen entwickelt und lehnen ökumenische Beziehungen im Allgemeinen ab.

Die seit 1948 bestehende EKD ist eine Zusammenfassung aller 23 Landeskirchen. Der Ursprung der Landeskirchen liegt in der Reformationszeit, als die protestantischen Landesherren das kirchliche Leben in ihren Territorien neu ordneten. Dabei legten sie entweder das lutherische oder reformierte Bekenntnis zugrunde. Nachdem die organisatorische Verflechtung von Kirche und Staat (Losung: „Thron und Altar") 1918 fortgefallen war, blieb das landeskirchliche Prinzip weiterhin erhalten und bildet ein prägendes Merkmal des deutschen Protestantismus. 1969–1991 waren die ostdeutschen evangelischen Kirchen von der EKD getrennt und im Bund der Evangelischen Kirchen in der DDR zusammengeschlossen.

Orthodoxe Kirchen

Mehr als 600 000 Christen gehören in Deutschland zu den orthodoxen Kirchen. Die weltweiten und ökonomischen Krisen wie auch Kriegsbedrohungen haben in neuester Zeit die Zahl orthodoxer Christen in Deutschland sehr erhöht. Sie sind größtenteils als ausländische Arbeitnehmer und als Zuflucht suchende Asylbewerber gekommen. Bei weitem überwiegen die durch die byzantinische Glaubenstradition geeinten orthodoxen Kirchen. Die größte Gemeinschaft bildet die Griechisch-Orthodoxe Metropolie von Deutschland. Neben der Griechisch(Rum)-Orthodoxen Kirche von Antiochien spielen die Russische, Serbische Mazedonische, Rumänische, Bulgarische, Ponische und Ukrainische Orthodoxe Kirche eine Rolle. Hinzu kommen die Orientalischen Orthodoxen Kirchen (Syrische, Äthiopische, Armenische, Eritreische).

Gestalt gewordener Protest gegen die auf dem Ersten Vatikanischen Konzil von 1869/70 beschlossenen Papstdogmen ist die Alt-Katholische Kirche mit 26 000 Mitgliedern.

Osterfeierlichkeiten der orthodoxen Christen in der Münchner orthodoxen Allerheiligenkirche. Zum Abschluss des Gottesdienstes werden Ostereier verschenkt.

Daten im Vergleich

Zwischen 1871 und 1970 blieb die Kirchenmitgliedschaft erstaunlich konstant: Zwischen 48,6 und 52,0 Prozent gehörten einer evangelischen Kirche, einschließlich der Freikirchen, an, zwischen 44,1 und 47,5 Prozent der römisch-katholischen Kirche. Die Jahre 1970 bis 1987 führten zu größeren Verschiebungen: Der Anteil evangelischer Christen verringerte sich um etwa 14 Prozent, derjenige der Katholiken nur um etwa vier Prozent. Der Anteil der „Sonstigen" stieg um 130 Prozent. Ursache hierfür sind die zunehmenden Kirchenaustritte und der in diesem Zeitraum deutlich gestiegene Ausländeranteil. Ab 1990 setzte sich dieser Trend in Westdeutschland fort. Die evangelische Kirche verlor weiterhin Mitglieder und gab im Westen ihre Stellung als größte Religionsgemeinschaft zugunsten der römisch-katholischen Kirche auf. Der Anteil der Konfessionslosen sowie sonstiger Religionsgemeinschaften stieg weiterhin an. Heute sind in Westdeutschland 74,6 Prozent der Wohnbevölkerung Mitglied einer Kirche. In Ostdeutschland sind es nur noch 27,3 Prozent. Im gesamtdeutschen Durchschnitt ergibt das knapp 65 Prozent.

Die Bereitschaft, Kinder taufen zu lassen und kirchlich zu heiraten, ist in Deutschland ab 1960 stark gesunken. Anfang der 1960er Jahre wurden mit knapp 95 Prozent nahezu alle Kinder katholischer Eltern getauft. Heute ist diese Quote auf etwa 78 Prozent gesunken. Eine ähnliche Tendenz zeigt sich für Kinder evangelischer Eltern. Hier sank die Taufquote von knapp 90 auf 76 Prozent. Ein ähnlicher, jedoch wesentlich stärkerer Rückgang ist für den Bereich der kirchlichen Trauungen auszumachen: 1960 wurden noch 95 Prozent der Ehen zwischen katholischen Partnern und deutlich über 80 Prozent der Ehen zwischen evangelischen Partnern auch kirchlich vollzogen. 2003 galt dies nur noch für rund 50 Prozent der Ehen, bei denen beide Partner katholisch waren. Dies liegt zum Teil auch daran, dass vielen Paaren die katholische Trauung verwehrt ist, weil einer der Partner geschieden ist. Bei evangelischen Paaren werden noch rund 60 Prozent der Ehen kirchlich vollzogen.

Die schwedische Pfarrerin Kajsa Ahlstrand hält einen Gottesdienst in der Schlosskirche der Lutherstadt Wittenberg, wo 2002 die Ratstagung des Lutherischen Weltbundes eröffnet wurde.

Abnahme der Religiosität

Die neuzeitliche Geschichte des Christentums ist durch den Prozess der religiösen Pluralisierung als Folge einer umfassenden gesellschaftlichen Modernisierung charakterisiert. Während des Säkularisierungsprozesses sind weitere religiöse und nichtreligiöse Angebote der Weltdeutung aufgetreten, so dass die Großkirchen ihre Bedeutung für die Gesellschaft als Ganzes verloren haben. Aufgrund dieser gesellschaftlichen Veränderung erhält das Individuum die Möglichkeit, eigenständig über seine religiöse Zugehörigkeit zu entscheiden. Diese Privatisierung der Religion führte zu einer Vervielfältigung der religiösen Orientierungen nach dem Motto: „Jeder soll nach seiner Fasson glücklich werden".

Mit dem Schwinden der Kirchlichkeit nimmt auch die christliche Religiosität ab. Immer weniger Menschen glauben heute an die zentralen Aussagen des Christentums, zum Beispiel an das Jüngste Gericht. Zugenommen hat unter Christen auch die so genannte „Patchwork-Religiosität", also die Tendenz, Elemente unterschiedlicher Religionstraditionen miteinander zu verknüpfen. Im Westen ist sie unter den Jüngeren stärker ausgeprägt als unter den Älteren und unter Katholiken weiter verbreitet als unter Protestanten. In Ostdeutschland ergibt sich ein etwas anderes Bild. Hier ist insgesamt die Gruppe mit gemischten Glaubensüberzeugungen kleiner als im Westen, und es lässt sich keine Zunahme dieser Gruppe feststellen.

Innerhalb der großen Kirchen wird heute kontrovers über Themen wie Segnung homosexueller Paare, Zulassung von Frauen zum Priesteramt und Zulassung von Homosexuellen zu diesen Ämtern diskutiert.

Reformatorische Kirchen und Freikirchen

Die Vielfalt des Protestantismus

Auf dem Boden des reformatorischen Christentums haben sich so genannte Freikirchen entwickelt. Dieser besondere Kirchentyp regelt seine Belange im Gegensatz zur Staatskirche unabhängig vom Staat. Als Freiwilligkeitskirchen nehmen sie ihre Mitglieder aufgrund eines freiwilligen Eintritts-Entschlusses auf.

Mennoniten

Die evangelische Freikirche der Mennoniten geht auf Täuferbewegungen der Reformationszeit zurück. Ihr Name leitet sich von Menno Simons (1496–1561) ab. Der ehemalige katholische Priester war davon überzeugt, dass die Täufer die Bibel richtig interpretierten. Darum schloss er sich ihnen 1536 an. Als Prediger und „Ältester" wirkte er in Friesland, im Kölner Raum, an der Ostsee, zuletzt in Schleswig-Holstein. Ständig befand sich Menno Simons in Lebensgefahr, musste oft fliehen.

Die Mennoniten gehörten zu den ersten Deutschen, die im 17. Jahrhundert wegen religiöser Verfolgung und wirtschaftlicher Notlage in die USA auswanderten. Die meisten Gläubigen leben heute noch dort. Von 1788 bis 1861 zogen viele Mennoniten in die ehemalige UDSSR, von dort 1874, in den 1920er Jahren und nach 1945 nach Kanada, USA, Paraguay, Brasilien. Seit den 1970er Jahren sind viele Mennoniten aus der ehemaligen UdSSR nach Deutschland zurückgekehrt.

Wahrhaftigkeit, Demut und Selbstlosigkeit gehören zu den mennonitischen Idealen. Dabei berufen sie sich auf Jesus Christus. Vorbildlich ist der Einsatz der Mennoniten für Gewaltlosigkeit und Frieden. Selbstlos engagieren sie sich für die Versöhnung zwischen Menschen, Interessengruppen und Nationen. Die Feindesliebe wird bei den Mennoniten, die sich einzig und allein auf die Bibel, nicht aber auf Glaubensbekenntnisse stützen, großgeschrieben. Mennoniten setzen sich für Verfolgte ein – ohne Rücksicht auf deren Religion. Sie schwören keine Eide und treten für die Trennung von Staat und Kirche ein. Anders als die Amischen in den USA (eine mennonitische Abspaltung) unterscheiden sich Mennoniten von ihrer äußeren Erscheinung her nicht von anderen Menschen.

Ein Mennonitenjunge mit Strohhut in Bolivien. Auch dort erfolgte in den 1950/60er Jahren ein Einwanderungsschub von Mennoniten; viele kamen aus Kanada.

Bund Evangelisch-Freikirchlicher Gemeinden in Deutschland (Baptisten)

Der Baptismus ist eine Form des englischen Puritanismus. In Folge der Ablösung von der anglikanischen Staatskirche entstanden kongregationalistische, independentistische (= unabhängige) Gemeinden. Ideal des Kongregationalismus ist die Gleichberechtigung aller Bürger und Christen.

Der englische Baptismus hat zwei Wurzeln: Auf den ehemaligen anglikanischen Priester John Smyth (1566/70–1612) gehen die (später so genannten) General Baptists zurück. Sie lehrten die „allgemeine" (general) Erlösung aller Menschen. Die streng calvinistisch ausgerichteten Particular Baptists dagegen vertraten die Auffassung von der Versöhnung „einzelner" (particular) von Gott vorherbestimmter Menschen. 1891 vereinigten sich beide Gemeinden.

Der in der ersten Hälfte des 17. Jahrhunderts durch englische Baptistenemigranten entstandene amerikanische Baptismus blühte durch zwei Erweckungsbewegungen jeweils um 1720 und 1820 auf. Wegen unterschiedlicher Auffassungen zur Sklavenfrage spaltete sich 1845 die „Konvention der Südlichen Baptisten" ab. 1907 entstand die „Konvention der Nördlichen Baptisten", die 1972 in die American Baptist Churches überging. Mehr als die Hälfte aller schwarzen US-Christen sind Baptisten. Zu den bedeutendsten zählen der englische Erbauungsschriftsteller John Bunyan (1628

Der lutherische Theologe Philipp Jacob Spener (1635–1705) gilt als bekanntester Vertreter des deutschen Pietismus, bedeutender Genealoge und Heraldiker.

bis 1688; „The Pilgrim's Progress", 1678), der Indienmissionar und „Vater der modernen Mission und der ökumenischen Bewegung" William Carey (1761–1834), der Weltevangelist Billy Graham (*1918) sowie der ermordete Vorkämpfer gewaltlosen Ungehorsams Martin Luther King (1929–1968).

Der deutsche Baptismus geht auf das Wirken des aus Varel (Oldenburg) stammenden Johann Gerhard Oncken (1800–1884) zurück. 1825 gründete er die erste deutsche Sonntagsschule und 1834 die erste deutsche „Gemeinde getaufter Christen". Der (überwiegend aus Baptisten bestehende) Bund Evangelisch-Freikirchlicher Gemeinden in Deutschland (BEFG) entstand 1941 aus dem Zusammenschluss des „Bund(es) der Baptistengemeinden in Deutschland" mit dem zur „Brüderbewegung" gehörenden „Bund freikirchlicher Christen".

Die Brüderbewegung ist eine aus Wuppertal stammende quietistische Religionstradition, die auf Carl Brockhaus (1822–1899) zurückgeht. Zu ihren Hauptmerkmalen gehören: sonntägliche Mahlfeier, aktive Teilnahme der Gemeindeglieder, Gemeindeleitung durch Älteste. Sie hat den „Bund" inzwischen zum Teil wieder verlassen, existiert entweder „exklusiv" oder in Gestalt Freier Brüderkreise.

Weltweit gelten bei den Baptisten sechs Prinzipien:

1. Die Heilige Schrift ist die „allein wahre Offenbarung, (...) alleinige Quelle der Gotteserkenntnis, (...) alleinige Regel und Richtschnur des Glaubens und Lebenswandels".
2. Gemeindeglieder sind nur solche, die sich bewusst und freiwillig für Christus entscheiden.
3. Es besteht ein Zusammenhang zwischen Glaube und Taufe. Die Säuglings- beziehungsweise Kindertaufe wird abgelehnt, weil sie keine „Bekehrungstaufe" ist. Als Grablegung des „alten Menschen" wird die Taufe durch Untertauchen vollzogen.
4. Allgemeines Priestertum der Gläubigen.
5. Die Ortsgemeinde gilt als „das Tragende und Selbständige", die Kirche dagegen als das „organisatorisch Unvermeidliche".
6. Erstrebt werden Glaubens-, Gewissens- und Versammlungsfreiheit sowie die Trennung von Kirche und Staat.

Trotz des Prinzips vom „allgemeinen Priestertum der Gläubigen" gibt es Amtsträger: Älteste, Pastoren (werden ausgebildet auf dem Predigerseminar in Hamburg), Diakone, Gemeinde-, Jugendleiter und Sonntagsschulmitarbeiter. Die „Gemeindeversammlung" ist für alles, was in der Gemeinde geschieht, verantwortlich. Etwa einmal pro Monat wird das Abendmahl nach reformierter Tradition gefeiert.

Einer von Tausenden Pilgern der Nazareth Christ Church, der größten und ältesten schwarzen Gemeinde Südafrikas. Sie versammelt sich jedes Jahr im Juli am Stadtrand von Durban, um das heilige baptistische Sakrament zu erhalten.

Absolventen einer New Yorker Quäker-Schule während ihrer Verabschiedungsfeier

Die meisten der über 47 Millionen Baptisten in rund 160 Ländern sind in der (1905 in London gegründeten) Baptist World Alliance (Weltallianz der Baptisten) zusammengeschlossen. Die Zahl der Baptisten in Deutschland wird rund 85 000 angegeben.

Religiöse Gesellschaft der Freunde (Quäker)

Diese meist als Quäker bekannte Religionsgemeinschaft wurde von dem englischen Schuster George Fox (1624–1691) gegründet. Zunächst wählte man die Selbstbezeichnung „Kinder des Lichts" beziehungsweise „Freunde in der Wahrheit" oder schlicht „Freunde". Seit ca. 1665 trägt die Bewegung den Namen Society of Friends („Gesellschaft der Freunde"). Die von den „Freunden" seit langem selbst verwendete, ursprünglich spöttisch gemeinte Bezeichnung Quaker beziehungsweise Quäker

Holzschnitt, der Petrus Waldes (1184–1218), den Begründer der Waldenser, zeigt. Die Darstellung entspricht der am Sockel des Wormser Denkmals für Luther und die Reformation sitzenden Figur Waldes'.

(engl. to quake „beben, zittern") geht darauf zurück, dass die „Freunde" bei ihren Versammlungen vor religiöser Ergriffenheit „zitterten".

Die Quäker haben ihre geistig-religiösen Wurzeln in verschiedenen abendländischen Geistesströmungen: Mystik des Mittelalters (u.a. Meister Eckhart und seine auf Augustinus zurückgehende Lehre vom „Seelenfünklein" beziehungsweise der Scintilla animae; Johannes Tauler und seine „Gottesfreunde") und des 16. Jahrhunderts; die mystische Theosophie von Jakob Böhme (1575–1624) und Angelus Silesius (1624 bis 1677); die in klosterähnlichen Gemeinschaften lebenden Beg(h)inen und Begarden; die großen Sekten des 12. Jahrhunderts (Katharer, Waldenser); die Reformation mit ihrem Leitsatz vom „Priestertum aller Gläubigen"; der „linke (radikale) Flügel der Reformation" mit seinen spiritualistischen Vertretern (Sebastian Franck, dem Vordenker

„inhaltlicher Toleranz", [Gustav Mensching] Hans Denck, Caspar Schwenckfeld). In diesem „Geistchristentum" spielt die Leitidee des „inneren Lichtes" eine entscheidende Rolle.

Weil die Quäker die Staatskirche ablehnten, radikal-moralische Postulate vertraten (Ablehnung von Eid und Kriegsdienst), aber auch weil die Frömmigkeit einiger Glaubensanhänger immer ekstatischer und schwärmerischer wurde und sich chiliastischen ("tausend": Lehre von der Wiederkunft Christi und der Aufrichtung des Tausendjährigen Reiches) Ideen öffnete, wurden die „Freunde" zum Teil grausam verfolgt. Unter der Führung des Quäkers William Penn (1644–1718) suchten sie Schutz in den USA, wo der Staat „Pennsylvania" gegründet wurde. Die dritte große Persönlichkeit des Quäkertums, Robert Barclay (1648–1690), gilt als der „Theologe" der Bewegung.

Das Quäkertum ist eine Religion ohne einzelne Sakramente (keine Taufe, kein Abendmahl). Das ganze Leben soll vielmehr ein Sakrament sein und die Andacht eine Form der „Kommunion" – ohne Geistliche (Ausnahme: USA, Kenia), ohne formulierte Bekenntnisse oder Glaubenssätze („Religion ohne Dogma"). Die Lehren von der gott-menschlichen Natur Jesu Christi und der Trinität werden abgelehnt, auch wenn einige Quäker sie bejahen. Wenn es für die Quäker überhaupt eine verbindliche Lehre gibt, dann den Glauben an das „Innere Licht" (Joh 1,9), an den „Christus in uns". Hauptmerkmal der Quäker-Andachten ist ihre weitgehende Kult- und Formlosigkeit. Zentrum ist das „harrende Schweigen" (Gustav Mensching), die Suche nach innerer Verbundenheit mit Gott. Gott kann sich in jedem ihn aufrichtig Suchenden unmittelbar offenbaren.

Getreu der alten Quäkerlosung „Lasst euer Leben sprechen!" betrachten die „Freunde" ihr ganzes Leben als Gottesdienst. Aus der Botschaft vom „Inneren Licht" resultieren praktische individual- und sozialethische Grundsätze und Forderungen wie Wahrhaftigkeit, Ehrlichkeit, Anspruchslosigkeit. Quäker sind sozial sehr aktiv. Als eine der „historischen Friedenskirchen" lehnen die „Freunde" Gewaltanwendung ab, haben sich für die Abschaffung der Sklaverei, für die Gleichstellung der Frau, Gleichberechtigung der Rassen (u.a. unter Berufung auf Gal 3,28), Reform des Strafvollzugs, eingesetzt, verweigern aus Gewissensgründen den Kriegsdienst. 1947 ging der Friedensnobelpreis an die beiden Hilfskomitees der britischen und amerikanischen „Freunde".

Nach den beiden Weltkriegen setzten sich die Quäker wirkungsvoll für die Behebung von Hunger und Elend bei den besiegten Völkern ein („Quäker-Speisung" für fünf Millionen deutsche Kinder). Quäker sind heute u.a. aktiv im Nahen Osten (Kinder- und Jugendarbeit in palästinensischen Flüchtlingslagern; Altenarbeit in Jerusalem), Kenia (Landwirtschaftsprojekte), Nordirland, Somalia (Flüchtlingsprogramme) sowie in vielen anderen asiatischen und lateinamerikanischen Ländern. Weltweit gibt es etwa 200 000 Quäker (vor allem in den USA, Kenia, Großbritannien). Sie sind im Dachverband des Friends World Committee for Consultation („Weltkomitee der Freunde für gegenseitige Beratung") organisiert. 57 000 Schwarzafrikaner und 12 000 Aymara-Indianer aus Bolivien ge-

Der Quäker William Penn (1644–1718) im Handel mit den Delaware-Indianern in der von ihm gegründeten Stadt Philadelphia. Der Delaware-Mann im Vordergrund hält eine Friedenspfeife.

Porträtgemälde Nikolaus Ludwig Graf von Zinzendorfs (1700–1760). Als lutherisch-pietistischer Theologe begründete er die Dresdner Herrnhuter Brüdergemeine (Brüder-Unität).

hören ebenso zu den „Freunden“ wie 2860 Eskimos in Alaska, 2700 Taiwanesen und 11 000 Lateinamerikaner.

Evangelische Brüder-Unität (Herrnhuter Brüdergemeine)

Diese evangelische Freikirche entstand aus den Resten der Böhmischen Brüder und deutschen Pietisten um 1722 unter Leitung des Grafen Nikolaus Ludwig von Zinzendorf (1700–1760) auf dessen Gut Berthelsdorf (Oberlausitz). Hier wurde der Stammsitz Herrnhut gegründet. Zu den wesentlichen Merkmalen der Brüdergemeine gehören: heitere Frömmigkeit, arbeitsames Leben, Missions-, Erziehungs- und Pflegetätigkeit. Weit verbreitet sind die jedes Jahr erscheinenden „Losungen“. Von der Evangelischen Brüder-Unität sind wichtige ökumenische Impulse ausgegangen. Seit Juni 1992 ist die Trennung in einen Ost- und Westdistrikt aufgehoben. Hinzugekommen sind die neu gegründeten Brüdergemeinen Estlands. Junge Kirchen insbesondere in der Karibik, Ost- und Südafrika und Indien („Mährische Kirche“) verdanken ihre Ursprünge der Brüdergemeine. Die Evangelische Brüder-Unität ist der Evangelischen Kirche Deutschlands (EKD) angegliedert, Mitglied der Arbeitsgemeinschaften Christlicher Kirchen in Deutschland (ACK) und des Ökumenischen Rates der Kirchen. Weltweit liegt die Mitgliederzahl bei ca. 762 000.

Methodisten

Bei den Methodisten handelt es sich um eine Evangelische Freikirche, gegründet von John (1703–1791) und Charles (1707bis 1788) Wesley. Die beiden Brüder riefen 1729 in Oxford einen Bibelkreis ins Leben, deren Mitglieder den Namen Methodisten erhielten, weil sie sich in methodischer

Zeitgenössisches Porträt des englischen Predigers John Wesley (1703–1791)

Kinderchor in einer Methodistenkirche in Savaii, der größten der Samoa-Inseln im Pazifik. Etwa 15 Prozent der Bevölkerung Samoas sind Methodisten.

Strenge um das Bibelstudium und die persönliche Frömmigkeit bemühten. 1795 wurde die methodistische Freikirche in England gegründet.

Hauptlehre ist die Lehre Luthers von der Rechtfertigung des Sünders allein aus Gnade im Glauben. Hinzukommen Bekehrung und Heiligung. Organisationsstruktur sind die Konferenzen: Bezirkskonferenz (Gemeindeebene), Jährliche Konferenz (Regionalebene), Zentralkonferenz (Verbund der Regionen), Generalkonferenz (Verbund auf Weltebene). Die Gemeinden haben eine große Selbständigkeit. Der „Weltrat Methodistischer Kirchen" (gegründet 1881) umfasst rund 21 Millionen Kirchenglieder. Hinzukommen ca. 49 Millionen Kinder und Freunde.

Gemeinschaft der Siebenten-Tags-Adventisten

Der Begriff Adventist leitet sich aus dem lateinischen adventus („Ankunft") ab. Die im 19. Jahrhundert entstandene Religionsgemeinschaft entwickelte sich aus einer apokalyptischen „Endzeitgemeinde" zu einer „Konfessions-" beziehungsweise Freikirche. Adventisten hoffen auf die bald hereinbrechende sichtbare An- beziehungsweise Wiederkunft Christi und auf den Beginn des Tausendjährigen Reiches. Sie stehen in einer Tradition, die von der Urchristenheit (Naherwartung der Wiederkunft Christi; Offb 19,11ff.) über die Reformation, den württembergischen Pietismus (Prälat Johann Alfred Bengel berechnete die Wiederkunft Christi für 1836) zur Erweckungsbewegung des 19. Jahrhunderts verläuft und dort vor allem Methodisten, Baptisten und Kongregationalisten ergriff.

Mitte des 19. Jahrhunderts erhoben sich in vielen Teilen der Welt Stimmen, die das Kommen Christi ankündigten. Nachdem sich die Endzeitberechnungen des amerikanischen Baptistenpredigers, Farmers und Autodidakten William Miller (1782–1849) nach einer Korrektur auf den 22.10.1844 als unzutreffend erwiesen hatten, wurde die Bewegung von einer tiefen Krise erfasst. Die mit der Gabe der „Weissagung" begnadete Visionärin Ellen Gould White (1821 bis 1881), spätere Führerin der Gemeinde, lehrte, dass das Jahr 1844 trotzdem etwas Entscheidendes bewirkt hätte, nämlich den Beginn der Reinigung des Heiligtums im Himmel. Der 22.10.1844 wurde als Beginn der Endzeit im Himmel gedeutet: Christus ist in das Allerheiligste eingetreten, wo er den Dienst der Versöhnung verrichtet. Dort findet bereits das Gericht statt, das Begnadete und Verworfene voneinander trennt. Die Siebenten-Tags-Adventisten (STA) erwarten nach wie vor die baldige Wiederkunft Christi, ohne jedoch ein konkretes Datum anzugeben. Ellen Gould Whites Offenbarungen und Ratschläge werden bis heute als „Trost, Führung, Unterweisung und Zurechtweisung" beachtet, sind jedoch der Bibel untergeordnet.

Die Lehre der STA ist calvinistisch gefärbt und misst insbesondere dem Alten Testament große Bedeutung bei. Sie hebt die absolute Gültigkeit der Heiligen Schrift hervor, weiß sich der reformatorischen Rechtfertigungslehre verpflichtet. Statt Kinder zu taufen, wird die Gläubigentaufe durch Untertauchen praktiziert. Das Abendmahl schließt die Fußwaschung ein.

Szene aus dem Gottesdienst einer am Stadtrand von Harare, Simbabwe, angesiedelten afrikanischen Pfingstgemeinde

Adventisten feiern an jedem Sonnabend (Sabbat) Gottesdienst. Der Sabbat ist nach 2. Mose 20, 8–11 und 5. Mose 5,15 – im Unterschied zur „heidnischen", weil unbiblischen Sonntagsfeier des 1. Wochentages – ein Ruhetag. Anstelle einer Kirchensteuer geben die STA freiwillig den biblischen „Zehnten" (10 Prozent vom Einkommen) sowie weitere Spenden.

Für die Lebensführung gelten klare Vorschriften: Gemieden werden sollen weltliche Vergnügungen (Kino, Theater, Kartenspiel). Über 80 Prozent der Gläubigen rauchen nicht und trinken keinen Alkohol. Etwa die Hälfte der Adventisten befolgt eine lacto-ovo-vegetarische Diät (vegetarisch, mit Milch und Eiern). Man hält sich an die auch für Juden verbindlichen Speisegebote, wie sie im 3. Buch Mose niedergelegt sind.

Im Gesundheitswesen haben die Adventisten Vorbildliches geleistet. Medizinische Untersuchungen bestätigen, dass sie die gesündeste Volksgruppe in den USA sind. Außerdem lehnen Adventisten im Allgemeinen den Wehrdienst mit der Waffe ab und ziehen den zivilen Ersatzdienst vor. Unter Rückgriff insbesondere auf alttestamentliche Befreiungstraditionen unterstützen Adventisten die Belange von Asylsuchenden und Ausländern. Weltmission in großem Stil wird seit 1863 betrieben, u.a. durch eigene Radio- und TV-Stationen. Adventisten haben sich aktiv für die Förderung und Wahrung der Religionsfreiheit und der Förderung religiöser Toleranz eingesetzt. In vielen Ländern ist ihre Hilfsorganisation ADRA (= Adventist Development and Relief Aid: „Adventistische Entwicklungs- und Katastrophenhilfe") tätig.

Nach neuesten Statistiken (Ende 2004) gibt es weltweit knapp 12 Millionen getaufte Gemeindeglieder, die sich in rund 53 000 Gemeinden organisiert haben. In Deutschland beträgt die Zahl der getauften Adventisten rund 36 000. Hinzu kommen über 5000 nicht-getaufte Kinder und Jugendliche. Die Zahl der STA-Gemeinden beträgt 576. Die STA unterhält in Deutschland ein Theologisches Seminar (Friedensau). In den letzten Jahren hat die ökumenische Aufgeschlossenheit der STA durchweg zugenommen, was bei den kaum noch überschaubaren adventistischen Splittergruppen jedoch zu erheblichen Reaktionen geführt hat. Die STA werden von ihnen des „Abfalls" bezichtigt.

Pfingstkirchen

Sammelbezeichnung für eine große Zahl charismatischer Gemeinschaften, die um die Jahrhundertwende in den USA entstanden. In Europa sind sie insbesondere in Skandinavien (dort meist stärkste Freikirche) und den romanischen Ländern vertreten. Die Pfingstbewegung hat Anhänger in Zentral- und Südafrika, Korea und Indonesien, vor allem in Lateinamerika. Dort nimmt sie rapide zu. Die verschiedenen, zur Pfingstbewegung gehörenden Kirchen zeichnen sich durch bestimmte Merkmale aus: „Zungenreden, Wortliturgie, der narrative Stil bei der Verbreitung ihrer Botschaft, die größtmögliche Beteiligung aller Gläubigen beim Gebet und bei der Beschlussfassung, die Einbeziehung von Träumen und Visionen bei Zusammenkünften und ein außergewöhnliches Wissen um die Beziehung zwischen Körper und Geist, das in Heilungen durch Gebet zur Anwendung kommt" (Samuel Escobar).

Die US-Pfingstgemeinden haben methodistische und baptistische Wurzeln, die europäischen Pfingstler dagegen lutherische und reformierte.

Ihren Namen verdanken die Pfingstler dem in der Apostelgeschichte (Kapitel 2) beschriebenen urchristlichen Pfingstereig-

Futuristischer Gebetsturm auf dem Gelände der von Granville „Oral" Roberts gegründeten Universität und Missionierungsstation in Tulsa (Oklahoma). Roberts zählt zu den bekanntesten Heilern der US-amerikanischen Pfingstbewegung.

nis. Die Bibel hat maßstäbliche Bedeutung. Entscheidend ist die persönliche Bekehrung und die besondere, den Menschen gleichsam überfallende Gotteserfahrung der „Geisttaufe“, die erst das volle Christsein ausmacht. Im Allgemeinen geht ihr die Wassertaufe (als Erwachsenen-, aber auch als Kindertaufe) voraus.

Die „klassischen Pfingstkirchen“ haben ihren Ursprung in einem Erweckungserlebnis Januar 1901 in der von Charles F. Parham (1873–1929) geleiteten Bethel Bible School in Topeka in Kansas.

Eine weitere Erweckung ereignete sich 1906 in Los Angeles durch den schwarzen Prediger und Parham-Schüler William J. Seymour (1870–1922).

Ein internationales Forum der Pfingstkirchen ist die 1947 in Zürich entstandene, alle drei Jahre zusammentretende Pentecostal World Conference/Weltpfingstkonferenz. Die deutsche Pfingstbewegung entwickelte sich zunächst im Umkreis der Gemeinschaftsbewegung, worunter ein Zusammenschluss von Protestanten verstanden wird, die innerhalb ihrer Landeskirchen die Bedeutung von Bekehrung, Wiedergeburt, Mission und einen bewusst christlichen Lebensstil pflegen. Die Gemeinschaftsbewegung distanzierte sich in der „Berliner Erklärung“ (1909) klar von der für dämonisch gehaltenen Pfingstbewegung. Im selben Jahr entstand der Christliche Gemeinschaftsverband Mülheim/Ruhr, der 1998 in Mülheimer Verband Freikirchlich-Evangelischer Gemeinden umbenannt wurde. Zu diesem ältesten und größten bestehenden pfingstlerischen Verband gehören heute etwa 200 Ortsgemeinden. Er vertritt im Blick auf die außergewöhnlichen Bekehrungserfahrungen eine eher gemäßigte Ausrichtung. Während manche Pfingstgemeinden die „Heiligung“ als immerwährenden Vorgang betrachten, kennen andere (die „Holiness Churches“, die „Gemeinde Gottes“) einen dreistufigen Heilsweg: Bekehrung, Heiligung, Geisttaufe.

Die „extremen Pfingstler“ haben als Vorbild den koreanischen Geistlichen Dr. David Paul Yonggi Cho (*1936; „Yoido-Kirche für volles Evangelium“), zu dem sich mehr als 700 000 Menschen bekennen. Cho ist Gründer der Church Growth International/Internationales Kirchenwachstum und weltweit unterwegs, um die Prinzipien des Gemeindeaufbaus zu vermitteln. Kern der Gemeinde sind „Hauszellgruppen“ mit nicht mehr als 15 Personen. Europa gilt den aus den USA kommenden Predigern und Missionaren als Missionsland. Zun-

Zwei Farmer der Amisch-Brüder während einer Auktion in Delaware

genreden (Glossolalie), prophetische Zukunftsschau, übernatürliche Heilungen (Dämonenaustreibungen, selbst von Kindern praktiziert; Heilung Schwerkranker durch Handauflegen) sind typischer Ausdruck des Glaubens.

Evangelikale

Die hauptsächlich im Protestantismus Mitteleuropas und Skandinaviens auftretenden evangelikalen Gemeinschaften (Wurzeln: Pietismus 17./18. Jahrhundert, Erweckungsbewegung 18./19. Jahrhundert, Gemeinschaftsbewegung 19. Jahrhundert, Bekenntnisbewegung) sind keine eigene Konfession beziehungsweise Denomination. Sie befinden sich innerhalb der jeweiligen Landeskirchen, vertreten aber den Gedanken der Freiwilligkeitskirche (Beispiele: Gnadauer Verband, Altpietistischer Gemeinschaftsverband, M. Hahn'sche Gemeinschaft, Süddeutsche Vereinigung für Evangelisation und Gemeinschaftspflege, Liebenzeller Gemeinschaftsverband, Württembergischer Brüderbund u.a.). Evangelikale betonen die Inspiration der Bibel, die Rechtfertigung aus Glauben und die Notwendigkeit der persönlichen Bekehrung sowie Wiedergeburt, Mission und Evangelisation.

Die Konferenz Bekennender Gemeinschaften, die vor allem aus dem 1888 gegründeten und 1897 in das Vereinsregister eingetragenen Gnadauer Verband für Gemeinschaftspflege und Evangelisation (darin zahlreiche evangelikale Werke und Einrichtungen: Prediger- und Missionsschulen, Jugendbund für entschiedenes Christentum, Tausende von Gemeinschaftskreisen) und der im württembergischen Pietismus verwurzelten Ludwig-Hofacker-Vereinigung besteht, hat zwei Ausschüsse: Theologischer Konvent und Missionskonvent. Evangelikales Gegenstück zum Deutschen Evangelischen Kirchentag sind die „Gemeindetage unter dem Wort".

Charismatische Bewegung

Im weitesten Sinne des Wortes zählen folgende Hauptströmungen zur Charismatischen Bewegung: 1. die klassischen Pfingstkirchen (Pfingstler); 2. die Neupfingstler; 3. die unter dem Einfluss der amerikanischen Faith Churches stehende „dritte Welle" extrem pfingstlerisch ausgerichteter Gemeinden („Glaubenskirchen"); 4. die indigenen nicht-weißen Pfingstkirchen in der Dritten Welt; 5. die Charismatische Erneuerung innerhalb der katholischen und protestantischen Kirchen.

Spirituelle Erneuerung spielt in den Veranstaltungen evangelisch-freikirchlicher Gemeinden eine bedeutende Rolle.

Die Charismatische Bewegung ist eine transkonfessionelle, die traditionellen Kirchen- und Konfessionsgrenzen überschreitende internationale Erneuerungsbewegung. Sie betont das Wirken und die Gaben des Heiligen Geistes im Leben der Gemeinde und des einzelnen Gläubigen. Die Charismatische Bewegung mit ihren deutschen Wurzeln im „Marburger Kreis" um Arthur Richter (1908–1993) wird von den Großkirchen dem pfingstlichen Spektrum zugeordnet und ging 1960 von einer Gruppe von Episkopalisten in Kalifornien aus. Charismatische Netzwerke und Organisationen entstanden innerhalb der baptistischen, lutherischen, methodistischen, presbyterianischen und anderen protestantischen Kirchen.

Auch in der orthodoxen Kirche formierte sich eine kleine Gruppe, die man zur charismatischen Bewegung zählen kann. Die charismatische Bewegung in der katholischen Kirche begann 1965/66 an der Heilig-Geist-Universität Pittsburgh/USA. Seit 1975 gibt es in Mitteleuropa die Charismatische Gemeinde-Erneuerung (CGE), ein eigenständiger Aufbruch innerhalb der katholischen und den protestantischen Kirchen. Mittelpunkt ist die Geist-Erneuerung und die Geist-Erfahrung als Ergebnis eines „geistlichen Wachstumsprozesses" beziehungsweise als enthusiastisches Bekehrungserlebnis. Die CGE strebt keine eigenständigen Kirchenbildungen an, sondern will christliche Spiritualität und Leben innerhalb der jeweiligen Kirche intensivieren. Nach anfänglich zurückhaltenden Stellungnahmen der Bischofskonferenz der Vereinigten Staaten äußerte sich jedoch Papst Paul VI. 1975 anerkennend. Der belgische Kardinal Leon Joseph Suenens (1904 bis 1996) gehörte beim Zweiten Vatikanischen Konzil zu den progressiven Kräften und unterstützte die Bewegung. Weltweit gehören die charismatischen Bewegungen zu den am kräftigsten wachsenden Kirchen.

Orthodoxe Kirchen

Die großen Kirchen des Ostens

Als orthodoxe Kirchen gelten die in der gottesdienstlichen Tradition der alten Kirche von Byzanz stehenden Kirchen.

Die selbständigen orthodoxen Kirchen

Zu den kanonischen autokephalen, also in der Leitung selbständigen orthodoxen Kirchen zählen: Ökumenisches Patriarchat von Konstantinopel; Griechisch-orthodoxes Patriarchat von Alexandria; Griechisch (Rum)-orthodoxes Patriarchat von Antiochien; Patriarchat Jerusalem; Russisch-Orthodoxe Kirche, Patriarchat Moskau; Serbische Orthodoxe Kirche (Patriarchat); Rumänische Orthodoxe Kirche (Patriarchat); Bulgarische Orthodoxe Kirche (Patriarchat); Georgische Orthodoxe Kirche (Patriarchat); Kirche von Zypern (Erzbistum); Kirche von Griechenland (Erzbistum); Polnische Orthodoxe Kirche (Erzbistum); Albanische Orthodoxe Kirche (Erzbistum).

Alle Kirchen stehen untereinander in Kirchengemeinschaft. Sie haben volle Abendmahlsgemeinschaft mit Interzelebration und ständiger gottesdienstlicher Fürbitte. Miteinander bilden diese Kirchen die eine Orthodoxe Kirche als geistige Größe. Neben den autokephalen orthodoxen Kirchen gibt es einige autonome orthodoxe Kirchen, zum Beispiel die Finnische Orthodoxe Kirche, die Orthodoxen Kirchen von Lettland und Estland und die Japanische Orthodoxe Kirche.

Auslandskirchen

Unter dem Druck der politischen Entwicklungen in Europa in diesem Jahrhundert sind einige Exil- oder Auslandskirchen entstanden, zum Beispiel: Russische Orthodoxe Kirche im Ausland; Autokephale Ukrainische Orthodoxe Kirche; Mazedonische Orthodoxe Kirche.

Zu den vorchalzedonensischen (monophysitischen) Kirchen zählen die „Orientalischen Orthodoxen Kirchen“ und die Nestorianer. Es gibt fünf selbständige orien-

Ein äthiopischer Christ in Lalibela zeigt ein religiöses Buch mit Buchmalereien.

talisch orthodoxe Kirchen: Koptische Orthodoxe Kirche; Syrische Orthodoxe Kirche von Antiochien und dem ganzen Osten; Äthiopische Orthodoxe Kirche; Syrische Orthodoxe Kirche des Ostens (Indien); Armenische (apostolische) Orthodoxe Kirche.

Zu den nestorianischen Kirchen gehören die Assyrische Kirche des Ostens (Sitz in Chicago), die Alte apostolische und die Katholische Kirche des Ostens (Irak).

Bewahrung des urchristlichen Erbes

Seit dem „Morgenländischen Schisma" (1054) sind die orthodoxen Kirchen von der katholischen Kirche getrennt. Die Selbstbezeichnung orthodox bedeutet dem Wortsinn nach „rechtgläubig", aber auch „auf rechte Weise Gott die Ehre gebend". Die orthodoxen Kirchen werden von der Überzeugung geeint, das urchristliche Erbe richtig zu bewahren. Ein lebendiges Verhältnis zu den liturgischen und dogmatischen Voraussetzungen (Theologie der Kirchenväter; Lehrformulierungen der ersten sieben ökumenischen Synoden: 1. Nicäa 325 bis 7. Nicäa 787) wird gepflegt.

Vor allem das Wirken des Heiligen Geistes in Kirche und Welt, die Menschwerdung Gottes und dadurch die Theosis (griechisch „Gottwerdung") des Menschen, die Einheit von Kreuz und Auferstehung sowie die Trinitätslehre sind bestimmend. Die Frömmigkeit der asketisch lebenden Mönche wurde und wird hochgeschätzt. Die Praxis des immerwährenden Herzensgebetes („Herr Jesus, rette mich/erbarme dich meiner") spielt eine große Rolle. In den Klöstern wird die auf Gregor Palamas (1296–1359) zurückgeführte hesychiastische (von griechisch hesychia: „Ruhe, Stillschweigen") Theologie geübt: Die Schau des ungeschaffenen, ewigen Lichtes Gottes, das Christus auf dem Berg Thabor verklärte (Mt 17), gilt als Höhepunkt dieser spirituellen Übungen.

Orthodoxe Bischöfe mit Goldkronen und in farbenprächtigem Ornat in Kiew, Ukraine

Religiöse Praxis

Aus dem unverheirateten Mönchsstand gehen die Bischöfe hervor. Sie bevollmächtigen die Priester (Eheschließung vor der Diakonsweihe möglich) zu Amtsausübung und Sakramentsvollzug. Frauen sind von den klerikalen Ämtern ausgeschlossen. Herzstück der prächtigen Liturgie sind die vom Chor gesungenen Hymnen. In den Gottesdiensten „verdichtet sich die immerwährende Gegenwart Gottes im ‚Tempel' durch das Wirken des Heiligen Geistes zur personalen Gegenwart Jesu Christi" (Fairy von Lilienfeld). Das orthodoxe Kirchengebäude bildet den Jerusalemer Tempel ab. Ikonen bilden ein wesentliches Merkmal der Frömmigkeit. Nicht das Bild wird nach der Definition der 7. Ökumenischen Synode verehrt, sondern die schon in der himmlischen Welt befindliche abgebildete Person. Die Fastenpraxis hat für die orthodoxe Frömmigkeit einen hohen Stellenwert. So bereiten sich die Gläubigen fastend auf die Feste des Kirchenjahres vor. Darüber hinaus sind Mittwoch und Freitag regelmäßige Fastentage.

Im Gegensatz zu den orthodoxen Kirchen byzantinischer Tradition akzeptieren die Orientalischen Orthodoxen Kirchen (Koptische Orthodoxe Kirche; Syrische Orthodoxe Kirche; Syrisch Orthodoxe Kirche des Ostens/Indien; Äthiopische Orthodoxe Kirche; Armenische [apostolische] Orthodoxe Kirche) nicht die Aussagen des Konzils von Chalcedon (451).

Christliche Sondergemeinschaften

Glaubensgemeinschaften außerhalb der Großkirchen

Aus dem Christentum sind mehr oder weniger direkt einige Sondergemeinschaften hervorgegangen, die sich durch zum Teil bedeutende Lehrunterschiede von den großen christlichen Kirchen abgrenzen.

Kirche Jesu Christi der Heiligen der Letzten Tage: Mormonen

Die unter der Bezeichnung Mormonen bekannte US-amerikanische Neureligion, die manche als christliche Sondergemeinschaft ansehen, wurde von dem aus Palmyra (New York) stammenden Farmersohn Joseph Smith (1805 bis 1844) gestiftet. Er behauptete, am 21.9.1823 von einem Engel namens Moroni auf goldene, in „reformägyptischer" Schrift verfasste Platten hingewiesen worden zu sein, die dieser ihm 1827 übergab. Zum Teil mit Hilfe zweier „Seher"-Steine, unterstützt von drei Schreibern, übersetzte Smith den Text ins Englische. Diese und acht weitere „Zeugen" bestätigten die Existenz der dann verschwundenen Platten. 1830 wurde das „Buch Mormon" erstmals veröffentlicht. Zwischen den rasch an Zahl zunehmenden Anhängern des Religionsgründers und ihrer Umgebung kam es zu großen Spannungen, die in der Ermordung Josef Smiths im Gefängnis der Mormonen-Stadt Nauvoo gipfelten.

Brigham Young, Nachfolger des Religionsstifters, leitete 1846/47 den Treck der

Diese Mormonen-Familie in Salt Lake City verbringt gemäß einer aus den 1930er Jahren stammenden Vorschrift den Montagabend zusammen in der Vermittlung mormonischer Werte, mit Bildungsspielen und Musik.

Das Gemeindehaus der Neuapostolischen Kirchgemeinde im Mecklenburgischen Kühlungsborn

Mormonen (Mormon trail) zum Großen Salzsee, wo ein theokratisch verfasstes Gemeinwesen errichtet wurde. 1896 wurde Utah Teilstaat der USA. Zentrum der Hauptstadt Salt Lake City ist der hellgranitne Tempel, wo nach dem Glauben der Mormonen Christus das Jüngste Gericht halten wird. Die früher ländlich geprägte Religionsgemeinschaft hat sich überwiegend zur urbanen Neureligion entwickelt. Zu den weiteren heiligen Schriften gehören Joseph Smiths „Lehre und Bündnisse" sowie „Die Köstliche Perle", eine „Auswahl aus den Offenbarungen, Übersetzungen und Schilderungen Joseph Smiths".

Dank des Sühneopfers Christi können alle Menschen im Jenseits auferstehen. Stellvertretende Taufhandlungen dienen dazu, Verstorbene zu retten („Totentaufe"). Tempelrituale für „würdige" Mormonen sind: Taufen für Tote, Endowment („Ausstattung") mit Hilfestellungen für den Eingang in die „himmlische Herrlichkeit"; „Ehesiegelungen" für „Zeit und Ewigkeit". Die „Zweite Salbung" ist ein weniger bekanntes Ritual, in dem ausgewählte Mormonenführer bereits in ihrem diesseitigen Leben zu „Göttern" gesalbt werden und schließlich die höchste Stufe der Vollendung im Jenseits erreichen.

Intensives Familienleben, freiwillige Sozialarbeit und politisches Engagement sind ebenso typisch für Mormonen wie konservative Moralvorstellungen, hohes Arbeitsethos und Ernährungsdisziplin. Ihre statistisch nachgewiesene höhere Lebenserwartung gilt als Folge einer besonders gesunden Lebensweise.

Neuapostolische Kirche

Seit dem 19. Jahrhundert sind in England und auf dem europäischen Festland religiöse Sondergemeinschaften entstanden, bei denen sich eine endzeitliche Ausrichtung (Erwartung der Wiederkunft Christi, des Tausendjährigen Reiches) mit der Erneuerung des frühchristlichen Apostelamtes verband. Alle Propheten leiten sich von den zwölf englischen Aposteln ab, die zwischen 1832 und 1835 berufen wurden. Vorläufer der Neuapostolischen Kirche waren die auf Henry Drummond (1786–1860) zurückgehenden „Katholisch (im Sinne von ‚weltumspannend') apostolischen Gemeinden". Nach dem Schotten Edward Irving (1792 bis 1834) nannte man sie auch „Irvingianer".

Die Geschichte der „Neuapostolischen Kirche" (Bezeichnung ab 1930; vorher

Charles Taze Russel (1852–1916) begründete die Gemeinschaft der Zeugen Jehovas; undatierte Aufnahme

seit 1907: „Neuapostolische Gemeinde") beginnt seit 1863 mit dem Amt des „Stammapostels". Dieser nimmt unter den weltweit rund 240 Aposteln einen überragenden Platz ein. Bei den Neuapostolischen wurde die Bedeutung des Apostelamtes gegenüber den übrigen Ämtern (Propheten, Evangelisten, Hirten und Lehrer) immer stärker hervorgehoben. Erster Stammapostel war Friedrich Krebs (1832–1905); ihm folgte Hermann Niehaus (1848–1932; im Amt: 1905–1930). Weil sein Nachfolger Johann Gottfried Bischoff (1871–1960) fest mit Christi Wiederkehr zu seinen Lebzeiten rechnete, kam es wegen seiner Endzeitbotschaft zur Abspaltung einzelner Apostelgemeinden.

Die Neuapostolische Kirche ist in erster Linie durch das Wirken des „Bezirksapostels" Friedrich Bischoff (1909–1987) geprägt worden.

Lehrgrundlage der Neuapostolischen Kirche ist das seit 1992 in einer Neufassung vorliegende Lehrbuch „Fragen und Antworten über den neuapostolischen Glauben". „Die Neuapostolische Kirche ist die Kirche Jesu Christi, gleich den apostolischen Gemeinden zur Zeit der ersten Apostel. Als das wiederaufgerichtete Erlösungswerk des Herrn wird sie vom Heiligen Geist regiert". Erst die Apostel der Neuapostolischen Kirche vollenden „das von Jesus begonnene Erlösungswerk". Der Stammapostel, der in allen kirchlichen Angelegenheiten letztverbindlich entscheidet, wird als „Repräsentant des Herrn auf Erden" betrachtet.

Die Neuapostolischen vertreten ein auf ihre eigene Organisation beschränktes exklusives Kirchenverständnis. Sie kennen drei Sakramente: Während die „Heilige Wassertaufe" und das sonntäglich stattfindende „Heilige Abendmahl" von einem „priesterlichen Amt" vollzogen werden können, ist für die „Heilige Versiegelung" (für die kein bestimmtes Alter vorgeschrieben ist) ein Apostel erforderlich. Er spendet den Heiligen Geist durch Handauflegung und Gebet. Weiterer Segen wird zu besonderen Anlässen gespendet: Konfirmation, Verlobung, Trauung, Hochzeitsjubiläen. Auf Wunsch der Eltern wird auch ein „vorgeburtlicher Segen" erteilt. In Stellvertretung für Verstorbene können Taufen und Abendmahl gespendet werden.

Nach dem Glauben der Neuapostolischen kommt Christus zur Ersten Auferstehung wieder und nimmt alle zu sich, die seine Lehre befolgt haben (unter den „144 000" finden sich nur Neuapostolische). Dann wird das Tausendjährige Reich aufgerichtet. Gegenüber gesellschaftspolitischen Fragen verhalten sich die Neuapostolischen eher passiv.

Das Glaubensbekenntnis der Neuapostolischen Kirche enthält 10 Glaubensartikel, von denen die ersten vier mit dem Apostolischen Glaubensbekenntnis der Großkirchen übereinstimmen. Weltweit ist die Neuapostolische Kirche in 28 selbständige, unterschiedlich große Apostelbezirke gegliedert. Alle Gemeinden/Bezirke sind zusammengefasst in der „Neuapostolischen Kirche International" (Sitz in Zürich). Seit Pfingsten 2005 ist der deutsche Mathematiker Wilhelm Leber (*1947) nach Richard Fehr der achte Stammapostel seit Gründung der Kirche. Weltweit ist die Neuapostolische Kirche in über 190 Ländern auf allen Kontinenten tätig. Nach eigenen Angaben hat sie knapp 11 Millionen Mitglieder. In Deutschland gibt es rund 380 000 Anhänger in über 2700 Gemeinden.

Die Zeugen Jehovas

Die Zeugen Jehovas gehören zu den vielen, im 19. Jahrhundert in den USA entstandenen adventistischen Gemeinschaften. Ihr Gründer, Charles Taze Russell (1852 bis 1916), war aufgrund seines intensiven Bibelstudiums davon überzeugt, dass die unsichtbare Gegenwart Christi seit 1874, die Sammlung der noch lebenden Auserwählten seit 1878, der Beginn der „Großen Drangsal" seit 1914 angebrochen wären. Statt 1914 korrigierte er sich auf Frühjahr 1918. Russell gründete 1881 die Zion's Watch Tower and Herald of Christ's Presence (heute: Der Wachtturm verkündet Jehovas Königreich), 1881 die Zion's Watch Tower Tract Society (Hauptbüro seit 1909 in Brooklyn, New York). Rechtsanwalt J. F. Rutherford (1917–1942), zweiter Präsident der Wachturm-Gesellschaft, wandelte die Bewegung zu einer zentralistischen und uniformistischen „theokratischen" Organisation um, in der Gott selbst durch die „Leitende Körperschaft" in Brooklyn regiere. Die bis 1931 gebrauchte Bezeichnung „Ernste Bibelfor-

Anfang Juli 2003 trafen sich etwa 15 000 Menschen aus ganz Norddeutschland in Hamburg zu einem dreitägigen Bezirkskongress der Zeugen Jehovas. Bei der Veranstaltung, die unter dem Motto „Verherrlicht Gott" stand, wurden zahlreiche Lieder aus dem Liederbuch „Singt Jehova Loblieder" angestimmt.

scher" verweist darauf, dass die „richtige" Auslegung der irrtumslosen Bibel im Zentrum steht. Unter Präsident N. H. Knorr (1942–1975) begann die Ära systematischer Durchorganisierung und rascher weltweiter Ausbreitung. 2005 überschritt die Zahl der aktiven „Verkündiger" die Sechs-Millionen-Grenze.

Die „Leitende Körperschaft" in Brooklyn hat inzwischen gegenüber dem Präsidenten (seit 2000 der derzeitige sechste Präsident Don Adams) an Gewicht gewonnen. In den 1970er Jahren bildete sie eine Reihe mehrköpfiger Komitees, die seit 1992 durch eigene bewährte Gehilfen aus der „großen Volksmenge" ergänzt wurden. 1903 erhob Russell auf einer Besuchsreise die Elberfelder Literatur-Versandstelle zum

Der Tabernakel-Chor der Mormonen hat heute 360 Mitglieder und ist durch zahlreiche Konzertreisen weltweit bekannt geworden.

„Deutschen Zweigbüro der Watch Tower Society". Verbot und Verfolgung im NS-Staat führten dazu, dass etwa 6000 Zeugen vor allem wegen Kriegsdienstverweigerung in Konzentrationslager kamen. Seit 1984 befindet sich die Zentrale der Zeugen Jehovas in Selters/Taunus. In Deutschland bekennen sich über 163 000 Gläubige zu den Zeugen Jehovas.

Die Zeugen Jehovas dürfen keinen Alkohol und Tabak genießen. Bluttransfusionen lehnen sie ab. Lange Zeit galten Staat und christliche Kirche(n) als Werkzeuge des Teufels. Heute werden die Zeugen Jehovas von ihrer Leitung zur Achtung der Gesetze ermahnt. Sie dürfen nicht aktiv am politischen Leben teilnehmen, nicht einmal an Wahlen zu Schul- oder Klassenpflegschaften. Die christliche Trinitäts-Lehre lehnen sie ab. Jesus Christus wird nach dem Glauben der Zeugen Jehovas am Ende des Tausendjährigen Reiches die Hinrichtungsheere Jehovas in der Schlacht von Harmagedon befehligen. Die Zahl der Auserwählten beträgt 144 000.

Neue Kirche (Swedenborgianer)

Geistiger Vater dieser Religionsgemeinschaft ist der schwedische Universalgelehrte Emanuel Swedenborg (1688–1772). Die Lehren der Neuen Kirche basieren auf seinen Offenbarungen. Für die Mitglieder der Neuen Kirche sind die Konzilsentscheidungen des 4. und 5. Jahrhunderts ungültig. Nicht alle Texte der Bibel werden für gleichwertig gehalten. So gelten die Schriften des Paulus im Unterschied zu den Evangelien nicht als „Wort Gottes", die paulinische Rechtfertigungslehre wird abgelehnt.

Der in drei „Wesenselementen" existierende eine Gott manifestiert sich in drei abgestuften Seinsweisen, die sich auch im Menschen spiegeln: als Seele, Geist, Leib. Der Mensch befindet sich sein Leben lang unter dem Einfluss von Engeln und Teufeln – beide ehemalige Menschen – und unter der Einwirkung von den Geistern Verstorbener. Menschliche Bestimmung ist es, unmittelbar nach Tod und Gericht aufzuerstehen. Nachdem Gott immer wieder Boten geschickt hat, wird er schließlich in Jesus Christus Mensch, überwindet die Hölle und schenkt dem Menschen die Willensfreiheit zurück. Ein Leben sittlicher

Porträt des Mathematikers, Naturforschers und visionären Theologen Emanuel Swedenborg (1688–1772) von Per Krafft, Schloss Gripsholm

Vervollkommnung führt den Menschen zu Gott.

Gegründet hat Swedenborg die Neue-Kirche-Organisation nicht. Dies geschah durch seine Anhänger in England (1787: New Jerusalem Church) und USA (1792). Dort ist der Einfluss der Neuen Kirche bis heute groß. 1857 wurde in Manchester eine „Erklärung der Neuen Kirche an die Menschheit" verabschiedet. Die Bewegung spaltete sich 1897 in Bryn Athyn bei Philadelphia in die konservative Richtung der „General Church of the New Jerusalem" und die liberale „General Convention of the New Church". 1874 wurde die Neue Kirche in der Schweiz gegründet. Die „Deutsche Neukirchliche Gesellschaft" wurde 1891 in den „Deutschen Swedenborgverein" umgewandelt, der keine eigentliche Religionsgemeinschaft ist, sondern ein Hilfsverein zur Unterstützung der Verbreitung swedenborgischen Gedankengutes. Die „Deutsche Neue Kirche" existierte von 1922 bis zu ihrem Verbot durch die Nationalsozialisten 1941. Nach dem Zweiten Weltkrieg entstanden Gemeinden in Freiburg im Breisgau und Berlin. Über die Mitglieder hinaus gibt es Freundeskreise und Sympathisanten.

Weltweite Organisationen

Bündnisse zur Umsetzung christlicher Werte

Der Generalsekretär des Ökumenischen Rates der Kirchen (ÖRK), Konrad Raiser (rechts), und der Vorsitzende des Zentralausschusses des ÖRK, Katholikos Aram I. (Libanon), bei der Tagung des Zentralausschusses in Genf, Schweiz, im Jahr 2002

Ursprünglich bezeichnet der griechische Begriff Ökumene die „ganze bewohnte Erde". Über diese geographische Bedeutung hinaus enthält er eine politische Komponente, steht für den Geltungsbereich der griechischen beziehungsweise hellenistischen Zivilisation. Das Markusevangelium (24,14) verknüpft Geographie und Theologie: Ökumene bedeutet den Wirkungsbereich missionarischer Verkündigung. Seit dem 2. Jahrhundert steht Ökumene für den Ausdehnungsbereich der Kirche und ist deckungsgleich mit der ganzen Kirche beziehungsweise der christlichen Welt. Religionswissenschaftler und Theologen wie Friedrich Heiler (1892–1967) und Hans Küng (*1928) treten gegen kirchliche Engführungen des Begriffes ein. Sie beschränken Ökumene nicht auf die Gemeinschaft der christlichen Kirchen, auch nicht auf die Gemeinschaft der abrahamitischen Religionen (Judentum, Christentum, Islam). Heiler und Küng verstehen Ökumene als „Gemeinschaft der Religionen".

Ökumenische Bewegung und Ökumenischer Rat der Kirchen

Die im England des 19. Jahrhunderts beginnende Ökumenische Bewegung strebt die Wiedererlangung der Einheit der christlichen Kirchen an. Schlüsselereignis ist die Weltmissionskonferenz in Edinburgh (1910), welche die Entwicklung bis zur Gründung des Ökumenischen Rates der Kirchen einleitet. Auf dem Wege dorthin sind die Konferenz für Praktisches Christentum (Stockholm 1925) und die Weltkonferenz „Glaube und Kirchenverfassung" (Lausanne 1927) bedeutsam.

Der in Genf beheimatete Ökumenische Rat der Kirchen (ÖRK) beziehungsweise „World Council of Churches" (WCC,

Eine Teilnehmerin der Vollversammlung des Lutherischen Weltbundes im kanadischen Winnipeg singt bei der Präsentation der Mitgliedskirchen. Unter dem Leitwort „Zur Heilung der Welt" kamen hier 2003 rund 400 Delegierte aus den 140 Mitgliedskirchen des LWB in 78 Ländern zusammen.

deutsch: „Weltrat der Kirchen", abgekürzt „Weltkirchenrat") ist eine „Gemeinschaft von Kirchen, die den Herrn Jesus Christus gemäß der Heiligen Schrift als Gott und Heiland bekennen und darum gemeinsam zu erfüllen trachten, wozu sie berufen sind, zur Ehre Gottes, des Vaters, des Sohnes und des Heiligen Geistes" (so genannte „Basisformel"). Bei seiner Gründung in Amsterdam (22.8.1948) gehörten dem Weltkirchenrat, der auf zwei Strömungen „Life and Work" und „Faith and Order" zurückgeht und 1961 den 3. Strom „International Missionary Council" integrierte, 147 Kirchen vor allem aus West- und Mitteleuropa sowie aus den USA an. Die Kirchen Afrikas, Asiens, der Karibik, Ozeaniens und Lateinamerikas waren damals eine Randerscheinung. 2007 gehörten dem Weltkirchenrat 348 Kirchen in über 120 Ländern auf allen Kontinenten aus praktisch allen christlichen

Das Gebäude der ökumenischen Jugendorganisation „Young Men's Christian Association" (YMCA) in der 23. Straße in Manhattan, New York

Traditionen an. Die römisch-katholische Kirche ist wegen ihres besonderen Kirchenverständnisses bis heute kein Mitglied, arbeitet aber in der Kommission für Glauben und Kirchenverfassung mit.

Pax Christi als Teil der deutschen Friedensbewegung. Mehr als 200 000 Menschen kamen im Januar 1991 in Bonn zusammen, um gegen den Golfkrieg zu protestieren.

Alle sieben bis acht Jahre finden große assemblies („Versammlungen") statt (1948: Amsterdam; 1954: Evanston; 1961: Neu Delhi; 1968: Uppsala; 1975: Nairobi; 1983: Vancouver; 1991: Canberra, 1998: Harare/Simbabwe; 2006: Porto Alegre).

Der Christliche Verein Junger Menschen (CVJM)

Die weltweit größte überkonfessionelle christliche Jugendorganisation ist der Christliche Verein Junger Menschen (CVJM) mit insgesamt 45 Millionen Mitgliedern. International bekannt ist die Bewegung unter dem Namen Young Men's Christian Association (YMCA). Sie entstand Anfang des 19. Jahrhunderts im Rahmen christlicher Erweckungsbewegungen in Europa und USA. Der erste CVJM wurde 1844 mit dem Ziel gegründet, jungen Männern in den Industrie- und Großstädten Halt und Orientierung zu bieten. 1855 entstand der Weltbund.

Der Lutherische Weltbund (LWB)

Dem 1947 im schwedischen Lund gegründeten Lutherischen Weltbund (LWB) gehören fast alle sich als lutherisch bezeichnenden und verstehenden Kirchen in der ganzen Welt an. Weltweit zählt er 140

Mitgliedskirchen in 78 Ländern mit über 66 Millionen Mitgliedern. Zu den bemerkenswerten Aktivitäten des LWB gehörte die Verabschiedung der „Gemeinsamen Erklärung zur Rechtfertigungslehre". Sie wurde von Vertretern des LWB und der römisch-katholischen Kirche am 31. Oktober 1999 (Reformationstag) feierlich in Augsburg unterzeichnet, wo bereits 1530 die „Confessio Augustana" vorgelegt worden war, die den Konflikt zwischen der lutherischen Reformation und der offiziellen katholischen Kirche jedoch nicht beenden konnte.

Unionskirchen

In Ländern außerhalb Europas entstanden im 10. Jahrhundert Unionskirchen: In Süd- und Nordindien, Bangladesh und Pakistan hat die gesamte Unionskirche die bischöfliche Struktur und apostolische Sukzession der Anglikaner beteiligt. In Australien, Kanada und Japan gibt es Unionskirchen ohne die Anglikaner, auf der Basis von Methodisten und Reformierten. In der Volksrepublik China besteht eine Unionskirche aller reformatorischen Kirchen.

Neben den zur Orthodoxie zählenden Orientalen gibt es orientalische Christen, die mit Rom uniert sind: Sie erkennen den römischen Primat und das römisch-katholische Dogma an, begehen ihren Ritus jedoch nach eigener orientalischer Weise und in ihrer eigenen Kirchensprache (u.a. in Griechisch, Altslawisch, Syrisch, Arabisch).

Nichtregierungsorganisationen bei den Vereinten Nationen

1989 wurde die Vereinigung Franciscans International (FI) mit Sitz in Rom gegründet, eine Nicht-Regierungsorganisation bei den Vereinten Nationen. Sie hat eine römisch-katholische Grundlage, versteht sich aber als konfessionell offene Gemeinschaft für Laien und Kleriker, Protestanten und Katholiken. Die Franciscans International engagieren sich – auch zusammen mit der Partnerorganisation Dominikaner für Gerechtigkeit und Frieden – für die Einhaltung der Menschenrechte, die Bekämpfung der Armut und für die Bewahrung der Schöpfung.

Der US-amerikanische Bischof Mark Hanson (geb. 1946) wurde 2003 auf der LWB-Vollversammlung in Winnipeg, Kanada, zum neuen Präsidenten des Lutherischen Weltbundes gewählt.

Pax Christi International („Friede Christi") ist eine ökumenische Friedensbewegung in der römisch-katholischen Kirche und steht in der Tradition der Friedenslehre des Zweiten Vatikanischen Konzils. Vor dem Hintergrund des Zweiten Weltkriegs in Frankreich entstanden, wirkt Pax Christi heute als internationale Friedensbewegung in 53 Ländern auf allen Kontinenten. Bei den Vereinten Nationen ist Pax Christi International als Nicht-Regierungsorganisation registriert.

A

Abendmahl: Bezeichnung der letzten Mahlzeit Jesu vor seinem Tod mit seinen → Jüngern.

Ablass: In der römisch-katholischen Kirche der Nachlass öffentlicher, befristet verhängter Kirchenbußen (nicht jedoch der Sünden), seit dem 11. Jahrhundert auch die Tilgung zeitlicher Strafen für Sünden, die hinsichtlich der Schuld schon vergeben sind.

Absolutheitsanspruch: In seiner Form als „intensiver Absolutheitsanspruch" ist darunter die absolut gesetzte ausschließliche Bindung an den eigenen Gott zu verstehen. In den von Gustav Mensching so genannten Volksreligionen besteht diese intensive Absolutheit. Universal- oder Weltreligionen wie das Christentum vertreten extensive Absolutheitsansprüche, beanspruchen, die allein wahre und gültige zu sein und als solche anerkannt zu werden. Nach Mensching wird der Absolutheitsanspruch falsch verstanden, wenn er als logisch-erkenntnismäßige Richtigkeitsaussage aufgefasst und apologetisch gegen andere Religionen gewendet wird. Das „einzig" und „allein" der Absolutheitsansprüche ist seinem ursprünglichen Sinn nach ein Merkmal bekennender Sprache, Ausdruck einer „intensiven Bindungsqualität".

Absolution (von lateinisch absolutio „Lossprechung, Entlastung"): Freisprechung von Sünden durch den katholischen → Priester im Bußsakrament. In den evangelischen Kirchen Teil der gemeinsamen Beichte im Gottesdienst, die oft mit einem Abendmahl verbunden ist, beziehungsweise der Einzelbeichte unter vier Augen.

Abstinenztage (von lateinisch abstinentia „Enthaltsamkeit"): Im Katholizismus Bußtage.

Advent (von lateinisch adventus „Ankunft"): Bezeichnung für die Zeit der Vorbereitung auf → Weihnachten.

Agape (griechisch: „Liebe", lateinisch: „caritas"): Die hingebungsvolle Liebe Gottes und der Menschen im Neuen Testament; darüber hinaus Bezeichnung für das Liebesmahl, die urchristliche Tischgemeinschaft.

Agende (von lateinisch agenda: „das zu Handelnde"): Der auf die frühe Kirche zurückgehende Begriff bezeichnete ursprünglich jede liturgische Funktion (Messe, Stundengebet usw.). Heute bedeutet Agende in den evangelischen Kirchen das den Ablauf des Gottesdienstes regelnde Buch. Pfarrerinnen und → Pfarrer sind an die geltende Agende gebunden.

Allerheiligen/Allerseelen: Feste zum Gedächtnis aller Heiligen und Seligen (Verstorbenen) in der römisch-katholischen Kirche am 1. und 2. November. In der griechisch-orthodoxen Kirche wird Allerheiligen am Sonntag nach Pfingsten gefeiert.

Altar (Lehnbildung aus spätlateinisch altare, vermutlich von adolere: „verbrennen" abgeleitet, „Platz für Brandopfer"): Christlich-theologischer Begriff, der auch im Zusammenhang mit anderen Religionen verwendet wird. Ein Altar ist eine erhöhte Stätte an einem Kultort zum Vollzug von Opfern und sakralen Handlungen. In vielen Religionen dienen Altäre als Orte, an denen Tier- oder Menschenopfer dargebracht bzw. Opfergegenstände verbrannt, Opfergaben platziert werden. Diese werden anschließend entweder vom Priester oder durch die Kultteilnehmer verzehrt. In katholischen Kirchen ist ein Altar der Tisch, auf dem der Priester das Messopfer darbringt. In den meisten katholischen Kirchen gibt es einen „Hochaltar" und mehrere Seitenaltäre. Alte Altäre haben eine Retabel, eine Bilderwand, mit dem sog. → Tabernakel in der Mitte, und oft kunstvolle Altaraufbauten. Der Altar galt als Ort des Schutzes, wo selbst Schwerverbrecher nicht ergriffen werden durften, sondern Asyl genossen.

Amen (hebräisch: „gewiss, wahrlich, Es steht fest"): In der Hebräischen Bibel Bestätigungsformel eines vorgelesenen Bundes oder Eides; Schlussformel von Gebeten im Gottesdienst.

Apostolisches Glaubensbekenntnis: Auf die Frühzeit der Kirche zurückgehendes, die meisten christlichen Kirchen miteinander verbindendes Glaubensbekenntnis.

Aschermittwoch: Der 7. Mittwoch vor → Ostern. Beginn der vorösterlichen Fasten- und Bußzeit.

Athanasianum: Eines der drei ökumenisch anerkannten christlichen Glaubensbekenntnisse.

Augsburger Bekenntnis: Von Philipp Melanchthon im Auftrag evangelischer Fürsten und sieben lutherischer Reichsstädte verfasstes Bekenntnis mit dem Ziel, auf dem Reichsstag von Augsburg (25.6.1530) die Gemeinsamkeit mit der katholischen Kirche wiederzuerlangen.

Autokephalie: Kirchliche Unabhängigkeit der orthodoxen Nationalkirchen mit eigenem Oberhaupt.

B

Barmer Theologische Erklärung: Bedeutendes protestantisches Lehrzeugnis aus dem 20. Jahrhundert. Dokument des Widerstands gegen die nationalsozialistische Diktatur. Die aus sechs Thesen bestehende „Theologische Erklärung zur gegenwärtigen Lage der Deutschen Evangelischen Kirche" wurde einstimmig auf der vom 29.–31.5.1934 in Barmen-Gemarke tagenden Synode der Bekennenden Kirche angenommen.

Beichte: Nach christlicher Auffassung ein Schuldbekenntnis vor Gott, entweder in der Gemeinschaft der Kirche, oder einzeln vor einem → Priester/Pfarrer.

Bergpredigt: Große Rede Jesu im Matthäusevangelium (Mt 5–7). Die Version des Lukas heißt Feldrede (Lk 6,20–49).

Bibel (von griechisch biblia = Pluralform von biblion „Buchrolle, Schrift, Brief, Dokument"): Der Plural biblia wird von dem Griechisch schreibenden jüdischen Schriftsteller Flavius Josephus im 1. Jahrhundert n. Chr. als Begriff benutzt.

Bischof (von griechisch episkopos: „Vorsteher, Aufseher, Wächter"). In vielen christlichen Kirchen ein geistlicher Würdenträger, der die geistliche und administrative Leitung eines bestimmten Gebietes hat.

Bistum: In der katholischen Kirche eine von einem Bischof geleitete verwaltungsmäßige und seelsorgerische Einheit, auch Diözese genannt.

Buße: → Beichte.

C

Charisma (Weiterentwicklung aus griechisch charis: „Huld, Anmut"): In der Theologie des Paulus bedeutet Charisma das Gnadengeschenk. Auch wenn die Gaben verschieden sind, verdanken sich alle dem Heiligen Geist.

Chrisam: Im römischen Katholizismus ein vom Bischof in der Chrisammesse am Gründonnerstag geweihtes Öl, das aus Balsam und Olivenöl besteht, und bei → Taufe, Firmung und Priesterweihe verwendet wird.

D

Diözese: Abendländische Bezeichnung für den Amtsbezirk eines Bischofs, in dem dieser als Ordinarius wirkt. In der evangelischen Kirche ist Diözese der Sprengel eines → Superintendenten, der für die Leitung eines Kirchenkreises verantwortlich ist.

Dogma (griechisch dasjenige, „was als richtig erschien"): Im philosophischen Sinn Ausdruck für Meinung, Grund- und Lehrsatz, Lehre. Beschlüsse und Anordnungen wurden im Frühchristentum als Dogma bezeichnet, z. B. diejenigen in der Apostelgeschichte des Lukas, die den Missionsgemeinden als Richtlinien dienen sollten. Die römisch-katholische Kirche kennt fest definierte Glaubenssätze.

Dogmatik: Teilgebiet der Theologie, in dem die Glaubensinhalte systematisch zusammengefasst und wissenschaftlich dargestellt werden.

Domkapitel: In der katholischen Kirche Priesterkollegium an der Bischofskirche (Domkirche); die Mitglieder heißen Domkapitular oder auch Kanonikus, ihnen steht der Domprobst oder Domdekan vor. Das Domkapitel berät als Senat den Bischof. Bei seinem Tode übernimmt es die Leitung des Bistums.

E

Einsegnung: Segenshandlung in den evangelischen Kirchen bei Konfirmation, Trauung, Ordination und Bestattung.

Ekklesiologie: Theologische Lehre von der Kirche, ihrem Wesen und ihrer Funktion im heilsgeschichtlichen Handeln Gottes.

Empfängnis, unbefleckte (lateinisch Immaculata): Lehre der katholischen Kirche, dass Maria aufgrund ihrer Erwählung zur Mutter Gottes durch besondere Gnade ohne den Makel der Erbsünde ins Dasein getreten ist, als ihre Mutter sie empfing.

Enzyklika (Rundschreiben): Lehrschreiben des Papstes an die Bischöfe, über sie an die Gläubigen, manchmal an „alle Menschen guten Willens" gerichtet. Enzykliken sind meist lateinisch abgefasst und werden nach den Anfangsworten zitiert.

Epiphanias: In der Ostkirche begangenes Fest der „Erscheinung des Herrn" am 6. Januar. Es wird ähnlich festlich begangen wie → Weihnachten.

Erzbischof: Seit dem 4. Jahrhundert in der Ostkirche Bezeichnung für Inhaber der bedeutendsten Bischofssitze. Seit dem 8. Jahrhundert in der Westkirche Begriff für den 1. Bischof (Metropolit) einer Kirchenprovinz. Ihm unterstehen die übrigen Bischöfe.

Eucharistie (griechisch: „Danksagung"): → Abendmahl.

Evangelikale: Christen aller Konfessionen, welche die Inspiration der Bibel, die Rechtfertigung aus Glauben und die Notwendigkeit der persönlichen Bekehrung und Wiedergeburt, Mission und Evangelisation betonen.

Evangelische Räte: Unter Berufung auf Mk 10,17–31 Bezeichnung für die in katholischen → Orden angeratenen, aber nicht vorgeschriebenen Gelübde: Armut (Verzicht auf individuellen Besitz), Ehelosigkeit (Verzicht auf Ehe und Familie), Gehorsam (Verzicht auf Selbstbestimmung).

Evangelium (von griechisch euangelion „Frohe Botschaft"): Freudige Botschaft im klassischen Griechisch, z. B. die Siegesbotschaft des Kaisers. Im Neuen Testament bezeichnet der Begriff eine mündliche Botschaft, keine Schrift. Darüber hinaus ist Evangelium die Bezeichnung für eine neutestamentliche Textsorte, die Worte und Taten Jesu zum Gegenstand hat.

Ewigkeitssonntag: Früher Totensonntag genanntes Fest zum Abschluss des Kirchenjahres,

Ex cathedra (lateinisch: „vom Lehrstuhl aus"): Eine päpstliche Entscheidung „ex cathedra" erhebt den Anspruch, „in Fragen des Glaubens und der Sitten" eine Lehre unfehlbar und verbindlich zu verkündigen.

Exegese: Wissenschaftliche Auslegung eines Textes, insbesondere der Bibel.

Exkommunikation: Entzug der aktiven Gliedschaftsrechte in der katholischen Kirche, nicht jedoch „Ausschluss aus der Kirche". Der Exkommunizierte darf weder → Sakramente empfangen noch irgendwelche kirchlichen Dienste ausüben.

Exorzismus (griechisch: „Beschwörung"): In vielen Religionen praktiziertes Verfahren, durch magische Handlungen die Mächte des Bösen (Geister, Dämonen, Teufel) aus dem menschlichen Körper, von dem sie Besitz ergriffen haben, auszutreiben. Die katholische Kirche unterscheidet zwischen dem einfachen oder kleinen Exorzismus (etwa im Zusammenhang mit der Taufe) und dem feierlichen oder Großen Exorzismus, der nur von einem Priester und nur mit Erlaubnis des Bischofs vorgenommen werden darf.

F

Fegefeuer (fegen = reinigen): Zwischenzustand nach dem leiblichen Tod, in dem die „lässlichen Sünden" abgebüßt werden können.

Filioque (lateinisch: „und vom Sohn"): Zusatz zum erweiterten Nicänischen Glaubensbekenntnis (381). Gemeint ist mit dieser Formel, dass der Heilige Geist nicht nur vom Vater, sondern auch vom Sohn ausgeht.

Firmung („Stärkung"): Eines der sieben Sakramente in der katholischen Kirche, begründet mit Apg 8,14–17. Es wird von einem Bischof oder einem eigens dazu bevollmächtigten Priester gespendet.

Freikirche: „Besonderer Typ von Kirche" (Erich Geldbach), die im Gegensatz zur Staatskirche in der Regelung ihrer Belange unabhängig vom Staat verfährt.

Fronleichnam (mittelhochdeutsch: „Leib des Herrn"): 10 Tage nach Pfingsten begangenes katholisches Fest, bei dem die Zurschaustellung des Altarsakraments in der Monstranz eine große Rolle spielt.

H

Heidelberger Katechismus: Von Z. Ursinus und C. Olevianus verfasste Zusammenfassung der Grundwahrheiten der reformierten Kirche. Das Bekenntnis wurde 1563 in Heidelberg veröffentlicht. Als Bekenntnisschrift wurde der Heidelberger Katechismus 1619 von der Dordrechter Synode anerkannt.

Heiland (althochdeutsch: „Erlöser"): Christlicher Würdetitel für Jesus Christus.

Heilige: Christen als Glieder der Kirche verstehen sich als „Gemeinschaft der Heiligen". Paulus spricht seine Glaubensbrüder öfter als „Heilige, geliebte Heilige" an (Röm 1,7; 1 Kor 1,2). Heiligkeit ist nicht gleichbedeutend mit hoher moralischer Qualität, sondern bezieht sich auf die Tatsache des Glaubens und Getauftseins (1 Kor 6,11). Christen gelten als heilig, weil sie mit Christus verbunden sind und ein Leben führen, „das des Rufes würdig ist, der an euch erging" (Eph 4,1). Der Titel wurde bald mehr und mehr auf Personen eingeschränkt, die sich durch herausragende persönliche Heiligkeit auszeichneten. So entstand das Phänomen der auch in anderen Religionen bekannten Heiligenverehrung.

Homiletik: Die Lehre von der Predigt als Lehr-, Mahn-, Trost- und Missionswort; Teilbereich der Praktischen Theologie.

Hostie (von lateinisch hostia „Opfergabe"): 1. Opfertier in der Antike. 2. Bezeichnung für die beim → Abendmahl gereichten geweihten Brotstückchen oder Oblaten.

I/J

Ikone (griechisch eikon: „Bild"): Heilige Bilder in den orthodoxen Kirchen.

Ikonostase: Bilderwand in orthodoxen Kirchen, die den Altar- und Kirchenraum trennt.

Jünger: Neutestamentlicher Ausdruck für die Schüler eines Rabbi. Bezeichnung der Schüler Jesu, nicht nur der Zwölf.

K

Kanon (griechisch: „Maßstab, Richtschnur, Tabelle"): Kanon kann einen Standard bezeichnen (lateinisch: norma); mustergültige Handlungen und Einstellungen des Menschen haben dazu geführt, vom Menschen als „Kanon" zu sprechen. In der Literatur wurde die Sammlung klassischer Texte Kanon genannt. Kanon bedeutet daher nicht nur das Maß- und Normgebende, sondern auch das Ideal (z.B. in Architektur, Kunst). Die für die Christen verbindlichen Regeln und Normen des Glaubens hießen ebenso „Kanones" wie die Erlasse und Beschlüsse von Konzilien. Wohl erst im 4. Jahrhundert wurde Kanon zur Bezeichnung für die verbindliche Sammlung Heiliger Schriften.

Karfreitag (von althochdeutsch kara: „Trauer, Klage"): Tag der Kreuzigung und des Todes Jesu.

Karsamstag: Tag der Grabesruhe Jesu.

Karwoche: Woche vor Ostern.

Kasualien (von lateinisch casus: „Fall"): Gottesdienstliche Handlungen in der christlichen Kirche, die im Zusammenhang mit besonderen Anlässen vollzogen werden, z.B. Eheschließung, Tod.

Katechese: Kirchliche Verkündigung, Einübung im christlichen Glauben, oft Vorbereitung für → Taufe oder Konfirmation.

Katechismus: Ursprünglich Glaubensunterricht für Taufbewerber, im Mittelalter Glaubensexamen der Taufpaten, seit der Reformation Lehrbuch für die Glaubensunterweisung. Der Katechismus ist eine Zusammenfassung der katechetischen Formeln und Materialien, die in der Beichtpraxis, vor allem des Mittelalters, eine Rolle spielten.

Klerus (von griechisch kleros: „Los, Anteil"): Stand der sakramental geweihten Männer gegenüber den Laien in der katholischen Kirche. Zum Klerus gehören: Diakone, → Priester und Bischöfe.

Kommunion (von lateinisch communio: „Gemeinschaft"): In der katholischen Kirche bedeutet Kommunion den Empfang von Brot (Hostie) und bei besonderen Gelegenheiten Wein in der heiligen Messe. Kommunion ist auch Bezeichnung für das Brot: „die Kommunion empfangen".

Konfession (lateinisch confessio: „Bekenntnis, Geständnis"): Bekenntnisgemeinschaft im Christentum.

Konfirmation (lateinisch confirmatio: „Befestigung" im Glauben): In evangelischen Kirchen der Abschluss des Katechumenen- und Konfirmandenunterrichts, in dem die getauften Jugendlichen die Grundlage des protestantischen Glaubens verstehen lernen sollen. Die Konfirmierten sind mündige Gemeindeglieder mit allen Rechten und Pflichten.

Konkordat (von lateinisch: „Übereinkunft"): Vertrag zwischen einem Staat und der obersten Kirchenleitung, dem Vatikan, über gegenseitige Rechte und Pflichten.

Konzil: Im römischen Katholizismus werden in neuerer Zeit Kirchenversammlungen, d.h. wesentlich Zusammenkünfte von Bischöfen, Konzil genannt. Im protestantischen und orthodoxen Raum herrscht die gleichbedeutende Bezeichnung → Synode vor.

L

Lehramt: Begriff aus der römisch-katholischen Kirchensprache. Das Lehramt hat mehrere Aufgaben: die amtliche Lehrverkündigung, die rechtskräftige Lehrerklärung, schließlich die endgültige Lehrentscheidung. Auf dem 1. Vatikanischen Konzil (1869/70) definierte sich das Lehramt selbst, verkündete die Lehre von der Unfehlbarkeit als Dogma. In modifizierter Weise wurde dies vom 2. Vatikanum wiederholt.

Litanei: Im christlichen Gottesdienst Wechselgebet zwischen Vorbeter und Gemeinde.

Liturgie (griechisch: „Werk für das Volk, Dienst am Volk"): Gesamtheit der offiziellen gottesdienstlichen Handlungen innerhalb der christlichen Kirchen.

M

Monstranz (von lateinisch monstrare: „zeigen"): Kostbares Gerät, in dem das → eucharistische Brot, d.h. der in der Eucharistie gegenwärtige Christus den betenden Katholiken gezeigt wird. → Fronleichnam.

N

Nicäno-Konstantinopolitanisches Glaubensbekenntnis (Nicaeno-Constantinopolitanum): 381 n. Chr. formuliertes, ökumenisches, die Weltchristenheit verbindendes Glaubensbekenntnis.

O

Orden: Nach Gustav Mensching eine „universalreligiöse Gemeinschaftsform". Hautsächliche Merkmale sind: radikale Trennung von weltlicher und heiliger Sphäre; Askese; Freiwilligkeit des Eintritts; Erstreben persönlicher Heiligkeit; Wendung nach innen; Ordnung der Gemeinschaft durch Regeln; weitgehende Auslöschung des Individuums und seines Eigenwillens.

Es gibt männliche und weibliche Orden. Neben ihren religiösen Aufgaben erfüllen die Ordensleute vielfach auch Aufgaben in kirchlichen, wissenschaftlichen und karitativen Bereichen. Einige Religionen kennen klosterähnliche Zwischenformen („Dritter Orden"): Bruderschaften, Laiengemeinschaften.

Ordinariat: Im römischen Katholizismus Bezeichnung für die bischöfliche Behörde zur Leitung eines → Bistums. Das Ordinariat untersteht dem Generalvikar, wird deshalb auch in manchen Bistümern (Diözesen) Generalvikariat genannt.

Ordination: Priesterweihe in der katholischen Kirche. Sie gliedert sich in die Stufen der Weihe zum Diakon, zum → Priester und zum Bischof.

Ostern: Gesamtchristliches Fest der Auferstehung Jesu Christi. Das älteste und höchste christliche Fest, ursprünglich an jedem Sonntag begangen, wird seit dem 2. Jahrhundert als jährlich wiederkehrendes Fest gefeiert.

P

Palmsonntag: Sonntag mit dem die Karwoche beginnt.

Passion: Leiden Jesu Christi von seiner Festnahme bis zum Tod am Kreuz.

Patriarch: 1. Name für die alttestamentlichen Erzväter Abraham, Isaak, Jakob und seine Söhne. 2. Seit dem 4./5. Jahrhundert Titel der Bischöfe von Rom, Alexandrien, Antiochien, Jerusalem, Konstantinopel. 3. Titel leitender Bischöfe in einigen Ostkirchen, soweit diese nicht einen Katholikos oder Erzbischof als obersten Bischof haben. Der Patriarch von Konstantinopel führt den Titel „Ökumenischer Patriarch", der orthodoxe und koptische Patriarch von Alexandria auch noch den Titel „Papst".

Pfarrer: Nach evangelischem Kirchenrecht der ordentliche Inhaber eines Pfarramts.

Pfingsten (von griechisch pentekoste: „der 50. Tag"): Das sieben Wochen nach → Ostern gefeierte jüdische Schawuot wurde im Christentum zum Fest der Ausgießung des Heiligen Geistes (Apg 2,1–47). Pfingsten bildet den Abschluss des Osterfestkreises.

Priester: In der römisch-katholischen Kirche ist Priester die Bezeichnung für die geweihten Leiter der Gemeinden und Vorsteher der Eucharistiefeier.

R

Reliquiar: Heiligenschrein. Behälter zur Aufbewahrung oder Zurschaustellung von Reliquien.

Reliquie: Überreste des Körpers eines Heiligen. Im weiteren Sinn auch alle Gegenstände, die von dem Heiligen zu Lebzeiten gebraucht wurden (Kleidung, Geräte).

Romanum: Frühchristliches Glaubensbekenntnis, Vorstufe des späteren Apostolikums, welches das Romanum um einige Zusätze erweiterte

S

Sakrament (von lateinisch sacramentum: „unverbrüchliche Besiegelung"): Als wirksam geltendes äußeres Zeichen, das eine gegenseitige Bindung ausdrückt: diejenige Gottes in der Zuwendung seiner Gnade und die des Menschen in der Zugehörigkeit zur Heilsgemeinde.

Sakramentalien: Bezeichnung für sehr verschiedenartige den Sakramenten ähnliche Sachen oder Handlungen in der katholischen Kirche.

Schisma (griechisch: „Spaltung"): Bewusste kirchlich-rechtliche, nicht aber lehrmäßige Trennung und Bildung selbständiger Teile in einer Kirchengemeinschaft.

Superintendent(in): In der evangelischen Kirche Leiter(in) des Kirchenkreises.

Synode: Versammlung von Abgesandten mehrerer Gemeinden, Bezirke oder Kirchenprovinzen.

Synopse (griechisch: „Zusammenschau"): In der Bibelwissenschaft die Nebeneinanderstellung der drei ersten Evangelisten Matthäus, Markus, Lukas.

Synoptiker: Bezeichnung für die drei ersten Evangelisten (Matthäus, Markus, Lukas), deren Evangelien in einer Synopse angeordnet werden können.

T

Tabernakel (lateinisch: „Zelt"): In katholischen Kirchen Aufbewahrungsort von Hostien und Monstranz.

Taufe: Christlicher Initiationsritus, durch den der Täufling in die Kirche aufgenommen wird.

Theologie („Gotteswissen, Gottesdenken, Gottesrede"): 1. Systematische Formulierung des Glaubens durch oder für einen einzelnen, eine Kirche oder eine Gruppe von Gläubigen. 2. Das kritische Studium des Christentums.

Totensonntag: → Ewigkeitssonntag.

Trinität („Dreieinigkeit"): Im Neuen Testament gibt es Bekenntnisaussagen, die von Gott dem Vater, dem Sohn und dem Heiligen Geist sprechen. Das Verhältnis dieser drei zueinander wurde im Verlauf der frühen christlichen Kirchengeschichte ebenso diskutiert wie die Frage, wie sich die Aussagen über die Dreieinigkeit mit dem monotheistischen Glauben an den einen Gott vereinbaren ließen.

V

Vaterunser: Zentrales christliches Gebet, das Jesus seine Jünger gelehrt hat.

W

Weihnachten (aus dem Germanischen: „Geweihte Nacht"): Fest der Geburt Christi.

Z

Zehn Gebote: Grundregeln des Judentums und Christentums, auch Dekalog genannt. Sie sind in der Hebräischen Bibel dreimal überliefert (2. Mose 20,1–17; 2. Mose 34; 5. Mose 5,6–21).

Zölibat: Ehelosigkeit und geschlechtliche Enthaltsamkeit von → Priestern, Mönchen und Nonnen in der katholischen Kirche.

Personen- und Sachregister

Die Ziffern geben die Seitenzahl der jeweiligen Themenseiten an, auf der das Stichwort behandelt wird. Die *kursiv* gesetzten Ziffern verweisen auf Abbildungen.

T

U

V

W

Z

Weiterführende Literatur

Virtuelle Einführung:

„Religiopolis – Weltreligionen erleben“ (CD-ROM, Ernst Klett Verlag), Leipzig 2004 (mit Buch 2006)

Christentum (Religion, Kultur, Geschichte):

Ader, Armin: Konfessionen und Sport in der frühen Neuzeit, Hamburg 2004
Andresen, Carl/Ritter, Adolf-Martin (Hg.): Handbuch der Dogmen- und Theologiegeschichte, Göttingen 1998[3]
Angenendt, Arnold: Toleranz und Gewalt. Das Christentum zwischen Bibel und Schwert, Münster 2007
Antes, Peter: Das Christentum. Eine Einführung, München 2004
Ders. (Hg.): Christentum und europäische Kultur, Freiburg i. Br. 2002
Barth, Hans-Martin: Dogmatik. Evangelischer Glaube im Kontext der Weltreligionen. Ein Lehrbuch, Gütersloh 2002[2]
Benz, Ernst: Beschreibung des Christentums. Eine historische Phänomenologie, Stuttgart 1993 (durchgesehen u. erweitert, urspr. München 1975)
Bieritz, Karl-Heinrich: Das Kirchenjahr, München 2005[7]
Dahlgrün, Corinna: Die Botschaft des Evangeliums und die Sprache der Töne. In: Liturgisches Jahrbuch 56 (2006), S. 158–180
Frieling, Reinhard u.a.: Konfessionskunde, Stuttgart 1999
Galitis, Georg/Mantzaridis, Georg/Wiertz, Paul: Glauben aus dem Herzen. Eine Einführung in die Orthodoxie, München 2000[4]
Geschichte des Christentums (=Theologische Wissenschaft, Bde. 6, 1 u. 2 sowie Bd.7), Stuttgart 1993–2006
Haberer, Johanna (Hg.): Lesebuch christliche Publizistik, Erlangen 2004
Heiler, Friedrich: Die Ostkirchen, München 1971
Heiligenthal, Roman: Der verfälschte Jesus. Eine Kritik moderner Jesusbilder, Darmstadt 2006[3]
Hock, Klaus: Das Christentum in Afrika und dem Nahen Osten, Leipzig 2005
Jenssen, Hans-Hinrich (Hg.): Offenes Christentum. Ein Lesebuch, Aachen 1998
Katechismus der Katholischen Kirche, München 2005
Kirste, Reinhard: Die Bibel interreligiös gelesen, Nordhausen 2006
Klöcker, Michael: Katholisch – von der Wiege bis zur Bahre, München 1991
Klöcker, Michael/Tworuschka, Udo: Ethik der Weltreligionen. Ein Handbuch, Darmstadt 2005
Küng, Hans: Das Christentum. Wesen und Geschichte (Sonderausgabe), München, Zürich 2007
Leppin, Volker: Die christliche Mystik, München 2007
Meyer-Blanck, Michael/Fürst, Walter (Hg.): Typisch katholisch – typisch evangelisch, Freiburg i. Br. 2003
Müller, Wolfgang Erich: Evangelische Ethik, Darmstadt 2001
Mursell, Gordon (Hg.): Die Geschichte der christlichen Spiritualität. 2000 Jahre in Ost und West, Stuttgart/Zürich 2002
Nowak, Kurt: Das Christentum. Geschichte, Glaube, Ethik, München 2004[3]
Obst, Helmut: Apostel und Propheten der Neuzeit, Göttingen 2000[4]
Ratzinger, Josef: Einführung in das Christentum, München 2006[7]
Roloff, Jürgen: Jesus, München 2004[3]
Schnelle, Udo: Paulus. Leben und Denken, Berlin/New York 2003
Stolz, Fritz: Christentum, Göttingen 1985
Tamcke, Martin: Das orthodoxe Christentum, München 2004
Wörterbuch des Christentums, hg. von Volker Drehsen u. a., München u. a. 2001

Christentum in Deutschland:

Handbuch der Religionen. Kirchen und andere Glaubensgemeinschaften in Deutschland, hg. von Michael Klöcker und Udo Tworuschka, Landsberg/München 1997ff. (Loseblattwerk mit jährlich zwei bis drei Ergänzungslieferungen (EL), zur zeit EL 16 [2007]).

Abbildungsnachweis

aisa, Barcelona: 46, 143, 153, 154 r., 178 u.; **akg-images, Berlin:** 6/7/Rabatti-Domingie, 10 r., 11/Rabatti-Domingie, 15 o., 18, 20, 22, 25, 26, 36 r., 56, 59 l./Martin, 59 r., 64, 65, 68, 76, 79 r., 84/Lessing, 85 l./Martin, 90, 102/Diller, 111, 114, 115, 130, 135, 138/139/Lessing, 141, 142 r., 144 o., 148, 151 o., 154 l., 156 r., 159, 175, 186 r., 186 l./Heine, 196; **Associated Press GmbH, Frankfurt:** 74/Schmidt, 112 l./Cito, 155, 161/Galdieri, 167/Nabil, 172 u./Khalid Mohammed, 172 o./Sarbakhshian, 173/Uraibi; **Bildarchiv Preußischer Kulturbesitz, Berlin:** 21, 184 u.; **Bridgeman Art Library Ltd., London:** 126; **Caro Fotoagentur GbR, Berlin:** 45/Riedmiller, 170/Trappe, 195/Jandke; **Cinetext Bild- und Textarchiv GmbH, Frankfurt:** 106 u.; **Corbis GmbH, Düsseldorf:** 43/Mika/Zefa, 49/Spiegel, 55 o./Reuters/Suhaib Salem, 83 o./Martel, 108/Sacha, 127/Stapleton Coll., 162/Najlah Feanny, 163 o./Economopoulos, 163 u./Houston, 164/Johansson, 165/JP Laffont, 182/Brecelj, 190/Fleming, 192/Guttman, 199/Dagli Orti; **Corbis-Bettmann, New York:** 27/UPI, 63 u./AFP, 94 l./UPI, 101/UPI, 110 o./Springer; **Document Vortragsring e.V., München:** 10 l./Hellweg, 51 o./Blasy; **dpa Picture-Alliance GmbH, Frankfurt:** 41 l./Neetz, 58/Schutt, 66/epa efe, 67/Stache, 69/Büttner, 72/Grimm, 73/Gerten, 74 o./Baum, 75 l./Jensen, 78/O'Sullivan, 80 o./Schiavella, 85 r./Rauchwetter, 88 r./Seeger, 91/Zöllner, 100, 103 u./Hirth, 103 o./Neetz, 103/Seeger, 106 o./KPA, 107, 110 u./Hiekel, 113/Weissbrod, 116/Gröning, 117/Schutt, 128 u./Scheidemann, 129/Deloche/Godong, 156 l./Neetz, 160/Hirschberger, 166, 168/Gillieron, 171/Hackenberg, 174/KPA/HIP, 176/Pan-Asia, 180/Nietfeld, 181 o./Knabe, 181 u./Neetz, 188/Neetz, 189/Bernhart, 197/Stache, 200/Neetz, 201/Neetz, 202 o./Körner, 203/Neetz; **footage – Thomas Höfler, Hüsingen:** 140, 142 l.; **Haus-, Hof- und Staatsarchiv, Wien:** 150; **IFA-Bilderteam, Ottobrunn:** 8/9/Jon Arnold Images, 14 u./Datafoto, 32 o./Marc, 39/Nowitz, 40/Forkel, 48/Jon Arnold Images, 50/Kohlhas, 75 r./Heron, 86/Koch, 100/Nova Stock, 132/133, 136/Aberham, 193/Mohr; **Interfoto, München:** 19, 89/Mary Evans, 95, 104, 144 u., 149/Radnick, 151 u./Schmidt-Luchs, 152 l./aisa, 157/Hansmann; **KNA-Katholische Nachrichtenagentur, Bonn:** 41 r./Oppitz, 70 u./Just, 80 u./Herb, 88 l./Oppitz, 102/Loesaus, 124/Radtke, 125 u./Vahlkampf, 125 o./Rebmann, 202 u.; **Hans Lachmann, Monheim:** 70 o.; laif, Köln: 5 u./Rea, 28/Specht, 29/Geilert/GAFF, 30/Gonzalez, 31 u./Eisermann, 31 o./Roemers, 34/Kristensen, 35/Sasse, 36 l./Gebhard, 37/Krause, 38/Heidorn, 42/Celentano, 44/Rea, 52/OnAsia, 52/Jonkmanns, 55 u./Ulutuncok, 61/Klerkx, 77/Barth, 82 r./Sander/Le Figaro Magazine, 82 l./6-wege-projekt, 83 u./Frumm/Hemisphere Images, 105/Hemispheres, 128/Volk, 183 u., 187/Zuder, 191/Eisermann, 194/Gladieu/L'Express, 198/Schmitt; **Mauritius, Mittenwald:** 12, 32 u./Pöhlmann, 47/AGE, 51 u./Harscher, 60/SuperStock, 87/SuperStock, 92/Botanica, 179/Harscher; **Rheinisches Bildarchiv, Köln:** 5 o., 14; **Harald Schrader, Hemmingen:** 169; **Silvestris, Kastl:** 109/Heine; **Sipa Press, Paris:** 112 r./Boulat; **SXC, Stock.XCHNG:** 10 Icon/Aichinger; TopFoto, Kent: 23 r., 33/Roger-Viollet, 57/Walker, 62, 63 o., 79 l., 71, 93, 101/British Library/HIP, 123/Roger-Viollet, 145/Ann Ronan Picture Library, 152 r./Roger-Viollet, 158 l./The British Library, 158 r., 178 o./Roger-Viollet, 184 o./TIW, 185/Ann Ronan Picture Library; **Wissen Media Verlag GmbH, Gütersloh:** 94 r., 122, 183 o.; Zentralbibliothek, Zürich: 4, 24.